U0153189

臺 灣 史

高明士　主編

洪麗完、張永楨、李力庸、王昭文　編著

五南圖書出版有限公司

編輯大意

一、本書的編輯目標是以兼顧多元、完整的介紹臺灣歷史，並提高學生學習興趣、擴大閱讀意願及層面為目標。

二、本書分為八個章節，係以歷史發生的時間先後、當時所形成的影響重點來畫分。

三、每個章節最前面都有一篇導言，以介紹該章的內容大要，引領學生能順利進入課文內容，進而了解而不致發生學習障礙。

四、本書可供大學院校、技術學院等相關課程領域之用。

五、本書全本採雙套色、圖文搭配的編製，期以圖片與文字的相輔相成，提供學生學習閱讀時還原歷史原貌，以加深、加廣其對課文的了解與吸收。

六、本書書後另附「大事年表」，期以更完整的臺灣歷史脈絡提供學習的更好方式。

七、本書如有疏漏之處，尚請任課老師、學界各位先進不吝惠予指正，以作為本書修正之參考。

目錄

表目錄

圖目錄

第四章

第五章

第六章

第一章　史前時期

第一節　導言

　　本章主要敘述臺灣史前人類歷史的發展暨其文化狀況，以及臺灣南島語系民族（Austronesian，又稱馬來波利尼西亞 Malayopolynesian）的生態環境、社會經濟文化變遷。此外，亦介紹臺灣南島語族在臺灣多族群社會形成上的角色，與世界南島語族起源上的意義。

　　最早的臺灣人出現在約五萬年前的舊石器時代晚期；網形文化與臺灣陸橋人、左鎮人、長濱文化，均是臺灣目前挖掘出來舊石器時代最重要的遺留。接著是大約開始於七千年前新石器時代早期、橫越海洋移入臺灣的大坌坑文化，是臺灣境內南島語族的祖型文化源頭。他們與舊石器時代的文化，最大不同在於製造石器的技術進步多了，並開始使用陶器。然而語言學家從目前現存的原住民語彙中，發現也有缺乏與船有關的族群，說明可能有些南島語族原就居住在臺灣。

　　從新石器時代早期大坌坑文化人經營初級的農業生活以來，經過兩千年的腳步，進入新石器時代中期（距今約四千五百到三千五百年前），人們逐漸長久定居，並擴張其生活領域到內陸平原、丘陵邊緣與地勢較高的地區，因資源增加和新作物的引進，他們的生活型態有所改變，也開始發展具有地方特色的文化；同時也有來自海外的新移民，圓山文化即是此一時期來自中國東南海岸的外來文化。

　　進入新石器時代晚期（距今三千五百至兩千年前），史前人類的農業更加進步，聚落規模也逐漸擴張，並產生多元化的適應。人類社會進展到此，已有階級之分了；卑南文化是此一時期的代表。

　　最後是開始於兩千年前的金屬器時代，生產工具與武器均有長足的進步。在這以農為主的社會，人們也擴展貿易，十三行文化是其代表。而四百年前中國大陸東南沿海的漢人登陸臺灣後，南島語族始進入有文字的

歷史時期，此後他們的社會變遷之劇，實是前所未有。

　　南島語族的分布範圍極廣，主要活動於太平洋、印度洋上的島嶼。由於整個太平洋與印度洋中的島嶼外散布著許多海溝，以冰河時代獵人的簡單技術顯然無法橫渡。換句話說，依賴季風、洋流漂流來臺的南島語族，除了需要具備修造航海獨木舟技術外，並且要能藉觀察星象位置與海潮方向操駕獨木舟。南島語族擁有這些技術，在西元前三千年至五千年之間，從不同地方、在不同時期陸續遷移至島嶼臺灣。他們即今日學界所稱的平埔族群與高山各族，總稱原住民的遠祖。有些專家認為臺灣南島語族並非外來，臺灣附近的南島語族反而是從臺灣移出。

　　目前考古學者透過考古資料的印證，證明在中國東南海岸地區，僅在臺灣有現存的南島語族；大坌坑文化則是大多數臺灣南島語系民族的祖先。而以大坌坑文化為祖型文化源頭的臺灣南島語族，與舊石器時代延續到五千年前突然消失如長濱文化，屬於完全不同的人群。換句話說，大坌坑文化為南島語族起源文化之一，因此臺灣極可能為南島語族的老家之一，此為目前考古學界的主流看法（另一主張認為南島語族起源於島嶼東南亞，由此向南、向北擴散）；現存的高山各族與平埔族群不僅是臺灣多族群社會的重要文化資源，也涉及世界上這個唯一、主要分布在島嶼上的大語系民族的根源問題。無論就考古學、語言學、民族學研究，或臺灣歷史文化的了解，高山各族與平埔原住民的研究，以及與他們相關的社會文化保存工作，皆具有重大意義。

　　十六、十七世紀，平埔原住民的活動範圍，主要在臺灣西半部地區，北起蘭陽平原，南抵屏東平原一帶；高山原住民則大致散居在中央山脈一線及其以東的地區。由於地緣因素，早期以住在平原上的平埔原住民最早與外界接觸，也首當其衝面臨外來文化的衝擊。而一直被清廷隔離在「番界」之外的高山原住民，直到十九世紀才逐漸被納入經理對象；日人殖民統治後，更成為殖民者主要的理番對象。戰後在現代化社會衝擊下，他們的傳統文化正快速流失中。

第二節　史前文化

　　舊石器時代的人類早在五萬年前就已居住在臺灣；新石器時代文化的出現則可能是遍布現今整個太平洋與印度洋的南島語系民族大移動所引起。新石器時代晚期的人類，顯然是十六、十七世紀歷史初期臺灣多族群文化的源頭，他們經營農業的生活，狩獵與漁業亦相當發達。他們與他們的祖先皆爲無文字紀錄的民族，十七世紀當臺灣成爲西方新航路發現以來世界史之一舞臺後，西班牙人、荷蘭人等先後成爲他們的統治者，有關其生活的相關紀錄，此後始陸續出現（參閱本書第二、三章）。

一　考古遺址與史前文化

(一)考古遺址

　　島嶼臺灣現住民以漢人占大多數，然而漢人定居以前，境內早已有南島語族居於其間。此外，更有較他們早來的史前人類。究竟臺灣的史前人類何時開始在臺灣居住？因他們缺乏文字歷史紀錄，引起頗多爭論。近年來由於史前遺址的不斷出土，經考古學的新發現，證明在舊石器時代晚期，臺灣已有人類居住的事實。

　　不過，一九八〇年代以來，臺灣因推展不少大型建設工程，從而剷平許多重要的考古遺址，直到民國七十一年（一九八二年）始制訂

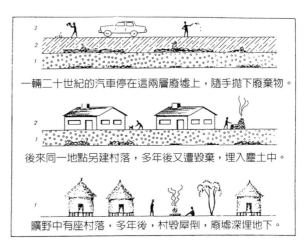

一輛二十世紀的汽車停在這兩層廢墟上，隨手拋下廢棄物。

後來同一地點另建村落，多年後又遭毀棄，埋入塵土中。

曠野中有座村落，多年後，村毀屋倒，廢墟深埋地下。

圖1-1　遺址與文化層的形成過程

「文化資產保存法」，考古遺址才受到法律的保護。目前被列為古蹟的考古遺址，共十一處。

表1-1　重要考古遺址

等級	考古遺址	地點
一級古蹟	八仙洞	臺東縣長濱鄉八仙洞各洞內
	大坌坑	臺北縣八里鄉觀音山西北麓
	圓山	臺北市圓山兒童育樂中心
	卑南	臺東縣卑南鄉南王里
二級古蹟	十三行	臺北縣八里鄉淡水河對岸觀音山下靠海處
	芝山岩	臺北市雨農國小石頭公廟邊
三級古蹟	曲冰	南投縣仁愛鄉萬豐村
	富世	花蓮縣秀林鄉
	掃叭	花蓮縣瑞穗鄉舞鶴村舞鶴臺地
	公埔	花蓮縣富里鄉石牌村聚落南側
	都蘭	臺東縣東河鄉都蘭聚落西側

　　前述關於臺灣史前人類的文化狀況及其生活情景的了解，主要依賴考古學者透過考古遺址的挖掘與分析所得結論。所謂考古遺址即過去人類居住或活動地點，所留下的遺物和遺跡。考古學家利用科學的儀器和方法，研究當時人類所留下的遺物和遺址，如吃剩的貝殼、用過的陶器、骨器、石器等，特別是他們使用過的工具，復原當時人類的生活情形。

　　由於遠古時代人類的工具大多用石頭做成，因此稱其為石器時代。而石器的製造，隨著時間的推演以及人類智慧的累積，由粗到精，因而依據製造石器的技術又有新、舊石器時代之分。舊石器時代主要為打擊石器；新石器時代為磨製石器，各自又可分為早期、中期、晚期。其相關年代最早可達數萬年前，最遲約為數百年。

　　臺灣的考古遺址大多為新石器時代遺址，當時人類社會經過舊石器時代的發展，已開始會種植穀物、飼養家畜，並發明陶器，其中又以大坌坑

文化最具代表性。但早在
四萬七千年前的舊石器時
代晚期，如苗栗大湖的網
形文化為目前考古學家所
發現最早的臺灣史前遺
址。此外，澎湖海溝出土
的臺灣「陸橋」人，以及
比較為人熟知的左鎮、長
濱文化，均是舊石器時代
晚期的遺留。

圖1-2　十三行遺址第五次搶救發掘情形

(二)史前文化

　　考古學家根據遺址彼此的時空關係與遺物特徵，歸納出幾個文化；每
個文化代表在固定時空中，生產方式、居住型態、宗教禮俗類似的文化類
型，如臺東縣長濱鄉八仙洞遺址與臺南縣左鎮遺址的特徵相似，都屬於長
濱文化類型。其次，每個文化類型通常以第一個出土的遺址命名，如舊石
器時代晚期的長濱文化，以及新石器時代早期的大坌坑文化、中期的圓山
文化、晚期的卑南文化，與金屬器時代的十三行文化。從目前臺灣發現的
一千餘個遺址，考古學家已歸納出二十餘種文化類型。

表1-2　臺灣史前文化的代表類型

時期			年代	文化類型	最大文化特徵	備註
海峽形成前	石器時代	舊石器時代晚期	距今5000～50000年前之間	長濱文化（主要分布在臺灣東部，即恆春半島海岸）	住居海邊	在臺東長濱八仙洞發現

表1-2　臺灣史前文化的代表類型（續）

海峽形成後	新石器時代	早期	距今4500～7000年之間	大坌坑文化（遍布全臺）	製陶	以臺北八里大坌坑遺址爲代表
		中期	距今3500～4500年之間	圓山文化（主要分布於新店溪、淡水河階及臺北盆地邊緣）	種稻	在臺北圓山發現
		晚期	距今2000～3500年之間	卑南文化（分布於花東地區）	出現原始戰爭	以臺東卑南遺址爲代表
	金屬器時代		距今400～2300年之間	十三行文化（遍布臺北、宜蘭、桃竹苗地區）	煉鐵	以臺北八里十三行遺址爲代表

二　海峽形成前的史前文化

　　臺灣的史前文化遠較歷史時期的文化久遠且複雜。距今約一萬年到三百萬年前，地球表面的水，有好幾次大量結冰，出現「冰河時期」，引起世界性的海面下降，從而使各個大陸都與鄰近島嶼相連在一起；臺灣與歐亞大陸在海底連接的部分也變成陸地，形成所謂的「陸橋」。換句話說，這時代正是第四冰河晚期，今日臺灣海峽仍爲陸地，歐亞大陸的人類和動植物可以經由陸橋來到臺灣，因此在臺灣會發現亞洲大陸的犀牛、大象、野豬、劍齒虎、古鹿等古代的動物化石。而華南地區這批可能因找尋食物跟著動物而來的舊石器時代人類，他們就是最早在臺灣出現的人類。

　　依據考古學家的推測，最早的臺灣人大約出現在距今約五萬年前的舊石器時代晚期。近年來在澎湖海溝發現的臺灣「陸橋」人（一萬至四萬多年前）、苗栗大湖的網形文化（四萬七千年前），已打破過去在臺南菜寮發現的左鎮人（兩萬至三萬年前）、在臺東長濱出土的長濱文化（至少一萬五千年前且可能早到距今五萬年前）的紀錄。

　　簡單說，臺灣此時出現兩個相貌不同的文化，一是分布在東部臺灣與恆春半島海岸的長濱文化；一是在西海岸中北部丘陵台地出現的網形文化，和一種化石人類左鎮人（目前僅發現頭頂骨的一部分和少量的牙齒）。長濱文化與網形文化的年代，和華南的舊石器時代晚期同時，但延續到較

晚。

臺灣舊石器時代早期的人類遺留，以住在八仙洞海邊的長濱文化人，最爲人們熟知。民國五十七年（一九六八年）由宋文薰教授率領臺大考古隊，在八仙洞發現許多舊石器時代人類的遺留，包括石器、骨角器、魚鉤，以及利用獸骨製成的針等，都是五千到一萬五千年前，住在當地的人所使用的物品。他們沒有農耕活動，靠打獵、捕魚和採集野果、野菜維生，因此必須住在自然資源豐富的地方。爲了尋找資源，每隔一段時間就必須移動、搬遷。

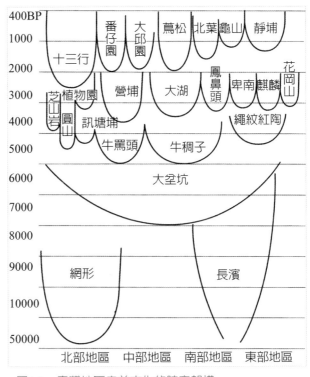

圖1-3　臺灣地區史前文化的時空架構

這群經由「陸橋」，因追逐動物而來並形成長濱文化的人群，其子孫傳延到五千年前突然消失。接著是大約開始於七千年前新石器時代早期、橫越海洋移入臺灣的大坌坑文化主人。他們是臺灣南島語族的祖先，可能也是東南亞與大洋洲一億五千萬（一說二億五千萬）說南島系語言的祖先（詳見本章第三節）。他們與長濱文化人最大的不同，在於製造石器的技術進步許多，可以造出斧頭、刀子等工具，並使用陶器。

三 海峽形成後的史前文化

(一)進入製陶時代的大坌坑文化人

前述距今五萬年前的更新世冰河時代晚期，已有人類居住臺灣。約西元前八千年冰河時代結束，海水上漲形成臺灣海峽以後，臺灣成為海島；除了舊石器時代從中國東南地區抵達卻回不去原鄉的人群，仍舊遨遊於島嶼之上外，另一群已知製造陶器，並經營初級山田燒墾農業，與現存部分原住民族有直接血緣關係的人群，由亞洲大陸東南沿海（華南或東南亞）漂流抵達、定居（他們可能分批而來），考古學者稱此新文化為大坌坑文化，其年代距今約四千五百至七千年之間，與華北的仰韶文化、大汶口文化、長江下游的馬家濱文化，以及河姆渡文化約略同時。

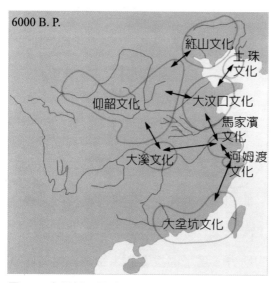

圖1-4　中國新石器時代晚期文化互動關係圖

由於大坌坑文化與舊石器時代晚期的長濱文化之間並無直接關係，在臺灣也找不到其祖型文化，故常被視為南島語族的祖先所留下的文化。大坌坑文化的名稱，來自臺北縣八里鄉的大坌坑遺址，這個文化現知的分布範圍，主要在臺灣西海岸，自北端到南端；主要遺址除了大坌坑外，還有臺北市的圓山、臺南縣歸仁鄉的八甲村、高雄縣林園鄉的鳳鼻頭。他們居住在海邊，形成小型的村落；與亞洲大陸東南沿海人群的生活方式頗為近似，如頻繁的遷居行為、山田燒墾並從事狩獵、漁撈與採集野生植物的種子、植物纖維，也種植根莖類作物，和熱帶與亞熱帶沿海密切相關。其製

陶技術簡單，火候溫度不高，成品質地鬆軟易脆。由於陶器表面出現以繩
紋壓印在胚胎上燒成的繩紋印，這是大坌坑文化的主要特徵，因此大坌坑
文化又稱繩紋陶文化。

(二)開始植稻並長久定居的圓山文化人

公元前四千年，海水水位下降，島嶼臺灣露出廣大的平原，足以提供
更多人類耕種與居住的空間；生產力增加的結果，人口越多。而新石器時
代早期大坌坑文化人的初級農業，經過人們兩千年的發展，人類逐漸定居
下來，並擴張生活空間到內陸平原與丘陵邊緣、地勢較高的地方；因其生
活資源增加、新作物的引進，他們的生活型態發生變化，並開始發展具有
特色的地方文化。

在距今約四千五百到三千五百年前，進入新石器時代中期，除了分
居各地的大坌坑文化，各自發展出不同面貌外，也有來自海外的新移民加
入，如圓山文化代表來自中國東南沿海或中南半島一帶的外來文化。

日本殖民時期的明治三十年（一八九七年），學者伊能嘉矩在今臺北
市的圓山發現磨製的石器與貝塚，並定名為「圓山文化」。三千多年前的
臺北盆地內，有個與海水相通的大湖，有一些人住在湖邊小山丘上（今圓
山一帶），他們在此地長期定居（但聚落規模不大），並將吃完的貝殼隨手
丟棄。這些人們食後遺棄的貝殼，與陶片、石器等生活的廢棄物，形成遺
址中的「貝塚」（垃圾堆）。

貝塚中出現大量張開了的貝殼，一方面說明當時人們已知熟食的事
實；另一方面表示當時臺北盆地是個湖泊，圓山則是湖中小島。在圓山貝
塚中，也有很豐富的石器，是人們日常使用的工具。圓山文化人不但撈取
貝類，更用骨製魚針獵魚，魚獵技術已相當成熟；他們的農業也十分發
展，已懂得種植稻米，但仍以打獵、捕魚、漁撈貝類為主要謀生方式。他
們以木柱建築房屋並覆以稻草，有紡織技術，懂得飼養群狗幫助狩獵。他
們的社會組織嚴謹，也有農耕禮儀等信仰觀念，如拔齒、獵人頭的風俗；
人們死後採取四肢伸直平躺埋在堆滿貝殼土堆的喪葬儀式。

整體而言，圓山文化人的生活方式與習慣，和臺灣原住民的習俗十分

類似，他們應是某些族群的祖型文化，但目前資料不足，無法明確對應。

(三)社會組織繁複、存在原始戰爭的卑南文化人

　　距今三千五百至兩千年前，進入新石器時代晚期的史前人類，其生活型態與前一期類似，但農業更加進步，聚落規模也逐漸擴張。他們已分散在許多不同的生態環境中，並產生多元化的適應。卑南文化是此一時期的代表。

　　卑南文化人有繁複的社會組織，可能已有部落間的聯盟，並產生原始的戰爭。從現存臺東市卑南文化公園內卑南遺址出土的石棺，全都指向北北東，即都蘭山的方向，或許他們認為那是人死後「往生之處」。而從人死後用大片的板岩做成棺材並埋於村中，且有精美的隨葬玉器、陶器而言，當代社會已有極高的生產力，足以供養專業技工從事耗費時間的加工品；從隨葬品有多寡與石棺結構有優劣之別可知，人類社會進展到這時候應已有階級之分了。

(四)擅長貿易、懂得煉鐵的十三行文化人

　　經過漫長的石器時代，大約距今兩千三百到四百年前，史前人類終於進入金屬器時代。他們由於發明了煉鐵（一說來自漢人的傳授）的技術，生產工具與武器均有長足的進步。以今八里鄉境十三行文化為代表的金屬器時代，聚落人口越來越多，無論平原或丘陵、山地，均為人們定居之所。他們一般住居在河邊、湖邊或海邊，平日生活以農為主，並輔以捕魚、打獵，以及採集貝類維生。當時已有稻米的耕作，他們選擇離聚落不遠的土地播種，但不施肥，稻子熟了再找另一片新土地，重新播種，即採取游耕的方式。

　　從出土的遺址證明，這一時期的人們已開始使用鐵器，並大幅減少石器的使用；陶器（硬度較高）則與清代北臺灣平埔原住民所使用者十分相似，他們或許就是北臺平埔原住民如凱達格蘭族的祖先。而最具特色者，遺址中除了有鐵渣、煤塊與鑄鐵的作坊外，包括貝塚、玻璃手鐲、玻璃珠、瑪瑙珠、特製骨角器等，其中玻璃、瑪瑙等裝飾品，來自臺灣島嶼以

外的地方，說明他們的貿易（以物易物）往來遠及島外各地。從遺址中出土明代以前中國的瓷器，以及唐宋時期中國的銅錢也可證明，他們的煉鐵技術可能來自漢人的傳授。

十三行人的埋葬習俗，採側身屈肢的埋葬法，頭朝南且有陶罐或食物、金飾、瑪瑙珠等陪葬品。他們的住屋屬於南島語族的干欄式或稱樁上建築。

依據考古學者的研究，臺灣新石器時代的文化，可細分為三群：早期的紅陶文化，與江蘇青蓮崗文化有不少類似之處；南部較晚的灰陶、棕褐色陶器文化，和閩江曇石山文化可能同是起於一源的文化；中部較晚的灰、黑陶文化，其陶器特徵與浙江良渚文化，有不少可比較的地方。以上三群文化或自中國大陸東南沿海分別渡海而來，或從臺灣傳入大陸，彼此互有影響，而且可能與現代臺灣原住民族的祖型文化具密切關係，並且多半為種植稻粟的農民。稻為旱稻，為糧食作物之一；小米也是主要穀類，常常被作為祭儀用品，在魯凱、排灣的貴族社會，小米主要由平民種植作為繳租用（詳見本章第五節）。

此外，臺灣史前文化也受印度支那混有青銅器、鐵器等金石併用文化的影響。而從菲律賓群島傳入的鐵器文化（不伴有青銅器），也是左右其發展之一的因素。換句話說，臺灣的史前文化，兼受南方（南洋）與北方（中國大陸）文化的雙重影響。

第三節　承先啓後的臺灣南島語族

臺灣現住民以漢人為主，但在十七、十八世紀漢人大量移住以前，早有住民定居於此，他們是說著南島語的民族，以及較他們更早在臺灣生活的史前人類。他們的文化與漢人完全不同，也不像漢人擁有文字。簡單說，臺灣南島語族在本地歷史發展上占有承先啓後的位置，他們又是世界上說著南島語的民族之一，特別是臺灣可能是南島語族的發源地之一，在南島語族的歷史發展上，他們的歷史變遷，值得重視。

一、南島語族的分布與起源

(一)分布情形

依據語言學者對南島語系民族起源地區和時代的研究，一般都相信南島語族起源於東南亞及其附近地區；語言學者指出，最早的原南島語族老家應該是在熱帶的海濱地帶，當時的住民已有農業（芋、薯、稻米、粟、果樹）生活，但也狩獵並重漁撈。物質文化中有陶器與石、木、竹器，以及紡織、樹皮布、干欄屋，並大量使用蚌貝。此外，有發達的船航工業。這些環境上和文化上的特徵，都在考古學上得到印證。

不過，語言學者在臺灣原住民中卻發現，部分原住族群缺少像「船」這類關於航海的語彙，亦無航海的技術；而且多數臺灣原住民也認為自己是臺灣的原住者。此外，語言學家也發現臺灣的原住民語言相當古老，可能是南島語系的祖先。換句話說，臺灣可說是南島語族的發源地之一，部分南島語族再由臺灣南向各地移居。

南島語系包括三百到五百種不同的語言，世界上說著屬於南島語系語言的人口約有一億五千萬（一說二億五千萬），這一大語族分布範圍極廣；東自太平洋上的復活島（Easter Island），西到非洲東岸的馬達加斯加（Madagascar），南到紐西蘭（New Zealand）、新幾內亞（New Guinea），最北的極限為臺灣。他們是世界上唯一、主要分布在島嶼上的一個大語系；主要居住區包括馬來西亞、印度尼西亞、菲律賓、美拉尼西亞、麥克羅尼西亞、波利尼西亞等。而絕大多數南島語族住在東南亞，自新幾內亞以東僅有一百餘萬人；在他們進入南島語族東部分布區域以前，當地沒人居住，因此這個區域內的考古資料所呈現的文化現象，也就是南島語族歷史晚期時代生活的特徵。以這個時代為基礎，可以逐漸向西、向古推上去。故為了追溯大洋洲主要居民即南島語族的起源與老家，近年來大洋洲的考古學家對亞洲大陸邊緣，尤其是中國東南海岸的考古工作具有濃厚的興趣，原因在此。

(二)臺灣是原南島語族的老家？

　　考古學者透過考古資料的印證，證明在中國東南海岸地區（南島語族假設的起源地區，亦即原南島語族的老家）僅只臺灣有現存的南島語族。臺灣現存關於這群民族的史前考古學的證據，可以與大陸海岸區域的史前文化相比較，並判定兩者間的文化關係；即臺灣民族學與考古學的豐富資料，可以證明史前的南島文化（原南島語族文化）在中國東南海岸上的存在性與特徵。換句話說，在南島語族起源問題的研究上，臺灣的資料具有關鍵性的意義。由於大坌坑文化為臺灣南島語族祖型文化，那麼究竟大坌坑文化有沒有延伸到中國大陸，便成為釐清此一問題的關鍵。

　　關於此一問題，可以以距離臺灣最近的金門島已發現的富國墩史前遺址（公元前三千五百到四千五百年以前），進一步說明。富國墩文化與大坌坑文化的時代相重疊，但該文化的繩紋數量有限（主要紋飾為貝殼邊緣印紋與指甲印紋），其貝緣印紋與臺南縣歸仁鄉八甲村的大坌坑文化相近。

　　富國墩文化的分布範圍，北到閩江流域的溪頭，南到廣東東部的海風與朝安。而從大坌坑文化的核心區域（臺灣海峽兩岸）向西，沿著廣東的海岸一直到越南，也存在不少時代相當、以繩索陶器為特徵的遺址，並有典型的雙道或三道的篦畫紋，這些都屬於所謂和平文化，但用貝殼緣部作為篦具的畫紋與印紋卻是罕見的現象。因此，大坌坑文化可以說與和平文化有關，但卻有其顯著的特性，不能僅僅說是和平文化的一部分。

　　從大坌坑文化的核心地區向北，首先碰到浙江南部，目前尚未出土與大坌坑文化密切相關的材料。再往北便碰到浙江姚江流域從事稻米耕作的河姆渡文化，而其中並未找到關於貝緣刻畫紋的紀錄，可見河姆渡文化與大坌坑文化應是同一時代的兩種不同文化。

　　簡單說，目前所知，隔著臺灣海峽在金門發現的富國墩文化類型的地理範圍，集中在閩江口向南，到韓江口的福建與廣東東端的海岸，將來若可以進一步證明其為大坌坑文化的一部分，則原南島語族的老家不僅在臺灣，也包括大陸的東南海岸一帶。然而幾千年以前中國大陸東南海岸若是原南島語族的老家，或至少是他們的老家的一部分，何以當地自有歷史材

料的時代開始，卻找不到南島語言的蹤跡？說著南島語的人群究竟到哪裡去了？

　　其次，儘管目前有關南島語族擴張的主流思潮，即臺灣現存的南島語族可能為整個南島語族最早起源地區的代表或一部分代表，卻有人主張東南亞可能才是南島語族的起源地，並由此分別向南、北擴展；理由是菲律賓新石器時代的文化較臺灣為早，且可能來自印尼東部，與臺灣新石器時代的文化彼此並無相似之處。除了東南亞考古學上的支持，在分子生物學方面，有關南島語族在島嶼地區往南、北擴展的主張，也出現若干相關的有力證據，如菲律賓的稻米是南方品種。特別是舊石器時代晚期，人類已進入澳洲、新幾內亞及俾斯麥群島（Bismarck），當時人們也從事遠距離的交易活動，從考古學與民族學上的證據，並顯示有移民回流的現象，這說明舊石器時代晚期開始的人群遷徙現象，具有非常複雜的因素與過程。

　　總之，目前大陸東南海岸（與越南的考古有密切關係）的考古研究相當有限；由於這些地區的考古工作，牽涉到東南亞與大洋洲說南島語的人群祖先來源問題，唯有這些地方考古工作者攜手合作，突破目前資料不足的限制，才能解決以上疑惑。

二 臺灣南島語族的歷史變遷與分類問題

(一)歷史變遷

　　臺灣現有人口兩千多萬，其中絕大多數為漢人，但有一小部分是漢人移殖臺灣前就長久居住在這個島上的原住民，他們是南島語族的一支；他們的活動年代距今約六千至七千年，大約在近二、三百年以來，依其語言、文化的差異，可以被分為若干族群。換句話說，在十七世紀外力入殖前，臺灣島上這群具有共源的海外移民，已發展出相當不同的語言、生產技術與社會型態。漢族定居後，又依他們歸化清政府與否、受漢文化影響的程度而分為兩組，即平埔族與高山族。其中平埔原住民的活動範圍北起蘭陽平原，經臺北盆地、西部海岸平原，抵屏東平原一帶；高山原住民則

散居在西部平埔以東或（宜蘭）東南，主要分布於中央山脈一線及其以東的地區。

由於地緣上濱海的關係，以往臺灣和亞洲太平洋各地區的往來，以住在平原上的平埔原住民扮演最重要的角色；當臺灣成為西方新航路發現以來的世界史舞臺之一後，幾世紀間，平埔原住民也首當其衝面臨外來文化的衝擊。而十九世紀末清廷實施「開山撫番」以前，一直被隔離於「番界」之外的高山原住民，因承受外來文化的影響較小，直至日人殖民統治後，始成為理番政策執行的主要對象（日治時期仍保留大部分的傳統文化）。戰後在現代化社會衝擊下，他們的社會已發生重大的變遷。換句話說，平埔與高山族群間原無太大區別，前者由於住在平原地區，與外人特別是漢人接觸早而且頻繁，文化流失較多。後者相對於前者而言，保留較多傳統文化。

目前臺灣南島語族的人口約四十五萬左右，但不包括平埔原住民的人口在內，因為自十七世紀以來，平埔原住民歷史變遷之鉅，已使其後裔的確實人口難以被分別、定義和估算了。

三 分類問題：從生、熟番到原住民總稱

(一)生、熟番

臺灣南島語族自明代以來被稱為「東番」或「番」。「番」字原含「武勇」的意思，但自隋、唐以來，常被用以指稱異族人群，並逐漸含有賤視之意。十七世紀末清代統治臺灣的初期，依其受漢文化影響之深淺，文化、風俗的變異，或歸化與否，與漢人關係之良窳，以及所處地理位置，而有「土番」或「野番」；「熟番」或「生番」；「平埔番」或「山番」、「高山番」之分。此外，尚有介於「生番」、「熟番」兩者之間的「化番」。

整體來說，清代對「生、熟番」的人群界定，主要著眼於清政府的統轄關係與賦稅概念，兩者的區別可以從兩方面來看，其一，在政治意涵

上,「熟番」指歸順清廷、接受官方教化且已移風易俗的原住族群而言,「生番」則是「生教未通」、「闢處山谷」的化外人群。除了「生、熟番」之外,政治上對原住民族的分類,還有一種介於生、熟之間的「化番」(歸化生番)。對清政府而言,「歸化生番」不但不為民害,且能幫助官方剿平出草、為害百姓(指獵頭習俗)的「兇番」,有助於社會治安的維持。

另一方面來說,清代在對漢人徵稅的同時,也對原住民族徵稅,但所徵者為以陸餉為主的「番餉」;「番餉」的繳納,一律以「社」為單位(但每社徵銀不等),因此又稱「社餉」。清代稱漢人村落為「莊」;原住民族為「社」。熟番向官府輸餉納課、徭服勞役、薙髮改變外貌,並接受漢文化洗禮;「野番」或「生番」則不在清廷統治範圍。此外,與「生、熟番」不盡相同,即「不薙髮、不衣冠」但向官府輸餉的社,稱為歸化社或「化番」。

總之,所謂「生、熟番」的人群分類,並非指固定的兩群人,而是隨著他們與官方的關係演變,「生、熟番」的人群邊界常有所更動。雖然在現代學術分類上,「熟番」、「生番」都屬於南島語族的成員,但過去他們並不知他們都屬於這一大語群,各部落間的互動,也以本身的利益為優先考慮。十七世紀以來,由於荷蘭、西班牙與清廷的統治政策,以及他們與漢人等外來族群的互動經驗各有不同,「熟番」與「生番」兩群人的族群差異,日漸明顯。而今日原住民不肯接受同源的平埔原住民成為原住民的一員,與這種源自清代的「生熟番」人群分類,實有密不可分的關係。

(二)平埔族、高砂族/高山族

有關臺灣南島語族明確且系統性的「族群」分類,始於日治時期(明治二十八年,一八九五年)以後。日治初期,日本殖民政府仍沿用清代以「番」稱呼非漢民族的傳統,但改有蔑視意味的「番」為「蕃」(取「蕃國」、「蕃畿」、「蕃服」之義)。不過「生、熟蕃」此一含有文明差別感的語詞,仍引起爭論,二十世紀二〇年代遂代之以「高砂族」、「平埔族」。

簡單說，日治時期源於對清代「生、熟番」的二分法，在學術分類上以「平埔族」一詞，以與清代的「熟番」相對應；「熟番」也稱「土番」，是清代臺灣漢民族與非漢民族族群關係的主要互動對象。另一方面，則以「高砂族」指稱清代的「生番」，戰後國民黨政府不承認平埔族的存在，將高砂族改名爲山胞（山地同胞），並依行政區域再分爲山地同胞與平地山胞，統稱高山族。

從民族學上，平埔族大約分成七至十二群（詳見本章第四節），高山族的類別也有各種不同的主張，直到昭和十年（一九三五年）學者們提出「九族說」，開始有比較一致的看法。不過，從民國九十年（二〇〇一）以來，迄今先後被核定爲原住民族的，包括邵族（Thao）、噶瑪蘭族（kavalan）、太魯閣族（Truku）與撒奇萊雅族（Sakizayz）、賽德克族（Sediq），共十四族（詳見本章第五節）。

總之，平埔族、高山族並非族群的名稱。由於日治時期日本研究者進行學術分類，才普及爲社會人群的指稱；所謂平埔族是指風俗習慣深受外來文化（主要爲漢文化）影響，語言多已成死語，高山族群則操固有語言、保留大部分習俗。事實上，除了生態適應不同外，兩者的傳統文化並無極大的不同。

(三)原住民

前面已提過，「番」作爲一種人群稱號，最早出現於隋唐時代。以「東番」或「番」指稱臺灣南島語族，則是明清時代之事。明清以來，無論以「生番」、「熟番」稱原住族群，或日治時期以平埔族、高砂族，或國府統治下的高山族或山胞（已無平埔族群的分類）等總稱，均指臺灣南島語族而言，都將他們視爲一個單位或假設其爲一種民族。這些稱呼，或與歷史發展、理番政策有關，皆爲外來民族所抱持的觀點。

簡單說，從明清時代以來到現代化政府，針對非漢族群的分類，完全從統治者、漢人主流社會的觀點出發，無視於他們彼此間極其不同而複雜的族群特性（ethnicity）；也未曾顧及這些被認定族群的自我認同（ethnic identity）。直到一九八〇年代以來，趁著修憲的時機，高山各族進行族群

運動並提出具有主觀意願的「原住民」正名運動，經由媒體傳播成為眾所熟知的語詞。換句話說，原住民是高山族群提出的自稱，民國八十三年政府應他們的要求，將「山胞」一詞改為「原住民」。對他們來說，原住民並不包括平埔族群在內。近年來由於平埔集體意識逐漸的發展，特別是在民國九十二年（二〇〇三年），原住民「反侵占爭生存還我土地」運動，平埔族的出現、加入遊行隊伍，引起社會大眾的高度注意；一度消失（隱形）於臺灣社會的平埔人，也有正名為臺灣原住民一份子的需求，例如邵族與噶瑪蘭族的正名運動，已獲得國家法律的支持。

第四節　平埔原住民的分布及其社會

十九世紀上半葉，全臺各地平埔原住民為了突破因漢人移入被嚴重壓縮生活空間的困境，不約而同展開一波波跨部落聯合往中部內山埔里盆地，或後山花東地區的大遷徙活動；之前，他們的舊居主要分布於臺灣西部平原、盆地，或淺山地區。整體而言，十七世紀上半葉以來，因外力漸次入殖，平埔原住民不僅生活領域發生重大變化，其社會文化亦然，至今傳統文化已幾乎消失無蹤。

一　生態環境

由於平埔舊社多建立在西部平原近水源草埔又安全的地帶，因此十七、十八世紀漢人入墾之初也多在舊社附近落足。這一現象可由臺灣各地較早成立的漢人村莊名字獲得說明，除了普遍出現「社口莊」（部落出口處）的相同地名外，也有不少地名依平埔村落名稱而來。如目加溜灣街（在目加溜灣社附近，今臺南縣善化鎮境）、蔴荳街（在蔴荳社附近，今臺南縣麻豆鎮境）、半線莊、半線街（以上均在半線社附近，今彰化市境）、南北投莊（在南北投社附近，今南投縣南投、草屯等鎮境）等。

簡單說，臺灣原為南島語系民族的生活領域，十七世紀上半葉因外

力漸次入侵而有所變化。由於地緣因素，平埔原住民首先面臨異族嚴屬的生存競爭、文化衝擊；十八世紀中葉以後，全臺漢人莊落的普遍形成、擴充，顯示漢人移民社會經濟地位與人口的優勢，已逐漸形成。而平埔原住民與漢人生存競爭的結果，部落村社多由舊社遷至新社（多在旱地或河、海、低溼等不適合清代漢人耕墾的地點，或移至漢人社會邊區），移居年代一般與漢人開墾的趨勢有關。相對於舊社，平埔原住民多半以部落村社舊名稱呼新社，如牛罵新社（在今臺中縣清水鎮境）、大突新社（在今彰化縣溪湖鎮境），漢人卻普遍以「番社」、「番仔寮」、「番仔厝」等統稱平埔新居。

整體而言，「番社」泛稱的普及，多半為漢人社會逐漸形成，且漢人勢力超越平埔原住民之上，即平埔原住民逐漸居於劣勢，並成為臺灣社會少數族群之時。換句話說，漢人優勢社會越早形成，番社名稱的普及越早。直到今日，從番社地名的分布，仍足以判別當地曾為平埔原住民而且是較晚形成的村落之地。

二 族群與分布

目前關於臺灣平埔原住民的詳細記載，首推十七世紀荷蘭治臺時期所留下的資料。一六四二年（明崇禎十五年）荷蘭占據臺灣，目的主要在從事商業活動與傳教事業，為維護他們的商業貿易利益，因此先以武力平服原住民，隨而鼓勵漢人移墾，並對平埔原住民施以教化工作。

荷蘭時期的統治方式，是由平埔族社自行推選村社代表，經荷蘭長官認可，定期舉行地方會議，各村社代表們除了在地方會議中聽從統治者宣達政令外，他們由荷蘭當局授權治理部落村社。荷蘭人為實現他們的統治與抽稅目的，自一六四四年（明崇禎十七年）至一六五七年（明永曆十一年）止，十三年間約進行九次戶口調查工作，其中以一六五〇年（明永曆四年）荷蘭統治盛世的調查最為詳細，涵蓋的村落最多。當時全臺接受荷蘭統治的村落，共三百一十五個，約一萬五千二百四十九戶，六萬八千六百五十七人，分屬北部、南部、淡水、卑南覓等四地方集會區（包

括部分高山族）。其中平埔原住民總人口數約有五萬餘人左右。

　　如本章第二節的說明，在日治時期以前的中、西文獻資料中，對平埔原住民的紀錄僅見「熟番」的總稱或部落村社名，並無「族屬」分類的記載。直到日治時期，研究者依據語言與風俗習慣，將他們大約分成七至十二類，顯示早期他們是個多語言、多樣文化的族群，因此十九世紀末他們的語言、風習漸被外來異文化消融之時，研究者還能依其殘留的文化現象，加以分類。

表1-3　十七世紀平埔族群分布情形表

族別	分布區	備註
西拉雅族（Siraya）	今之嘉南、屏東平原	
洪雅族（Hoanya）	今臺中盆地霧峰以南至嘉南平原新營以北	
巴布薩族（Babuza）	今臺中市以南至西螺以北之近海平原地帶	
巴宰族（Pazeh）	今豐原至東勢一帶之平地及山麓地區	
拍瀑拉族（Papora）	今大肚丘陵以西至海岸一帶	
邵族（Thao）	今日月潭一帶	已正名為臺灣原住民
道卡斯族（Taokas）	今大甲以北至新竹市一帶之海岸地區	
凱達格蘭族（Ketagalan）	今桃園、臺北及基隆一帶	
噶瑪蘭族（Kavalan）	今之蘭陽平原	已正名為臺灣原住民

三 社會與文化

(一)物質生活

產業

　　平埔原住民的經濟活動尚處維生經濟階段，他們的經濟生活以狩獵

為主，兼有簡單的農業生產，以及捕魚活動。狩獵為大部分平埔原住民的主要經濟活動，遠在十七世紀明末漢人移民入臺之初，即常以米、鹽、雜貨等物品和他們交換狩獵物品。狩獵以捕鹿為主，由於臺灣自然環境既無猛獸，如虎獅的危害，加上氣候溫溼，野草叢生且茂盛，極適宜鹿隻的生存，故鹿產特多。

十七世紀荷人據臺主要目的，在以臺灣為他們的海外貿易轉接基地，當時日本正處於戰爭時代，對鹿皮的需求量大，荷人乃一方面要求原住民部落交納鹿皮，作為社餉，一方面透過「贌社制」——僅社商得以進入獵場捕鹿，而社人所有與所需物品，皆需經由贌商之手取得或交易，即由漢人負責與平埔原住民進行鹿皮的交易。在贌社制度下，平埔社會不僅備受社商剝削，由於與外界有所接觸，部落社會經濟也逐漸產生變化。這種贌社制度，在明鄭、清代均加以承襲。

整體而言，平埔原住民以狩獵為主要經濟活動，農業技術簡單，「隨意樹藝，不深耕，不灌溉」，生產力低落，對土地的利用相當有限。直到荷人占領臺灣以後，教導原住民耕作的方法，如施行耕牛飼養政策，他們才逐漸採用牛隻幫助耕種。不過，大部分居住在西部海岸肥沃地域的平埔原住民，很早便從事旱稻耕作。

平埔原住民的農經作物，以芋粟為主要糧食，其次為旱稻。大致上，臺灣南部與外來移民接觸較早的部落多種植稻米；北部平埔原住民在十七世紀末葉尚以小米為主要穀類；中部則稻米與小米並重。他們炊煮米飯的方法有二，一是把粳米蒸成飯糰，而以手抓食；另一種是先把糯米椿碎，然後蒸成糕餅。而平埔各族多在黍收成後舉行祭祀，足見黍在平埔農業上，為較原始的作物。

除捕鹿、種植外，捕魚也是平埔社會重要經濟活動之一。由於他們重視集團性的生活觀念，以上三種經濟活動皆屬部落集體行動。狩獵與漁撈主要由青年男子負責，農業生產則以女人為主，男子只有到老年以後才幫助其妻子做些田事。

住屋

依據官方資料，十七至十八世紀臺灣的原住民村社可能有三百餘個，

其中大部分爲平埔原住民，少數爲高山原住民（因爲他們大多不在清廷統治教化的範圍内）。平埔村社規模不大，一般爲數百人不等，恆春地區則少至數十人而已，只有新港（今臺南）至諸羅（今嘉義）一帶最繁榮的地區，每村人口約一千人。

平埔原住民各村落間雖然經常發動偷襲戰爭，村落似乎沒有什麼設防，只在村落周圍種植刺竹；但在靠近高山原住民的地區，則有削尖竹竿的柵欄措施。大致上，平埔村落的景象與氣氛極爲恬靜平和，翠綠修竹是他們的村落標識；「茅蓋竹牆」乃平埔家屋的通相，但各族社居室頗不一致，有的如地窖般陰暗漆黑。

平埔原住民的房屋特色爲地板皆高出地面，一般分爲兩種：一建於封土臺基之上（土臺），一搭在木構支架上（干欄）。一般臺基（青綠色）周圍切石；而土臺前沿突出高架的竹片地板，有一丈之高，故其下可以作爲勞作休閒，或當作儲藏室、豢養禽畜的地方。土臺式房屋，也見於呂宋、夏威夷等地。干欄式建築則爲中國長江以南至整個東南亞，或太平洋美拉尼西亞（Melanesia）傳統居住文化的特質，由此可說明臺灣原住民在南島語族中的地位。

服飾

平埔原住民精於紡織刺繡，花紋種類繁多，紋樣優美。他們的衣著以參加儀式時最爲精美，但平時或在田間耕作時，男子大部分皆裸體，或圍一護陰，女子也僅圍一布裙而已。他們的衣服形式只利用布的幅度簡單縫綴。若依衣服的長度分，則有短至肚臍的短衫與長至足踝的長衫（在稍冷的北臺灣，再取鹿皮加工精製爲長袍）的不同，但無論南北諸多族群，短衫似比長衫普遍。短上衣也有帶袖及有領的款式。衣服所用的顏色，以白與黑兩種爲主，但繡織花紋則以紅色爲最常見，紋飾多爲幾何花紋。

平埔婦女的布裙無裙褶，像圓桶（幅布而圍，以寬帶繫住）垂直而下，稱爲桶裙；無論男女，皆不穿褲子，下體皆用一塊布遮蔽起來，這是他們與漢人衣著不同的地方，直到十九世紀下半葉，他們都穿著中國式的寬大褲子，傳統的圍布桶裙消失。而當男女皆穿桶裙時，女性必定在膝下以黑

布裹腳，盛裝時則用有繡花的裹腿。今日一般鄉下婦女下田工作的裹腿，應是傳自平埔原住民的裹腿習慣。

　　平埔原住民沒有穿鞋的文化，直到十八世紀初，仍然只有一部分土官在會飲的特殊場合穿鞋。

(二)社會生活

母系社會制度

　　大部分平埔原住民屬於母系社會，重女輕男為其傳統；其中曾活躍於臺灣中部大甲溪南北兩岸的巴宰族，可能為父系或兼有父母雙系的社會。在母系社會的婚姻上，男子入贅於女家，隨妻而居；在家系承繼上，由女子繼承家產，傳承家系。但自漢人文化滲入後，這類婚姻與家系皆發生變化，並產生許多過渡型，其一為漢人的型式，即女子出嫁到夫家，在家系家產的傳承也與漢人相同；另一種為固有的母系制度混以漢人風俗而成的過渡型式，稱為「來腳去」。此種婚姻型態的女子雖然出嫁到夫家，但不向男方收取聘金，而丈夫則須不時往女家幫忙耕種；女方父母喪亡，女子有繼承家產的權利，也有負擔債務與喪葬費的責任。至於女方是否冠上夫家的姓氏並不固定。

年齡層級組織

　　在母系社會中的親族組織，以女性占較重要的地位；但在部落組織中，男子又似較占優勢，如土官、通事、甲頭等，皆由男性出任。平埔原住民的傳統社會是一個沒有階級的世界，但村社中仍有一定的秩序，年齡是他們的重要樞紐。諸如男子結婚、女子生育、夫婦同居、遷居廬舍等，都有嚴格的限制，可見年齡層級的意義，應與他們的社會禮俗有關，從而發揮維持社會秩序與運作的功能。

　　平埔各族普遍存在年齡層級組織，年齡最高者即為領袖。即使從歸化清政府以來，一般土官或頭目也由最高級的部落領袖中選任。平埔社會有一個年齡層的人，稱「麻達」（Mada；麻答、貓達、貓踏），指未婚之男性青少年（未婚女子稱「貓女」），箍肚即束腹，為他們與已婚男性「暹」、

「仙」、「老纖」區隔的一個重要標誌，是訓練奔跑、使身手矯健的手段，也是討好女子的方法。開始籤肚的年紀，大約十三、十四歲，即進入青春期之時，直到結婚（二十歲）才得以解除。清廷統治期間，許多徭役皆落在他們的身上，足見年齡層級在平埔社會中，直到十八世紀仍有其現實意義，至少相對於已婚者，麻達享有某種特權（未婚者私通，一般不加以禁止）。

(三)宗教生活

信仰

平埔原住民所信仰的超自然能力，可分三類：神祇、靈魂、精靈。天神（創造神）為平埔原住民虔敬的對象，是各神之總體，一切祈禱皆歸於天神。另有一與生育有關的女性神祇。

大部分平埔原住民相信靈魂不滅，以為靈魂可分善與惡兩種。善靈即祖靈，為一切祭祀的對象。惡靈為死於非命者，或被擊殺之敵人所變成，常在世間作祟，一切疾病均因此而來。精靈存在虛無飄渺間，常常出現於人跡少至之處，或附於大樹、岩石之間。

祭祀

平埔各族中每年所舉行祭祀的次數不一，但他們的祭祀對象幾乎全部以祖靈為重要核心，除了與他們的祖先崇拜觀念特別強烈有關外，也因其他祭儀已逐漸被遺忘而混於祭祖儀式中。如昔日有獵頭習俗，獵得敵首凱旋歸來，則舉行盛大的敵首祭（以敵首示眾、祭告神明、飲宴歌舞）。但這種習俗先是被荷蘭人禁止，後來隨著漢人文化的影響而歸於絕滅。

十七世紀外力入侵，特別是十八世紀漢人大量移入以來，平埔原住民的社會變遷之大，前所未有；傳統文化也幾乎消失無蹤。不過，今日南部西拉雅族裔除了接受外來基督信仰者外，傳統信仰阿立祖（母）或太祖，仍是他們的重要崇拜對象。其中以臺南縣大內鄉目加溜灣系統的頭社村，每年農曆十月十四日的頭社夜祭最為著名。頭社村民除了到村裡的觀音廟崇拜漢人的菩薩，也到公廨崇拜西拉雅傳統的太祖信仰；村裡的漢人

信仰系統與西拉雅傳統
信仰系統的神職人員，
也無法絕對二分。換句
話說，太祖與菩薩不只
交融神職人員，也交融
彼此的信徒。如此混著
拜，並非頭社獨有的現
象。

　　另一個蕭壠系統、
位於臺南縣東山鄉東河
村的吉貝耍，是頭社以

圖1-5　頭社公廨現況

外維持西拉雅傳統祭典的著名村落，共有一大公廨、七小公廨。除了大小
公廨外，村內高聳的清水祖師廟，也是村民的信仰中心之一。他們認為清
水祖師的位階低於眾阿立母，但兩者之間並不互相排斥。

　　雖然頭社公廨（外形仿國父紀念館）為現存保留最完整傳統平埔祭典
的村廟，事實是已受到漢文化的影響，如案桌與供桌、案桌上的香爐，以
及公廨前方的金爐，完全為漢文化的產物。不過，祭拜時必須備妥酒、檳
榔、粿（米糕）與圓仔花，以及由未婚少女牽曲的歌與舞等，卻是十足的
非漢傳統。

巫師

　　平埔各族中，巫師為女人的專業，他們從小接受訓練，成為人與神
之間的媒介，特別在南部西拉雅族的宗教裡，女性扮演非常重要的角色，
除了女神外，他們的神職人員也是女性，而且大部分的祭品主要由女人奉
獻。

　　人們相信女巫可以為人除惑消災、咒法防止外敵入侵。如巴宰族的
「番婆鬼」；西拉雅族的「尪姨」（inibs），可以作法傷人，受害者若欲
解除其害，須殺一頭豬作為禮物，請求解咒。西拉雅族家家戶戶若遇到困
難，得請尪姨到家裡作法，而且每家都有個地方可以請神或祭拜，經常舉
行宗教儀式。尪姨可說是阿立祖信仰文化傳承的主要助力，因此，普遍成

為荷蘭傳教士的眼
中釘，曾遭到流放
的命運。

圖1-6　頭社公廨內部擺設

今日有些西拉
雅村落仍由尪姨主
持夜祭，如蕭壠系
統的吉貝耍（今東
山鄉東河村）、北
頭洋（今佳里鎮漳
州里、海澄里）；
麻豆系統的番仔田
（今官田鄉）復興
宮。而漢人社會的尪姨，成為一般人與祖先溝通的媒介，應是傳自平埔原
住民的習俗。

(四)生命禮俗

拔牙、染齒、拔鬚

平埔各族均有拔牙、染齒與拔鬚的習慣。男女均喜歡折去兩顆上門
齒，作為結婚時夫婦定情的禮品。每日取草汁擦拭牙齒，因為他們相信齒
牙「越黑越固」。成年平埔男子並有拔鬚的習慣，因此男性均不見長有髭
鬚。這與漢人相當不同。

連名制度

平埔原住民普遍實行父子連名的制度，即在本名之後加上父親或母親
的名字。大部分平埔原住民為母系社會，最初應為連母名，其後受漢文化
影響，漸變為父系，故亦連父名。如岸裡大社第一任番通事敦后那（漢名
潘墩仔）的長子大萬敦、次子馬下六敦。連名的方式分為連名與世代排名
兩種。一直到清末仍有一些平埔原住民保留傳統名字。

婚姻形式

平埔男女到了青春期，必須離開父母，分別住進「公廨」、「籠仔」的居所內，表示他們已有資格結交異性。平埔各族中未婚男女對婚姻對象的選擇極為自由，一般為個別擇偶，未婚少男若鍾情於某少女，則日夜在少女家屋前吹奏口琴以挑情，如果少女也屬意該少男，即約定日後約會，互贈禮物定情。然後進一步向父母表明願意成為夫妻，半個月後再宴請四方親朋好友。有些平埔原住民中有特定的「交誼會」，由年老女性主持，少男、少女可在會中擇取意中人。大部分平埔各族原為母系社會，其後有漢人父系制度混入，傳統婚姻因而成為一過渡形式。一般在婚禮舉行前，男女兩家互贈禮物，若屬於入贅方式，則男子由其親戚送至女家成婚，再由女家宴請親屬及其村人。若屬於出嫁方式，則女子嫁到男家，由男家宴請賓客。

埋葬

平埔各族的埋葬，大部分為室內葬，即埋葬在死者家中地底。因此，考古學者挖掘出來的屍骨集中區，常常不是漢人觀念中的墳墓區，而是聚落區。今臺中港路一帶原為沙轆社舊址，日治時期開路與戰後沙鹿高工建校時，均曾出土大量沙轆社的文物。他們通常以鹿皮蓆子或棺木、陶罐包裹屍體；也有石棺葬的風俗。

(五)裝飾藝術

文身與貫耳

大多數平埔原住民不黥面，文身只限於部分老人。文身圖案包括猛禽走獸、魚蟲花草、人形等，其中人形是具有權威的圖案。平埔男子的另一身體特徵，為「男子競尚大耳」，貫耳造成耳垂異常發育，但中北部臺灣較南部普遍。

髮式與頭飾

平埔男子共有三種髮式，散髮剪短（頭陀型覆額短髮）、在頭頂或腦後梳一髻、在頭上左右兩側梳二髻。單髻表示已婚；左右雙髻為未婚的打

扮：頭陀型則是孩童的髮式。女子則束髮盤頭，或梳成一髻。

　　平埔婦人常蒙頭巾，以灰、藍色爲主。但在福建的習俗上，漢人男子戴頭巾的習慣，也影響了平埔男子。平埔婦人不論盤髻、戴笠或包頭巾，髮際常以一圈青紅相錯的花草爲裝飾（稱頭箍），有些人更特別以紅色帶子，繫在髮盤底部（男女皆如此）。至於出門插雉羽或雞尾，是表示體面之意，隆重儀式或平時場合，無論男女皆如此裝扮。

佩飾

　　平埔原住民的佩飾比較簡單，他們頭上喜歡簪花結草，插雉羽或雞尾，有些地方則戴白獅犬毛織、嵌以米珠的帶子。除此之外就是頭項和臂膀的裝飾。無論勞作、休閒或喜慶，絕大多數男女皆戴有項飾和腕飾，這是平埔原住民日常生活的一部分，爲其傳統文化，是區分平埔原住民與漢人的文化標誌。裝飾品的材質，以土產的貝、螺、銅、鐵爲主，但也有由外地輸入的珠子、瑪瑙等。

　　平埔男子腰際都佩帶一把刀，可作爲工具，也可作爲武器。但似乎未見婦人腰間佩刀的情形。

歌舞

　　平埔各族均能歌善舞，每遇祭儀即聚集村人暢飲，至酒酣耳熱時則相攜而舞，並高唱他們部落所傳誦的歌謠。平埔歌謠包括祝年歌、頌祖歌、耕種歌、打豬歌、祭祖歌、情歌、飲酒歌、待客歌等。除了晚期成品，如「貓霧揀番社曲」外，一般歌曲中皆充滿飲宴歌舞的快樂情緒，較少哀歌。平埔各族祭儀時所用樂器，有口琴、鼻笛、木鼓等。

　　今日南部平埔原住民在夜祭中的「遷曲」仍保有傳統歌謠；中部巴宰族則因信奉基督教，將傳統歌曲「埃央」融入宗教歌曲中，而得以保存。

第五節　高山原住民的分布及其社會

　　人口總數占臺灣總人口數不到百分之二的高山原住民，其活動空間的

分布面積卻達一萬六千餘平方公里，占臺灣總面積的百分之四十五。他們主要散居在中央山脈一線及其以東的地區，即清代「番界」之外的地帶。除了阿美族、達悟族（舊稱雅美族）為活動於平原、海岸地帶的海邊聚落，卑南族則是集居、大型的平原聚落（阿美族也是）外，縱橫在高山聚落的代表族群有泰雅族（居住高度可達一千五百～二千公尺）、布農族、鄒族、賽夏族、排灣族、魯凱族，他們的生態適應相當不同於平埔原住民。日治時期被迫遷至低海拔地帶後，隨著生態環境改變，其生活技術、居住型態、社會關係均發生巨大變化，傳統文化也發生前所未有的變遷。

一　生態環境

　　大致上，平地原住民的生活環境，海拔約為○～四百五十公尺，包括海岸、河流下游。山地原住民則活動於海拔四百～二千五百公尺的丘陵、高山地帶，目前最高極限為二千二百公尺（如武陵農場、曲冰、單大林道七彩湖有布農工作點），氣候已由溫帶接近寒帶。日治以前，山地適應的聚落多住居在山脈邊緣。他們不住在河邊或海邊的原因，或與瘴癘之氣、水患、動物取水、採擷野菜（山邊多於海邊）的技術有關。

　　但日治時期基於統治上的考量，強制高山原住民遷往交通較便利、管制較容易的地方。如一九三○年代霧社事件爆發後，殖民者將高山原住民零散而居的聚落，加以集中（由散居而集居），並打散原有血緣、地緣關係，讓不同群體住在一起。此後，傳統的輪耕、火種經濟生活隨而變成定居、定耕的生活方式。其次，日人為開發森林資源

圖1-7　高山聚落司馬庫斯泰雅部落

並勒令高山原住民遠離林班地（尖石以北、雪霸一帶仍維持原聚落），原活動於南投、臺中縣境的泰雅族群，他們的凝聚力（solidarity）因而被打破。此外，由於水稻耕種之需，尤其戰時（二次大戰）穀物生產必須供應軍需，日人也迫遷高山地帶的部落到低海拔地區。

就原住民的居住空間分布而論，由高山往低地適應的過程，生活技術也隨而改變，如狩獵在其食物供應上的比率僅占百分之十五（有些部落也有畜養行為），傳統社會中以狩獵為主要工作的男人，其重要性因而下降。

就遷徙模式而言，日治以前高山原住民的自主性強，各部落兼有散居、定居的居住型態；日治時期則被迫由游居、散居，到定居（游耕——定耕）、集居，聚落型態隨而加大。而過去同一族群間的聚落群，極少與外人混居；雖然在女子、食物、資訊上的交換，皆需透過村際的往來，基本上屬於較封閉孤離的狀態。目前則形成多族群混居的狀態，已無單一族群聚居的例子。換句話說，目前的多元社會較以往開放，與其他族群鄰接，互動頻繁，防禦工事因而顯得極不重要。

二 族群與分布

(一)十四大群

從民族學上而論，高山原住民一般被分為九族，包括泰雅族、排灣族、魯凱族、卑南族、布農族、曹族／鄒族、阿美族、雅美族／達悟族、賽夏族。從民國九十年以來，迄今先後又有邵族、噶瑪蘭族、太魯閣族、撒奇萊雅與賽德克族被核定為原住民族，共十四族。其中泰雅族可能是臺灣原住民族中最早抵臺的一族。換句話說，此處所指高山原住民即經中央原住民族主管機關核定之民族。因此，原為平埔族的邵族與噶瑪蘭族均包括在內；他們受《原住民基本法》的保護，不同於其他尚未被國家正式認可的平埔原住民。

依據民國九十七年四月的統計資料，高山原住民的人口總數約為四十九萬，較一九三〇年代初的十四萬（不包括新加入的邵族、噶瑪蘭族、

撒奇萊雅族與賽德克族）多出三・五倍。其中以阿美族的人口為最多，共有
十六萬餘；邵族人口最少，不足七百人。

表1-4　臺灣原住民族各族人口數（二〇〇八年四月）　　　單位：人

族別	共計	總計	備註
雅美族／達悟族（Yami）	3425	487205	本資料依據行政院原住民委員會專屬網站的統計資料。該資料未說明「其他」欄的人口，指何而言。
泰雅族（Atayal）	82084		
布農族（Bunun）	49343		
賽夏族（Saisiyat）	5609		
曹族／鄒族（Tsou）	6505		
阿美族（Ami）	174361		
卑南族（Puyuma）	11011		
魯凱族（Rukai）	11472		
排灣族（Paiwan）	84058		
邵族（Thao）	631		
噶瑪蘭族（Kavalan）	1107		
太魯閣族（Truku）	23819		
撒奇萊雅族（Sakizaya）	243		
賽德克族（Sediq）	（不詳）		
尚未申報	33474		
其他	36		

(二)生活領域

　　高山原住民視土地資源等所有他們賴以維生的物質，為天賦而來。因
此，對聚落地點的選擇，安全條件為他們的首要考慮，較少慮及土地、資
源的利用問題。各族群的生活領域十分清楚（長期協調的結果），常以流域
／分水嶺為界（此與獵頭習俗有關），在外力介入前，極少發生重疊現象。
　　高山原住民中，以賽夏族的領域最模糊，主要受漢文化影響；他們的

周圍皆為泰雅活動區，其領域為學者所認定。換句話說，除了對向天湖的認同外，賽夏因與泰雅混居，無法維持其獨有領域。

　(1)泰雅族：人口眾多，總人口數將近九萬人，為原住民中僅次於阿美的一族。其分布面積廣；北起臺北縣烏來鄉，南至南投縣仁愛鄉，西起臺中縣和平鄉，東至花蓮縣秀林鄉等，北中七縣境內一千五百公尺以上的山區，都是他們的勢力範圍。

　(2)排灣族：在排灣族的傳說中，他們都是從大武山分布到各地。根據居住區域和文化表現的異同，排灣族可以再細分成北排灣、中排灣、南排灣和東排灣。

　(3)魯凱族：原都住在臺東大南溪上游右岸，舊大南部落和知本主山之間，因與附近太麻里原住民反目成仇，被迫西遷，越過大武山，定居於好茶村（舊好茶）。其中一小部分魯凱人又自好茶遷到阿禮村；後來又有一小部分魯凱人自好茶遷到霧臺村。其部落主要分布在海拔一千五百公尺以下，而以五百～一千公尺之間的淺山為主要分布區。

　(4)卑南族：活動於中央山脈以東，卑南溪以南的海岸地區、臺東縱谷南方的平原上；大致不出臺東平原，也就是現今臺東縣卑南鄉境，清代稱為卑南覓。清康熙年間，以南王為首的卑南人，幫助官方平定朱一貴之亂，因此被冊封為「卑南大王」，鄰近的阿美族、排灣族都要向其納貢、賦稅，是卑南族的全盛時期。

　(5)布農族：十八世紀時，世居南投的布農族開始大量的遷移，一是往東遷至花蓮的卓溪鄉、萬榮鄉，再從花蓮移至臺東的海端鄉與延平鄉。另一支沿著中央山脈南移至高雄的三民鄉與桃源鄉，以及臺東縣海端鄉的山區。

　(6)鄒族：居住於玉山西南方，現今阿里山一帶，有些學者稱之為「北鄒」；居住於高雄縣三民鄉的卡那布那布族及高雄縣桃源鄉的沙阿魯阿族，則被稱為「南鄒」。

　(7)阿美族：人口約近十六萬五千人，分布於臺東縱谷和海岸平原，是原住民諸族群中人數最多的一族。十七、十八世紀時，阿美族受到

　　來自西邊山區的泰雅族、布農族，南邊卑南族，以及在西部被漢人壓
　　迫而往東部遷徙的平埔原住民等影響，本身產生相當大的差異性。

⑻達悟族：居住於臺東外海蘭嶼島上的雅美族人，自稱「達悟」（現
　　已正名為「達悟族」），是「人」的意思。民國五十七年（一九六八
　　年）解禁以前，蘭嶼被官方刻意當成保留區，只有軍隊、行政人
　　員、犯人可以前往。達悟人對外來者的觀感，認為「面目可憎」。
　　解禁之後，由於觀光客的不尊重，以致他們對外人始終抱持敵意。

⑼賽夏族：居住在今新竹、苗栗縣南庄鄉一帶，夾雜於泰雅族與客家
　　人之間的賽夏族，大部分會講泰雅語與客語，甚至以此兩種語言為
　　日常用語，而自我族群的語言反而日漸消失。

⑽邵族：日月潭一帶，清代稱水沙連。水沙連區域除了日月潭外，
　　山脈連聳、丘陵起伏，並有平坦的盆地。清代以來，因漢人大量
　　侵入，目前邵族居住的範圍，僅限於日月潭一帶，人口數不足六百
　　人，可以說是臺灣最袖珍的原住民族群。

⑾噶瑪蘭族：清代噶瑪蘭族，被稱為「蛤仔難三十六社」。十九世紀
　　初，噶瑪蘭族因抵抗由漢人吳沙所開啟的移墾活動失敗後，不得不
　　歸化清廷；他們是平埔各族中最晚「歸化」的一支。由於受到漢人
　　爭地的影響，部分噶瑪蘭人自十九世紀四十年代（一八四〇年）左
　　右開始陸續南下，遷移至花東沿海一帶定居；遷移者以加禮宛社為
　　主，因此被稱為「加禮宛族」。日治初期，噶瑪蘭人尚保留部分舊
　　俗，而且仍使用平埔語言。

⑿太魯閣族：分布的面積廣；其中散居在花蓮玉里、吉安等地的族
　　人，即太魯閣一帶的泰雅族，於民國九十三年獨立為太魯閣族。

⒀撒奇萊雅族：世居今在花蓮縣奇萊平原（花蓮市區），日治時期除
　　在平原上作小範圍的遷徙外，也向其他地方作大範圍移住，其中部
　　分人口散居阿美族聚落。屬母系社會，有年齡階級。民國九十六年
　　成為第十三個臺灣原住民族。

⒁賽德克族：原居今南投縣境，二百年前部分族人輾轉搬遷今花蓮縣
　　境，發展出自己的文化、語言，於民國九十三年成為第十二個臺灣

原住民。九十七年四月留居故里的族人則成為第十四個臺灣原住民族。

表1-5　今日臺灣原住民族分布情形

族別	分布區
泰雅族（Atayal）	（山區最大一族）北起臺北縣烏來鄉，南至南投縣仁愛鄉，西起臺中縣和平鄉，東至花蓮縣秀林鄉。
排灣族（Paiwan）	南部大武山附近。
魯凱族（Rukai）	高雄縣境；在排灣西北，受其文化影響深。
卑南族（Puyuma）	臺東縣等地；在排灣東北，受其文化影響深。
布農族（Bunun）	南投縣等地；介於前四族之間的東半部。
曹族（Tsou）／鄒族	介於前四族之間的西半部。
阿美族（Ami）	東部海邊，花蓮、臺東附近。
雅美族（Yami）／達悟族	蘭嶼（又稱紅頭嶼）島上。
賽夏族（Saisiyat）	新竹、苗栗南庄等地。
邵族（Thao）	南投縣日月潭一帶。
噶瑪蘭族（Kavalan）	宜蘭縣境並及花蓮縣新社一帶。
太魯閣族（Truku）	北起於花蓮縣和平溪，南迄紅葉及太平溪這一廣大的山麓地帶，花蓮縣秀林鄉、萬榮鄉及少部分的卓溪鄉立山、崙山等地。
撒奇萊雅族（Sakizaya）	世居花蓮縣境奇萊平原。
賽德克族（Sediq）	南投縣境。

三 社會與文化

(一)物質生活

產業

過去高山族群的傳統作物多為看天田，如小米、旱稻、樹薯、樹豆的栽種；其中布農族較重視農業活動；邵族並有水耕（即以架子入土種植的

浮田）活動；魯凱、排灣均爲貴族制社會，通常要求平民種植小米以繳交粟租，在其階級社會中，農耕與歲時祭儀結合，耕作爲社會地位的象徵，平民是被要求去耕種；芋頭是主食。檳榔是阿美族日常生活不可或缺的物品，不僅爲社交的禮物，也是結婚聘禮之一；他們很會製作陶壺。

　　狩獵活動在高山原住民的社會十分重要，但其重要性不如平埔原住民。由於鹿皮、角、茸爲漢人所需，因而對平埔原住民的生計發生重大影響。臺灣南島語系民族的狩獵技術十分進步，分個人獵、圍獵等（帶狗、槍、做陷阱），與他們移動、神罰觀念（打到動物表示無罪，與獵頭具有相似的意義）有關。

　　捕魚對達悟人而言相當重要，漁撈是其主要生活方式。每年三月，飛魚隨著黑潮迴游到蘭嶼的海域，達悟人舉行召請飛魚前來的招魚祭，祭典之後，族人開始捕捉飛魚，但只限於晚上以火炬照明來吸引魚群；到了四月，才准許白天用小船釣大魚，夜間則休息；五至七月，開放白天捕飛魚。這幾個月也是族人最繁忙的季節，但除了飛魚以外，其他的魚類不准撈捕。對達悟人而言，基本上，魚可以分爲：老人魚（只有老人可以食用）、男人魚（味腥、皮如砂紙，女人不能食用）、女人魚（肉質鮮美，任何人皆可食用）。因此，一個達悟男子在捕魚時，必須捕撈到不同種的魚，以供應家裡的男女老少享用，間接地抑制了過量捕殺單一魚類的危機，也兼顧了生態保育的平衡。

住屋

　　高山原住民的房屋建築，以干欄式最爲典型，鄒的會所（main house）與魯凱的少年會所，均爲干欄式。但泰雅族爲地穴式、達悟族爲半穴式（無窗戶，煮飯時將屋燻黑，煙可防蟲）、布農爲長屋，魯凱只有靈屋爲石板建築，除了頭目階級外，均用竹與茅草做成；排灣先有茅草屋，後來有石板屋，牆壁外圍有族人精心雕刻的圖飾；阿美的屋子有架子，民國七十年才有隔間。

　　蘭嶼爲熱帶海洋性氣候，年平均溫度爲攝氏二十六度，除了冬季較寒冷外，大部分爲炎熱的天氣，又因位於颱風季節的要衝，島上又無高山屏障（最高峰僅五百四十八公尺），因此聰明的達悟祖先發明了穴居地下屋，

在颱風季節仍能高枕無憂；又為了適應炎夏的燠熱，干欄式的涼臺設計是夏日他們最好的休憩場所。

(二)社會生活

社會結構

　　阿美族為母系世系群，單系，母系承傳。卑南也屬於母系社會，氏族姓氏、財產繼承，以及祭祀權均由女子承繼。隨著時代的改變，這種由女子繼承家業、凡事詢問女人意見的習俗已有所調適，以結婚為例，目前大都為從夫居住的父系社會婚姻法則。泰雅族為父系世系群，除么兒有權繼承家業外，其他兄弟姊妹都得另創家庭。魯凱族為階級社會，貴族階級由長男繼承。排灣族為長嗣繼承，嫁、娶、招贅均有。達悟族為親隨子制，兒子的出生，對父母而言，為他們地位提升的開始。太魯閣族的社會為父系的小家庭組織結構，在家庭或親族間均以男性權威為主，嚴守親族不婚的禁忌。

年齡層級組織

　　卑南族的社會組織有年齡階層，但不像阿美族那樣嚴密；雖然有頭目，但其地位並不像排灣族那樣崇高，而且土地管理權也不屬於他們的。會所（分青年會所與少年會所）是整個部落公共事務的推動中心，也是年齡階層養成教育場所，以及軍事組織中心和部落財產單位。組成會所的分子，理論上是本部落的男性青少年。

　　阿美族有著不同於其他民族的母系社會和男子年齡組織，均衡地維繫著族群中男女社會分工與權力分配。男子年齡階級崇尚敬老與服從，平日由頭目與長老共議村落裡的事務，其下依年齡執行各項職務，年幼者服的勞役較多。

(三)宗教生活

信仰

　　泰雅社會中，最具有約束力與公權力的團體，是為gaga的祭祀團體，

一般稱爲「祭團」，乃爲奉行祖訓與族規而成立。設有祭司一人，由部落的領袖擔任，主要功能在於執行共同祭祀、共有財產、狩獵的事務，同時更有調解糾紛、仲裁罪犯的職責。換句話說，它乃泰雅社會中行爲道德與社會律法的最高維護與審判者。日治時期，泰雅族人引發數次大規模抗日活動，被日人迫遷後，原始的泰雅族社會結構逐漸被破壞。

太魯閣族人的傳統宗教是祖靈信仰，祖靈庇佑子孫的條件是所有子孫必須遵從祖先遺留下來的習俗、教訓和規範，也就是祖先的「gayan」。

祭祀

布農族爲傳統祭儀最多的一族。由於對小米收穫的重視，因而發展出一系列繁複而長時間的祭祀儀式。布農人傳統的年月觀念，也是依著小米的成長而畫分。

阿美族每逢七、八月在各村落舉行的「豐年祭」，原本是男子自衛禦敵的軍事訓練演習，藉一連串嚴格的體能訓練，培養族人的團結及服從。目前軍事訓練的內容已大幅縮減，僅存象徵性的運動競賽或下海捕魚，以及連日的歌舞共歡。但是，每逢有子弟應召入伍時，家人必定愼重其事地在入伍前夕爲他舉行隆重的送行晚宴，邀集眾親友在家門前團聚歌舞。

傳說中，賽夏族人居住的對岸，住著一群身高不滿三尺的矮人；他們非常聰明，能歌善舞，並教導賽夏族人農耕技術。但矮人性好漁色，常常藉機調戲賽夏婦女，賽夏青年們忍無可忍，於是在矮人過河的山枇杷樹橋報復，結果只有兩位矮人倖存。爲了平息矮人的怨怒、請求他們的原諒，賽夏族將原有的收穫祭改爲矮靈祭。矮靈祭歌繁複難學，只有朱姓族人學會全套的祭歌，因此每一次的矮靈祭均由朱姓長老擔任土祭。祖靈祭當天，由家族的長老從祖先籠裡取出一個小酒杯，斟滿清水，再以食指沾水，觸及在場每一位家族成員的雙唇，接受這個沾水禮的人才是家族的一份子，因此新婚的媳婦與新生的嬰兒都要回來參加祭典。

噶瑪蘭族每年農曆一、二月中旬舉行的祭祖儀式，稱爲帕立靈（或巴律令），共有兩種儀式，即噶瑪蘭式與頭哆邦式，兩者所使用的祭品及祭祀地點不同，程序方面則相同。但後者不准外人觀看，因爲如果外人進來觀禮，祖靈就無法保佑家人幸運與平安。祭祀時，噶瑪蘭人都事先釀造新

酒，新酒釀好之後，拿到族社內一個地方，發出口哨一般的聲響三次，招請祖靈，家家戶戶蒸米飯供祭祖靈，然後自家享用。全社無論男女老幼，約一個月的時間，每日飲酒過日子。

達悟族在新船下水時，舉行隆重的下水儀式；在每年三至六月有一年一度的飛魚祭；五至六月小米收成後，舉行小米豐年祭。

巫師

卑南族社會有兩個領導人物：一個是男祭師（rahan），負責主持部落性的重要祭儀，家庭對祖先的各種祭祀也經巫師之手；另一位是政治領袖（ayawan），負責協調部落重大事情，也是人獵祭、爭戰的領導人物，由村子裡領導能力強的人來擔任。目前男祭師依然延續傳統的職責，在部落裡受人尊重；政治領袖則因現代行政體系的介入，各村的職權消長有所不同，但不管任何形式的演變，族中長老的生活體驗與傳統智慧，依然是族人諮詢的對象與精神支柱。

早期，卑南族的巫術十分盛行，其他族群的人都懼怕三分。巫術又分為白巫與黑巫，白巫替人治病，黑巫施咒害人。目前卑南八社尚有多位祭師，負責部落性的祭儀，或為族人祈福驅邪。

邵族在雍正年間以前，保有出草獵首級的習俗，其武力得以和外族相抗衡，並保有廣闊的水沙連生活領域。十八世紀以來，由於與漢人接觸而遭到瘟疫的肆虐；為了躲避瘟疫，族人數度易居，並釋出大片土地供漢人墾殖。從土地交易中所獲得的些許收入，則用以敬祖除穢，以獲取祖靈的庇護，祈求平安健康，並延續邵族的命脈。雖然已受到漢文化的影響，但由於堅信祖靈信仰，因而尚保有女祭司先生媽的傳承制度。

(四)生命禮俗

連名制度

賽夏族的「命名法則」是採父子聯名制，即子女聯父名於自己的名字之後。收穫時彼此邀宴，婚喪習俗時負有互助和共享豬肉的權力及權利，特別是有共負罪責、共復血仇的習俗。

婚姻形式

　　南島語系民族中，以泰雅族最早結婚，約十四歲。由於他們的移動性大，一旦選擇某家女子作爲姻親對象，即早早訂婚，但因女子本身不願意，故多被男方軟禁。一旦男方家庭移動到另一新地方墾殖，女孩即無法回去本家（女方也會移動），通常直到成婚（約十七、十八歲），女孩才被告知其生長家庭移動的位置。

　　魯凱、排灣等階級社會，貴族階級講究門當戶對，以同階級間的聯姻爲理想的婚姻形式，因此頭目階級常與鄰近村落的頭目結爲親家。頭目是地主階級，擁有土地、河流與獵場，藉著婚姻關係可以擴展自我的領地。階級低的族人也希望能與比自己階級高的人結婚，藉以提升自己的階級，因而在婚生子女中會有階級升降的現象。

　　排灣族是個兩性平等的社會，但階級制度爲世代所承襲，家族的財產、權利由長嗣繼承。其餘的兄弟姊妹於結婚後搬出本家，另立家屋、家名，因此許多部落出現了女性頭目掌理部落的決策事宜。

　　排灣社會的階級觀念不僅表現在財產與婚姻，連姓名的取用都依階級的不同而有一定的範圍。換句話說，從一個排灣族人的名字，就可以判斷他的階級。不過，有些名字可以由頭目賜予，即經過頭目允許後，才能使用比自己階級高的名字。

　　太魯閣族傳統上男性的婚姻條件是獵首及具有高超的狩獵技巧（唯有獵首過、擅於狩獵者，才有資格紋面），其次是守規矩與心地好，有財產及身體強壯則是更次要的條件；女性的首要條件是會織布（會織布才能紋面，紋面才算是美麗的女人），其次則爲勤勞、會持家及心地好。而在男女關係之間，傳統祖靈的信仰及恐懼深植於人心之中，因此族人有著極嚴格的規範：不允許未婚的青年男女或已婚的人有越軌的行爲或動作。

　　賽夏族人的姓氏特殊，以動物、植物、自然現象作爲氏族的圖騰，並加以應用在漢人姓氏上面。如「風」姓的族人相傳他們的祖先是風的後代；「日」姓的族人是神話傳說中射日英雄的後代；「芎」姓爲住在長滿九芎樹林的人。目前賽夏族人共有十五個姓氏，分別屬於五個聯族，聯族之間禁止通婚，例如趙姓、豆姓、絲姓、獅姓屬於同一聯族，不得通婚。

戀愛

高山族群有會所制度、年齡層級，男子一旦看上某一對象，即可在某一儀式中向對方表示其愛意，然後再由雙方父母進行議婚。無會所制度者，如泰雅族、賽夏族、布農族、達悟族、魯凱族、排灣族，皆由父母之命安排，少有自由戀愛。

(五)裝飾藝術

文身

泰雅與賽夏都有黥面的習俗，但因為泰雅人口眾多，且刺墨面積較寬，色彩較複雜，黥面遂成為泰雅最具特色的表徵。男性刺前額與下額，必須出草獵得首級後，才有黥面的榮譽；女性刺前額與雙頰，會織布、耕作的女子才有資格刺上頰紋。排灣、魯凱、賽夏均有相同的習俗。

編織與雕刻

泰雅族的織繡，原始材料為苧麻，後來與漢人接觸之後，則兼用染過色的棉線與麻線編成方格紋、曲折紋或三角紋的布。所使用的織布機，稱為腰機或水平背帶機，紡線垂直紡軸，用手搓捻後纏在紡軸上；織布時腳頂機身，布頭綁在腰間，結構雖簡單，織出的成品細膩出色，甚為引人。

排灣族以華麗的傳統服飾與他們在雕刻藝術上的表現，最引人注目。一件華麗的衣飾，可能要耗上一個排灣女子半年的心血與時光，才能完成；而每個人的圖案都不一樣，又表現了排灣人的創造力與凸顯自我美感的獨特性。

排灣族的藝術表現以雕刻最為世人稱道。有著階級制度的排灣族，只有貴族才能擁有家屋的雕刻品，如門楣、立柱，連日常生活使用的連杯、湯匙、梳子及男人的裝飾禮刀刀柄都受此限制。雕刻的題材以神話傳說、狩獵生活、祖靈像為主。

魯凱族女人的織布與編籃、男人的木雕等原始藝術的表現非常優秀、細緻。琉璃珠為他們重要的裝飾器物；祖靈甕是他們重要的禮器，但魯凱人不會製作琉璃珠和陶瓷，這些器物都是從他們的祖先一代一代地遺留下

來。傳說中，魯凱人的祖先由百步蛇所生，因此他們將百步蛇的圖案視爲祖先的一種象徵，運用在家屋的祖靈柱、簷椅、門扉等的木雕、身體的刺青、衣服的刺繡以及其他生活器物上。

目前排灣族、魯凱族的布匹，均爲外來貨品（過去有傳統的布），但有編、繡、染、漂白、綴飾，他們的服裝較其他族群具有高水平，在手部刺青的女人，表示會刺繡、有織布技術。如果父母疼愛女兒，會讓她學習刺繡，並在嫁人時送她織布機。

卑南族刺繡手藝精湛，以十字繡法最普遍，人形舞蹈紋是卑南族特有的圖案。

達悟族的拼板舟是祖先智慧的累積，爲其賴以維生的工具。在每年的飛魚祭以後造船的工作便開始進行，由船主們到山裡砍伐適當的木材，經過粗略的修整再帶到工作房前加工。達悟人認爲船是男人身體的一部分，造船是神聖的使命，尤其在造一艘十人大船時，從選材到製作完成歷時三年的時間，船對達悟人的重要性可見一斑。除了造船技術，紡織、捏陶、金銀器打造都是達悟人藝術的表現。

歌舞

臺灣原住民族當中，最先被國際人士知曉的，是以「八部合音」聞名於世的布農族。每年十一至十二月之間，布農人舉行小米播種祭，爲了祈求小米能夠豐收，部落男子圍成一圈，一起合唱「祈禱小米豐收歌」。族人相信，歌聲越好天神越高興，小米就會結實纍纍。歌聲一開始，只有四部合音，但當音域高到某一個層次時，就出現了八個不同的音階，因此被世人稱爲八部合音，是目前世界上獨一無二的和音方式。其他各族的歌舞均各具特色，如達悟族的頭髮舞。

飾品

以排灣族、魯凱族的飾品最豐富，有金屬、玉石、動物牙齒、羽毛、貝飾（瑪瑙、鈕釦爲後期）等。排灣族喜愛將多彩的琉璃珠做成首飾。

研究與討論 ■

1. 考古遺址如何形成？海峽形成前的史前文化特徵爲何？海峽形成後的史前人類和他們的生活方式有何不同？
2. 臺灣原住民與南島語族的關係？保存臺灣南島語族文化在世界史上有何重要意義？
3. 平埔原住民與高山原住民的生態適應有何差別？這種差別對其居住空間的選擇有何影響？
4. 南島語族的母系社會有何特色？試以西拉雅族與阿美族說明之。
5. 南島語族的貴族社會有何特色？試以魯凱族與排灣族說明之。

參考書目 ■

王嵩山，《臺灣原住民的社會與文化》，臺北：聯經出版社，2001。

李亦園，〈從文獻資料看臺灣平埔族〉，收入李亦園著《臺灣土著民族的社會與文化》，臺灣研究叢刊7，臺北：聯經，1984。

宇驤，〈從生產型態與聚落景觀看臺灣史上的平埔族〉，《臺灣文獻》21(1)，1970。

杜正勝，《番社采風圖題解》，臺北：中央研究院歷史語言研究所，1998。

陳玉美，〈臺灣是南島語族的原鄉嗎？——器物、文化與人：以南島語族的討論爲例〉，《歷史月刊》199(8)，2004。

張光直，〈中國東南海岸考古與南島語族的起源〉，《當代》28，1988。

劉益昌，《臺灣的考古遺址》，臺北：臺北縣立文化中心，1992。

第二章 十六、十七世紀的海權時代

第一節 導言

　　本章主要敘述十六、十七世紀國際勢力競逐時期的臺灣歷史，包括漢人社會建立前，漢人漁人與海盜的活動、日本首次侵臺企圖，荷蘭、西班牙的殖民活動，以及明鄭王權治理下漢人社會的形成。

　　漢人在臺灣尚未成為優勢族群以前，臺灣曾是原住民、中國人、日本人、西班牙人和荷蘭人的居住地。原住民在臺灣居住時間相當長（約有六千至七千年）；原住民以外的各國人士於不同年代先後抵達臺灣。

　　中國真正和臺灣發生密切關係，為明中葉以後之事。明末以前，一般中國人對臺灣認識並不深。臺澎確實屬於漢人政權治下領土，為鄭成功時代之事，而臺灣成為正統中國領土的一部分則在康熙二十三年（一六八四年）清政府設置官僚機構以來，迄今不過三百餘年。

　　早在十三世紀七○年代（元至元八年，一二七一年）馬可波羅來到中國，威尼斯與熱那亞便曾與東方進行貿易。然而東西方間的貿易，無論海上或陸上，一直受控於居中間位置的回教徒（阿拉伯、土耳其）手中。歐洲人心有不甘，乃開始找尋直通印度與中國的通道，因而有新航路的發現。

　　十六世紀二○年代（明正德十五年，一五二○年），明廷由於施行貢舶貿易（勘合貿易），以及海禁政策雷厲風行，禁止日、葡及海外漢人的貿易活動。中國南方廣東、福建、浙江各省境內商人因而被迫走私當海盜；同時，明廷對外貿易的禁令，也促成倭寇的猖獗。

　　十六世紀五○年代（明嘉靖三十六年，一五五七年），明廷開始清剿海盜。此一時期的倭寇大部分為中國人，因為限制不了百姓的犯禁違法，六○年代（一五六七年）明朝政府只得開放福建漳州月港，作為商人出海和外國人貿易的合法港門，閩南一帶的居民於是紛紛出洋經商，甚至向外移民；或向日本聚集，也有往南洋一帶的菲律賓、馬來西亞、印尼等地移

民，他們就是近代南洋華僑的先鋒，或者到雞籠（今基隆）貿易。然而海上貿易合法化後，九〇年代（一五九〇年）日本豐臣秀吉大舉侵入朝鮮，中國憂慮倭寇問題再起，重新實施海上貿易禁令，其間倭寇也數次占領臺灣，十七世紀初（明萬曆三十一年，一六〇三年）始爲明廷所逐。然而因滿人入侵中原的威脅日增，移入臺灣的中國人漸多，同時日本人對臺灣的眼光也日益貪婪。

另一方面，由於國際勢力的競逐，十六世紀五〇年代（一五五〇年）葡萄牙人抵達麻六甲，占領澳門（一五五七年）；葡人路經臺灣，並稱其爲「福爾摩沙」，意即美麗之島，卻無意探究。不過，以馬尼拉爲據點的西班牙，與中國的貿易轉繁，十七世紀二〇年代（明天啓六年，一六二六年）並占領淡水港、建防禦工事。

當時歐洲人在中國海上競爭、深具影響力的挑戰者，當屬十七世紀北大西洋海軍與商業第一強權荷蘭人積極加入東亞海域的商業競爭。荷人於二〇年代（明天啓四年，一六二四年）占領澎湖，並以其爲基地，開始攻擊中國沿海。不過，在中國的支持下，荷人最後將建造澎湖堡壘的石頭轉運到福爾摩沙。荷人面對西人龐大的財貨資源，擔憂中國商人將轉向其貿易；而西人所占領的淡水港，可切斷荷人往返中國和日本的航行，荷人頗爲驚惶。四〇年代（明崇禎十五年，一六四二年）乃對西人下最後通牒，荷艦隊並對基隆港灣展開攻擊，同年八月二十四日西人投降。

臺灣在東西洋人的競逐下，最後成爲荷人的殖民地，十七世紀六〇年代（明永曆十五年，一六六一年）始爲鄭成功驅逐。鄭氏父子經理臺灣，以南部爲重心，並以熱蘭遮城（在今臺南市境）爲其住所，將普羅文遮城（在今臺南市境）作爲東都，當作行政機關所在地，引入中國所有的法律、風俗與典章制度。

明鄭乃漢人第一次在臺灣建立的主權，除了引進大陸漢人的農耕技術、建築工程，並舉行科舉考試，奠定臺灣漢人社會形成的基礎。十七世紀八〇年代（清康熙二十二年，一六八三年）清廷命令水師提督施琅攻臺，臺灣成爲中國版圖。明鄭雖因降清而告終，但在臺灣漢人社會的建立上有其不可磨滅的地位。

第二節　中國人的活動

在臺灣島嶼成為漢人居址以前，存在許多疑似的稱呼，如早期中國文獻中的夷州、流求、琉球等，明清時代的東番、雞籠、北港、臺灣等。從中國人對今日臺灣各種不一致的稱呼，說明其對臺灣了解不多。明末漢人在臺灣的活動均屬民間性質，截至荷蘭人進入臺灣以前，明廷從未派官經營。而直到明末鄭成功渡海抵臺，在中國官員心中，臺灣一直是「外夷」之地。

一　中國人對臺灣的稱呼

(一)早期文獻疑似臺灣的稱呼

東鯷

中國史籍中，《前漢書·地理志》有「會稽海外有東鯷人，分為二十餘國，以歲時來獻見云云」，日本學者認為似可能指今琉球或臺灣，但也有學者以為「東鯷」係想像中的產物。

夷州、流求

比較具體而可能指臺灣的紀錄，主要有《三國志》的「夷州」、《隨書》的「流求」。

《三國志·吳書》記載孫權派遣將官率領甲士，浮海訪求夷州及亶州「得夷州數千人還」，夷州指何地，學者聚訟紛紜，未有定論；有人認為指臺灣，也有認為指今天琉球而言。

《隋書·流求國傳》的記載：「流求國，居海島之中，當建安郡東，水行五而至。土多山洞……虜其男女數千人……。」該書對流求國的風土民俗、社會組織的描述，比《三國志》更為具體而詳細。但關於流求究竟指何地，也有臺灣與今天琉球兩派說法，其中以主張臺灣者占優勢。

《隋書》以後關於流求的記載，包括趙汝適《諸蕃志》、馬端臨《文

獻通考》與《宋史》。他們大多承襲《隋書》，並增加一些新的訊息。其中《諸蕃志》將流求列為向中國朝貢的「諸藩」之一，足見流求未被視為中國領土的一部分。

換句話說，若三國時的夷州與隋代的流求確指臺灣，則說明中國軍隊曾經到過當時不屬於中國的臺灣，且原住民曾兩度受其「擄掠」的經過。

琉球

宋以後，關於臺灣的相關記載，在內容上有所突破的是元朝汪大淵的《島夷誌略》。該書第一條為「澎湖」，其次為「琉球」，載：「海外諸國，蓋由此始。」由於臺灣在地理位置上接近澎湖，因而一般認為此處所記「琉球」即臺灣，那麼「海外諸國」的第一個外國即是臺灣；反之，若琉球不是臺灣，而元已在澎湖設官，則中國的國界終於澎湖，其東的臺灣就是海外無所屬之地了。

瑠求

元人所稱瑠求確指臺灣，史學界已無異說。十三世紀九〇年代，元朝（元至元二十八年，一二九一年）曾有招諭之舉，但並未使瑠求成功歸附。

(二)明代的稱呼

小琉球

雖然宋元時代，漢人所稱的「流求」或「瑠求」指今臺灣，但常與今琉球混為一談。直到明朝洪武年間，琉球中山王接受明廷冊封後，被稱為大琉球，此後琉球專指今琉球而言；今臺灣則被稱為小琉球，臺灣的地位才明朗化。

東番

今天的臺灣島，明季以前名稱未定，明代文獻大抵稱為「東番」。依據《明實錄》的記載，海賊林鳳鳴逃匿、躲藏到東番，福建總兵於是召漁民「諭東番合剿」，東番之稱首次出現在十六世紀七〇年代（明萬曆二年，一五七四年）。當時福建、澎湖一代的漁民與臺灣原住民已有接觸，官方卻需透過漁人聯絡原住民合剿海賊，可見當時海峽兩邊並無正式之關係。

雞籠、北港（大員）、雞籠淡水

　　完成於十七世紀初（明萬曆四十四年，一六一六年）的《明實錄》，記載「雞籠逼我東鄙，據汛地僅更數水程」，「雞籠」約指今基隆一帶；雞籠既逼東鄙，當然不在中國版圖之內。因此，清初撰修的《明史》，才將雞籠列於〈外國傳〉中。

　　《明史·雞籠》：「雞籠山在澎湖嶼東北，故名北港，又名東番，去泉州甚邇」，說明當時明人眼中的雞籠（雞籠山）泛指臺灣島，又稱北港。換句話說，雞籠有廣狹兩義，狹義約指今天基隆一帶；廣義則指臺灣島而言。北港也是大員的別稱，大員指今安平，荷蘭人稱為Tayouan（臺窩灣）；此外，北港也作蚊港或魍港，指今北港而言。

　　張燮完成於十七世紀初的《東西洋考》，稱臺灣沿海地區為「雞籠淡水」；也有學者依據「人稱小東洋，從澎湖一日夜至魍港……以達雞籠淡水」，認為應專指北臺灣而言。

臺灣

　　《明史稿·琉球傳》記載：「萬曆四十四年（一六一六年），日本有取雞籠山之謀。其地名臺灣……。」這是關於「臺灣」地名首次出現，也是日本首次侵臺的相關紀錄。

　　十七世紀五○年代（明永曆十三年，一六五九年），鄭成功攻打南京，被清軍所敗並退回廈門。鄭氏決定「以臺灣為根本之地，安頓將領家眷，然後東征西討，無內顧之憂」。但引起復明志士的疑慮與批評；其中反對最力的為抗清運動名臣張煌言，他提出〈上延平郡王書〉：「……殿下東都之役，豈誠謂外島足以創業開基。……但自古未聞以輜重眷屬，置之外夷……。區區臺灣，何預于神州赤縣？」可見當時臺灣名稱已見於官方文獻，但仍被視為「外夷」之地。而臺灣收入中國版圖在清康熙二十三年（一六八四年），史有明載。換句話說，在此之前，對中國官員而言，臺灣是「外夷」，而不是中國的版圖。

　　以上說明臺灣各種名稱由來，以及其在被清廷收入版圖之前，臺灣均非中國領土的實況。而中國對臺灣島稱呼今日通用的「臺灣」，始於明

末。此外，笨港、臺員、大灣，均指今臺灣而言。

二 漢人在澎湖與臺灣的活動

(一)漢人在澎湖的活動

澎湖設官與廢置

北宋時，中國政權已逐漸往南發展。位處東南沿海的福建，人口占全國（分二十四個行政區）第六位，因此福建人急於向外發展，而地緣上接近大陸的澎湖（平湖）、臺灣乃成為最理想的移居地。

十二世紀二〇年代（宋徽宗二年，一一二〇年），澎湖雖然已有福建移民定居，但尚未納入中國行政體系中。直到七〇年代（宋乾道七年，一一七一年）才由汪大猷在當地遣將屯軍，開始擁有主權，並且最遲在十三世紀宋理宗時正式入於中國版圖（隸晉江縣）。而從臺灣出土有太平、元佑、天禧、至道年間的宋錢，說明北宋年間或已有移居澎湖的農民到臺灣，進行交易。

洪武年間（一三六八～一三九八年），遷徙澎湖居民並廢止澎湖巡檢司。但據十四世紀《明太宗永樂實錄》指有漢人移居澎湖。十五世紀初，鄭和下西洋時也指巴士海峽在當時東西航道上占極重要的地位，且從針路圖來看，鄭和以及與他同時、或前後出使的人員，有可能已到過臺灣。

倭寇侵擾

一五二〇年代，由於明廷宦官干政，中國原本以「朝貢使節團」進行的貿易限制，即朝貢國才能來中國貿易，又雷厲風行起來。由於禁止日、葡及海外漢人的貿易活動，南方廣東、福建、浙江許多貿易商人被迫改行或走私（海盜）。長江三角洲地帶也受侵擾，由於生計被奪，農民加入海盜行列。海盜勢力興起，不斷侵擾中國海岸。

除了嚴禁貿易活動，造成海盜勢力興起外，對外貿易禁令也促成倭寇的猖獗。倭寇雖以「倭」為名，卻以漢人為主；與他們勾結的中國走私商

人，以及葡萄牙人（佛郎機人）、荷蘭人（紅毛人）、馬來半島一帶的人，乃至各地的黑種人，都結合在一起。

　　由於臺灣、澎湖、福建在地理上特別密切，不少倭寇對福建的侵擾，多由臺灣或澎湖出發。特別是嘉靖、隆慶、萬曆初年（一五二二～一五八二年），前後六十年間，臺、澎兩地成爲倭寇侵擾中國南部沿海各省的基地。當地居民或被擄去，強迫爲寇；一部分人逃亡海上，形成大小不同的武裝隊伍，勢力較大的有曾一本、林鳳、林道乾、李忠、楊錄、楊策、鄭芝龍、李魁奇、鍾斌、劉香老等。其中又以林鳳、林道乾最著名。

　　前述洪武年間一度將澎湖居民內徙；十六世紀末萬曆年間，有人提議不應該放棄澎湖，於是設立「澎湖遊（兵）」，轄區很大，包括今晉江、惠安、同安等縣的濱海地區，但非常駐軍隊，僅是「設兵往戍之」，嘉靖末年，被曾一本、林鳳據爲巢穴，十七世紀初一度爲荷人所有。

沈有容論退侵澎荷蘭人

　　十七世紀初荷蘭成立東印度公司（Verenigde Oost-Indische Compagie，簡稱 V.O.C.），並派韋麻郎東來發展東南亞市場，而以中國、日本爲主要目標。當荷蘭人入侵澎湖時，因中國駐軍已撤廢，如入無人之境，因而伐木築舍作久居的打算。但明廷派沈有容驅逐之；由於兩年前在臺灣擊敗倭寇的聲名，以及當時中國武器的精良，沈氏乃能順利完成「諭退紅毛番韋麻郎等」，面諭他們離開澎湖。此爲荷人首度入侵澎湖。

澎湖的收復

　　由於明末海上兵力薄弱，又未制訂對外通商政策，爲打開

圖2-1　荷蘭人登陸澎湖，遭島上居民激烈抵抗

與中國的貿易之門，十七世紀二○年代（距荷蘭人首次侵入澎湖十八年後）荷蘭人又捲土重來，入侵澎湖。經明軍進攻，十三艘荷艦乃遁往東番，並在中國的支持下，將建造澎湖堡壘的石頭轉運到福爾摩沙，在「臺灣」（地形像彎曲的台地）建新堡壘熱蘭遮城（Zeelandia；在今臺南附近）。

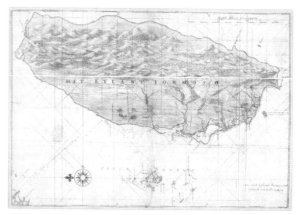

圖2-2　十七世紀荷蘭人所測繪的「臺灣島圖」

(二)漢人在臺灣的活動

沈有容殲滅侵臺倭寇

　　《閩海贈言》是沈有容自輯自刻的書，其為明末記述臺灣倭寇資料最多的書。依據該書的紀錄，十六世紀末至十七世紀初間（約三十年），大陸人民早已來到臺灣貿易和捕魚，並與平埔原住民和平相處；但由於倭寇的威脅（兩度占領臺灣），平埔原住民開始侵擾中國沿海一帶。此外，包括前面已提到廣東、浙江所遭遇的倭寇之害，事實上都來自臺灣，因此中國官員沈有容認為「其（倭寇）在閩海上，則以東番為巢穴」。

　　簡單說，十七世紀初（一六○二年），倭寇以臺灣為根據地，在廣東、福建、浙江三省沿海地區搶劫，中國雖在澎湖設軍，但只不過一年春秋兩季派兵炫耀而已。而在倭寇必以臺澎為根據地或跳板的情況下，沈氏認為臺灣原住民若被迫驅入戰場，倭寇的戰鬥力必更增強，故有對臺用兵、搗毀其巢穴的計畫。沈氏進兵臺灣以澎湖為第一站；但沈氏從料羅灣（今金門）出發，遇颶風，到澎湖僅剩約一半船隻（十艘；一說共二十一艘）。第三天抵東番時，在前有強敵，後無援兵，又非在明朝的版圖上戰鬥，許多人認為太冒險。但倭寇的船隻不如明軍，又是烏合之眾，且一部

分是被逼而來，自然無法抵擋，很快被中國的軍隊剿平。

　　事後隨沈將軍同往臺灣剿倭的福建（連江）人陳第，將他在南臺灣的所見所聞寫成《東番記》。中國人從此對臺灣（即當時稱為東番、北港、大員或雞籠、淡水等）才有一較正確而完整的認識。

海盜群雄在臺灣

　　明季倭寇為患中國，滋擾東南沿海各省，部分居民逃亡海上，形成武裝隊伍，勢力較大的有林鳳、林道乾、顏思齊、鄭芝龍等。

林道乾在臺灣

　　林道乾一稱林大乾，廣東潮州惠來人。曾任縣史。十六世紀初（嘉靖初年）倭寇南竄，勾結詔安人吳平，橫行閩粵海上，林氏與曾一本均前去投依。後經明將戚繼光、俞大猷等會剿，吳、曾逃往安南（指越南）；林道乾則遁往臺灣。但當時「臺無居人（指漢人）」，非久居之所，而且澎湖水師（為剿平海盜，澎湖第二次設巡檢）經常在臺南一帶巡弋，林眾乃恣殺平埔原住民「取膏血造舟」，然後從安平二鯤身逃往占城，並攜去名貴物品獻給北大年王；王則將海邊一地畫歸林氏轄管（稱道乾港），林氏乃在當地開墾並經營貿易。此所以閩廣兩地、臺灣與南洋華僑，有多種關於林道乾的傳說（一說林遭海難而死）。

　　林氏暨離開臺灣，澎湖也第二次廢棄巡檢。雖然清人多稱林氏為海盜，也有稱為商人者，更有對他「二十分才、二十分膽」與「二十分識」等敬佩的說法。

海上英豪林鳳

　　十六世紀另一位活躍於海上的英豪——林鳳，一名林阿鳳，嘉靖中葉生於廣東饒平。由於惠州、潮州一帶的農民與漁民加入其集團，勢力一日日壯大起來，並劫掠閩粵兩省；也曾請廣東提督殷正茂收容被拒，且被殷氏派兵追剿，臺灣乃成為其最佳逃難所。林氏在臺根據地魍港，也作蚊港，即今北港（也有主張東石或布袋）。

　　十六世紀七○年代，林氏率水手兩千人、士卒兩千人、婦女一千五百人，分乘武裝帆船六十二艘，在呂宋附近與西班牙艦隊作戰，並在玳瑁港

建立基地。因遭西軍包圍，堅守半年後突圍出城，僅存船隻三十艘，重回臺灣魍港。

　　關於林鳳其事，有人說是林道乾在臺灣的翻版；也有主張林道乾曾出奔南洋，並未有逃至臺灣的確實紀錄，因此可能是將林道乾與林鳳逃至臺灣一事，混爲一談。此外，又有林鳳鳴爲林鳳的說法。林鳳鳴有部屬萬人，明神宗年間曾被總兵胡守仁追逐，並招漁民劉以道「諭東番合剿」之事。稍後，相同資料又記錄林鳳往魍港時，總兵胡守仁「傳諭番人夾攻」，可見林鳳確曾在臺灣活動。

顏思齊開拓臺灣

　　過去曾有主張顏思齊即李旦的說法，雖然兩人在中國沿海均曾被倭寇所侵擾，而葡、荷、西等國的冒險家又紛紛東來奪地，他們因而在海上經商，擁兵自衛，並被明廷稱爲「海盜」。事實上，李旦爲泉州人，顏思齊爲漳州海澄人，兩人均死於天啓五年（一六二五年），但李旦卒於日本；顏思齊卒於諸羅（今嘉義）。

　　李旦爲明末僑寓日本的漢人頭目，往來於日本、臺灣、福建之間，日人稱「唐人頭人」，偶爾也被稱爲「海盜」、「海寇」；顏思齊則被稱爲「芝龍之長」，並自稱「日本甲螺」，死後由芝龍繼承率領其衆。

　　十七世紀二〇年代，思齊原欲起義，推翻德川幕府、占領長崎，但事機洩漏，乃逃入海中，並駕船前來臺灣，在北港登陸。顏、鄭集團抵臺後，分十寨駐在笨港至諸羅山一帶地方（約今雲林縣北港鎮、嘉義市、嘉義縣新港鄉一帶），一方面鎮撫當地平埔原住民，一方面又私往閩粵貿易，招募福建漳泉無業百姓來臺從事耕墾，勢力爲之大張。

鄭芝龍的興起

　　鄭芝龍字飛黃，外文資料多稱爲 I-quan 或 YKuan，荷蘭人的記述則有尼古拉、嘉思巴特（Gaspard）等稱呼。芝龍爲福建泉州南安縣四十三都石井人，先娶陳氏，繼娶日本長崎王族女翁氏，翁父爲泉州人翁翊皇，母爲日本人田川氏。在日本時，鄭氏曾與顏思齊等二十八人相結爲盟（思齊年最長，被推爲領袖）。

　　十七世紀二〇年代，芝龍與思齊等在北港登陸，並招募大陸農工來臺開闢土地。崇禎年間，閩省大旱，芝龍又舉辦一次大規模從大陸移民到臺灣的壯舉。不久，芝龍受明廷招撫，擔任游擊，其大本營移往福建。但漢人仍繼續留在臺灣活動，並為漢人在臺發展奠下初基。相對而言，卻是平埔原住民首度面臨強大生存競爭的對手。

　　芝龍夥眾來臺時，共十八人。當劉香老稱雄海上時，明廷命芝龍征討，芝龍不敵，弟芝虎與之格鬥，兩人均墜海而死，芝龍併吞劉氏的部眾，鄭氏集團的海盜勢力越強。

　　依據西文資料，在反抗滿州人最出力的人群中，有一位福建豪門，名叫鄭芝龍。當時鄭氏的根據地安海有天主、聖人、聖女像，並有人舉行聖事，也有神父傳教。芝龍不只受洗，且與教會維持良好關係，但可能不是一虔誠、守教規的教徒。芝龍後來為洪承疇所誘，決意投降清廷，子成功痛哭而諫無效；芝龍單騎北上，清兵至安海，鄭家被掠，成功母被淫，自縊而亡。

第三節　日本人的活動

　　十五世紀中葉，中國海盜與日人在中國沿海劫掠，時日本本國稱臺灣為大惠、小東。日本戰國時代結束，為了生活，不少武士投入海盜集團，倭寇勢力更盛。中國為防患倭寇，嚴禁海外通商，中日兩國商人乃轉以臺灣為走私據點。十六世紀末豐臣秀吉統一日本後，侵臺野心日顯，並首度出兵臺灣，但未成功。十七世紀中葉，德川幕府實行海禁，日船在臺灣海峽始失去蹤跡。

一 日本人對臺灣的稱呼

(一)大惠、小東

十五世紀中葉（嘉靖年間）中國海盜勾結倭寇，在江浙、福建的海上流竄，沿海百姓十分辛苦。官銜為「奉使宣諭日本國」的鄭舜功，明查暗訪，完成《日本一鑑》，是一部研究日本史地、中日關係史、倭寇史的重要典籍，書中稱臺灣為大惠、小東。鄭氏的海上地理知識，大部分得自日本。換句話說，鄭氏也以大惠、小東稱呼今日臺灣。

(二)搭加沙古、高砂、高山國

十六世紀末（一五九二年）豐臣秀吉統一日本，時日人稱臺灣為搭加沙古，或作高砂，也作高山國。豐臣計畫侵略臺灣，命人攜帶「高山國招降文書」，諭臺灣原住民「高山國王」向日本輸誠納貢。高砂原為日本播州濱海地區的地名，當地白沙青松的景觀，與臺灣今高雄某山麓地帶相似，因此日人即以高砂或高山稱呼臺灣。

茲列「高山國招降文書」片段，如下：

　　夫日輪所照臨，雖至海岱、山川、草木、禽蟲，莫不受他恩光也……如南蠻（按，指呂宋）、琉球者，年年限土宜……。其國（按，指臺灣）為入幕中，不進廷，最彌天……。若是不來朝，可令將攻伐之。

二 日本首次侵臺企圖

十七世紀前半期，由於滿人入侵中國的威脅日增，移入臺灣的中國人漸多，日本人對本島的眼光也日益貪婪。

日本結束戰國時代，大量失業的武士便相率入海，倭寇勢力乃益形囂

張。中國為防止倭寇為患，嚴禁通商，中日兩國商人於是化明為暗，均以臺灣為走私集中點。十六世紀末豐臣秀吉統一日本，計畫侵略臺灣。為了發展對外貿易，豐臣秀吉創設、頒發「御朱印狀」，以示鼓勵；其目標為朝鮮、臺灣與呂宋。當他派人往呂宋勸西班牙人入貢，路過臺灣時，並攜帶「高山國招降文書」，諭「高山國王」向日本臣服，但未被採納。豐臣秀吉死後，德川家康繼掌大權，日本商船更形活躍。在眾多巨商中，以有馬晴信的勢力最為雄厚。

　十七世紀初（一六〇九年），有馬晴信奉德川家康密令，派兵侵入臺灣，一方面對原住民示惠，一方面與西、葡、荷等國互爭海上利益，並擬獨占臺灣貿易；他們就是中國所稱的倭寇。但日本侵臺之事為葡王所聞，並予以阻撓。有馬晴信死後，日本的海外貿易以長崎代官村山等安最為馳名。他帶領一支含十三艘船的艦隊，從長崎直駛臺灣，為暴風雨所阻，最後僅剩一艘船到臺灣，為日本首次侵臺活動。不久，村山等安改信天主教，觸怒幕府，全家殉教。此後日本對臺灣的野心稍形收斂，直到十七世紀中葉（一六三六年）德川幕府實行海禁，日船在臺灣海面始告絕跡。

第四節　西洋人東來與殖民活動

　十六世紀中葉，歐洲各國競相前往亞洲、非洲、美洲貿易、殖民或傳教。其中葡萄牙人以優越的航海技術，在王室支持下，首先開拓出非洲到亞洲的航線。西班牙人則往反方向，發現新大陸的航路。往後荷蘭、英國取代葡、西的海上霸權。明初以來嚴行海禁，有「片板不許下海」之令，但臺灣為閩南泉、漳人私販南洋必經之地，特別是作為倭寇、海盜走私巢穴地點之一，故成為各海權競爭者的爭奪地，其中荷蘭、西班牙均成為臺灣的殖民者。

一西洋人對臺灣的稱呼

(一)Iiha Formosa

據說，十六世紀四○年代（一五四四年，一說十六世紀九○年代）葡萄牙人航海經過臺灣海峽，看見臺灣島而驚嘆她的美麗，稱她為「Iiha Formosa」（美麗之島），此後西洋人就用福爾摩沙來稱呼臺灣。

(二)臺灣

十七世紀西洋文獻拼寫的Taijouwan、Teijouan、Taywan、Tayoung、Taiwan等，以及在中國文獻上的大員、臺員、大灣、大冤、埋冤等寫法，雖然使用的字不同，發音均為「ㄉㄞˊ ㄨㄢˇ」。如此稱呼，有人主張來自原住民的村落名，也有臺灣地形像彎曲台地的說法。此外，則有起源於今臺南市的臺江內海，當地人稱為大灣（great bay）。無論如何，以上均指現今安平一帶而言。十七世紀八○年代清朝打敗明鄭王權後，在今臺南市設立臺灣府治理臺灣，此後「臺灣」才成為本島固定的名稱。

二海權時代的來臨

(一)葡、西、荷、英人的海上競逐

自新航路發現後，歐洲各國即在非洲及美洲以外地區，竭力尋覓新殖民地。西方國家的商人，以尋求財貨為目的；教會以擴充基督神國為志願，而宗教改革後，天主教在歐洲大陸慘遭打擊，不少國家歸附新教，信奉天主教的國家，因而紛紛往海外擴大傳教活動。至於政府的雄心，則在取得海上霸權。而商人與教會均有賴政府的保護，於是三者結為一體，攜手並進。

先是十五世紀末，葡萄牙人繞過非洲好望角，到東方與中國貿易。因

其不是中國的朝貢國而被拒絕，葡
萄牙人只好在澳門租借基地。十六
世紀中葉，帶來墨西哥銀準備與中
國通商的西班牙人，也遭到相同的
待遇。

　　雖然十六世紀中葉，臺灣被
葡萄牙航海者稱為「美麗之島」
（Iiha Formosa），卻無意加以探
究。不過，八○年代在菲律賓的西
班牙人已請求其國王將臺灣劃入其
傳教範圍，西班牙王乃諭令菲律賓
的總督計劃占領臺灣。九○年代日
本豐臣秀吉一度欲襲取臺灣，德川
時代也遣兵至臺灣，但均無結果。

　　葡萄牙深恐日本占領臺灣，對
澳門構成威脅，時在戒備之中。其
與西班牙均為天主教國家，就海外

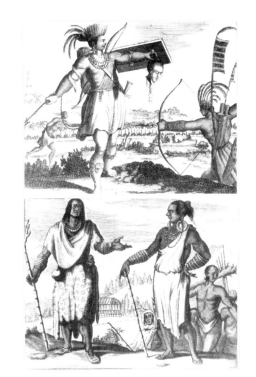

圖2-3　荷蘭人筆下的臺灣原住民

殖民而言，都是舊權力；荷蘭曾侵入澎湖，與英國均為新教國家，也是向
海外發展的新勢力。荷蘭在一六○二年（明萬曆三十年）成立聯合東印度公
司，並在爪哇建立根據地，在日本設立商館，因此臺灣海峽成為荷蘭重要
航路。此後，荷蘭屢次欲占領臺灣，作為巴達維亞（Batavia，今印尼首都雅
加達）與日本之間通商的轉運站。英國與荷蘭同在日本設有商館，十七世
紀初，並託華僑李旦與中國官方交涉貿易事宜。

　　十七世紀初，荷蘭與西班牙締結十二年休戰條約，並與英國全力在
貿易上角逐。休戰條約屆滿時，荷蘭又與英國訂立防守同盟條約，並成立
荷英聯合艦隊，封鎖馬尼拉，阻擾中國商船。為了與中國貿易，荷蘭提督
韋麻郎向中國要求通商，並計畫在中國沿岸租借一地，卻因不是中國的朝
貢國而不被支持。十七世紀初荷英聯合艦隊在攻擊澳門失利後，荷蘭人於
是在中國商人的建議下，抵達位於漳州海澄外海不遠處的澎湖，並建築城

堡，以為與中國貿易的根據地。但明廷派出沈有容，強逼他們退出澎湖。

(二)荷、西占領臺灣

十七世紀二〇年代（明天啓四年，一六二四年），荷蘭人再度踏上澎湖島，積極在澎湖的風櫃尾建立城堡，並向中國要求貿易；被拒之後，荷蘭人決定以武力強逼明廷，於是向中國沿海地區進行騷擾與掠奪。明朝政府則派福建巡撫商周祚、南居益相繼驅逐荷蘭人，雙方劍拔弩張之際，海上梟雄李旦建議荷人以澎湖東方不屬於中國版圖的福爾摩沙海灣大員（今臺南安平）作為轉口貿易據點。大員荷人稱Tayouan或Tayowan，即大員的譯音。此後荷人共統治臺灣三十八年。

十六世紀末，為確保日本與呂宋間的貿易，日本豐臣秀吉有占領臺灣的野心，遂引起西班牙爭先奪取臺灣的計畫。十七世紀二〇年代，為了保護馬尼拉，西班牙又議攻臺灣。不同於荷蘭人以傳教協助殖民地的征服，西班牙主要以尋覓新天地來達成傳教的目的。荷人占領大員兩年後，菲律賓總督命人率艦隊抵臺灣三貂角（Santiago），又名三朝（今貢寮鄉）；後又發現雞籠，名為至聖三位一體城（Santisima Trinidad），並將港內一小島（今和平島，舊稱社寮島），命名聖薩爾瓦多城（San Salvador），亦即聖救主城。此後西人共統治北臺灣十六年。

三 荷蘭占領下的臺灣

(一)荷蘭人的傳教與教化工作

荷蘭人入臺第三年，即有教士建立教堂；十七世紀三〇年代開始創辦學校，並以羅馬字母拼音法記錄原住民語言，教育平埔原住民，荷人稱為「新港語」，漢籍稱為「紅毛字」。平埔原住民學習紅毛字後，一切契約、帳冊、函件，無不採用羅馬拼音文字，記錄他們自己的語言。迄於清嘉慶年間，他們與漢人訂立契約時，平埔原住民仍有沿用紅毛字，同時寫上漢文與新港文的習慣，影響之大，可見一斑。這種並列的寫法，對不懂

漢文的原住民有保障權益的用處，但實際生活上也發生居中翻譯者作假的情形。日人領臺後，對這種文件曾加以蒐集、整理，並以文書出現最多之地，即今臺南縣新市鄉境（新港社舊址），名之為「新港文書」或「番仔契」。

當時荷蘭人推行教育的範圍，包括今高雄、臺南、嘉義、雲林、彰化、臺中、淡水、桃園等地。當時主日學校分少年學校、成年男子學校與女子學校。

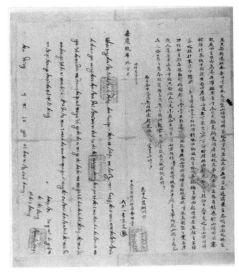

圖2-4　新港文書

十七世紀四○年代，即荷人治臺十五年後，已有學生五百二十六人。再過四年，則有學生超過六百人；並有五十位原住民可充任教師。依據十七世紀五○年代的統計，受教化者，約有百分之六十強。經三十年的努力，許多原住民接受了基督信仰。但在荷人退出臺灣前三年，此等教育已漸趨式微。

(二)荷蘭人的通商事業

荷蘭人遠渡重洋來到臺灣，目的在找尋貿易的據點。但日本商人早已將臺灣作為其轉口貿易的根據地，因此雙方無可避免地發生衝突，其中以濱田彌兵衛事件最具代表性。荷人在安平登陸後，聲稱有管轄權，要控制管理當地的貿易，規定凡渡海載貨均需繳稅。一六二六年（明天啓六年）開始對日本商人課徵商稅，於是日商濱田彌兵衛召集今臺南附近的新港原住民，密謀反抗，佯言謁見荷蘭長官，並劫持之。當荷蘭人質抵達日本後，日本卻關閉荷蘭人在平戶的商館及船舶。為了長久的商業利益考慮，荷蘭聯合東印度公司總部巴達維亞城，以駐臺長官為人質，並贈送禮物，要求日本再開商館互市。日本同意荷蘭的要求並釋放人質，結束日荷十年來

（一六二六～三六年）的糾葛，史稱濱田彌兵衛事件。

　　荷人占領臺灣後，也亟思發展對中國的貿易。十七世紀二〇年代（一六二四年），因為李旦居中協調，荷蘭人從澎湖撤退來臺灣。後來李旦在日本平戶病歿，其子無法與鄭芝龍為敵，其在中國沿海一帶的龐大勢力，幾乎全由鄭芝龍接收，芝龍遂雄視於中日海上。換句話說，荷人對中國貿易的勁敵為鄭芝龍，因而為了獲得通商的自由，有時由大員向廈門進行祕密貿易，有時協助明室攻打鄭氏。十七世紀三〇年代卻被鄭氏大敗於今金門。荷蘭與中國的公開（天啓五年曾開海禁）與走私貿易，不得不暫告停止。

　　另一方面，明廷先對芝龍征剿，屢為所敗。十七世紀二〇年代末，乃加以招撫，並命令他攻擊其他海盜，如李魁奇、劉香老等。換句話說，芝龍一方面接受中國官方的官爵，一方面與荷蘭人達成協定，保護荷蘭人在中日間的貿易。因擁有海盜與官方勢力，十七世紀四〇年代前後，鄭氏貿易發展至鼎盛時期，沿海一帶的船隻均需向他繳稅，並插旗才能進入中國東南海域。鄭氏並與日人一起將商貿發展至南洋，甚為荷人所忌。

　　當時中國所需者為白銀，荷蘭人主要以日本的銀供應中國（自歐洲運來者不多），再向中國交易日人所需的綢緞、生絲與白糖。臺灣土產中，最初僅有鹿皮，後來有白糖運往波斯、日本。淡水的硫磺也成為有戰爭的地方之珍品，如中國、柬埔寨等地。依據十七世紀四〇年代末荷蘭東印度公司的報告，荷蘭在亞洲共有十九處商館，有盈利的為日本、臺灣等十處；其中臺灣居第二位。

　　崇禎十七年（一六四四年）以後，清軍南下，荷蘭人的貿易大受影響。此時芝龍已投降清廷。鄭成功對父親的降清行為，頗表示不滿，仍奉明正朔，一方面禁止沿海地方與臺灣進行貿易；一方面急欲在海外謀取復興基地。十七世紀五〇年代末（明永曆十一年，一六五七年）為了重開貿易，荷蘭人派何斌與成功交涉，成功卻於答應後的四年將荷人逐出臺灣。

(三)荷蘭人的農產事業

　　荷蘭人經營臺灣並非對本島感興趣，其目的僅在以臺灣作為轉口貿易

的據點。由於鄭芝龍的阻擾，無法順利將中國貨物轉運日本，只得另闢財路，開始在臺灣種植熱帶作物，並大量引進漢人勞工。

十七世紀漢人大量移入南部臺灣之前，原住民比較注意狩獵，但也有農作活動。他們「無水田，治畲種禾，山花開則耕，禾熟，拔其穗」的傳統稻作生產方式，主要由於部落地多人少，生產工具粗糙，既無牛耕，也無水利設施以進行深耕使然。荷蘭時期稻米成為臺灣出口大宗，主要是從中國大陸地區召集佃農耕墾的結果。依一六五〇年的紀錄，當時移入的漢人共約一萬五千到兩萬人，大部分散布在今臺南附近；當時安平海地城區的荷蘭移民僅有六百人，守軍二千人。不過，南部平埔原住民也從漢人農民習得水稻耕作與牛耕的使用，只是犁耕效果似乎並不顯著。

蔗糖也是重要輸出品；荷蘭人鼓勵種植甘蔗榨糖，再將蔗糖送往日本或波斯。

荷蘭人曾專設機構，馴服野牛，並提供漢人耕牛、農具、種籽，因此稱這種土地為「王田」。當時漢人耕種的土地，大部分為公司所有，但也有漢人自己投資開墾者。荷人也興築水利工程，並引進外國農產品，如檨、波羅密、豌豆（俗稱荷蘭豆或番仔豆）、呂宋菸草、釋迦果、番柑、番薑（即番椒）。

(四)荷蘭人的軍事設施

十七世紀二〇年代，荷人侵入臺灣後，在今臺南安平（當時為突出海中的沙洲）登陸，即在原稱大員（鄭成功命名為安平，今安平古堡）的地方，建一城堡，稱為Zeelandia（熱蘭遮城）。次年（一六二五年），又在臺灣本島赤崁地方（今臺南市）建一較小的城堡，稱為Provintia（普羅文遮城）；兩城均為荷蘭本國原有地名，前者為海地城或安平城，後者為赤崁城。

安平又名一鯤身，本為砂島。北方隔一水道，有北線尾島；再隔一水道，有加老灣島，兩島間隔海峽即鹿耳門。一鯤身之南，有七島嶼連接臺灣本島陸地，即所謂七鯤身。臺江即北線尾島、加老灣、七鯤列島所環抱的內海。在荷人退出前，安平鎮城實繁華一時，其中有長官官邸、商館，可說是荷蘭人統治臺灣的行政中心與最堅固的軍事基地。

　　臺江對岸的赤崁地方，荷蘭人稱爲Saccam（赤崁城），乃十七世紀二〇年代，荷蘭長官宋克（Sonck）以剛甘（Cangan）布十五匹，向新港平埔原住民換取赤崁一帶沿河的土地（當時的臺江內海，今已成爲陸地），建築東印度公司宿舍、醫院與倉庫，並獎勵漢人居住，形成一繁華的市肆，名之爲Provintia，即今赤崁樓前身。赤崁城又名紅毛樓、臺灣城，共駐荷軍五百一十三人。毀於十九世紀六〇年代的地震，現僅存基壇。七〇年代在原址附近築蓬壺書院，後來改爲文昌閣及海神廟。

　　除了荷人在一鯤身所建安平鎮城、赤崁城外，他們在臺、澎所築建的防守工事，包括雞籠城、瓦硐港銃城，計有四處，其中瓦硐港銃城在澎湖，其他均在臺灣本島。此外，十七世紀二〇年代末，荷蘭人又在北線尾築一城砦，名爲「海堡」（Zeeburg）。

(五)原住民與漢人抗荷事件

本島原住民抗荷事件

　　十七世紀二〇年代，荷蘭艦隊第一次侵入大員並築城時，目加溜灣人（舊社在今臺南縣善化鎮）曾數次趁夜放火，焚毀軍事堡柵。其後有新港人（舊社在今臺南縣新市鄉）反抗荷人種種虐待，荷軍前往鎮壓，焚毀房屋多所，並搶去大米與豬隻。三〇年代中期，蔴荳人（舊社在今臺南縣蔴豆鎮）則發動聲勢浩大的武裝暴動，目加溜灣人與蕭壠人（舊社在今臺南縣佳里鎮）也聞風響應，荷人從巴達維亞調來援軍五百名，群眾不敵，退入山區。不久，蔴荳、蕭壠村落均被攻破。而十七世紀五〇年代初，漢人郭懷一的反抗則是臺灣人民反荷事件中規模與影響最大的一次；反抗原因也與荷人的暴虐有關。

小琉球原住民抗荷事件

　　十七世紀二〇年代（一六二二年），荷蘭船「金獅子號」的船員登上屏東外海的小琉球取水，卻一去不返。十七世紀三〇年代荷人聯合本島幾個平埔村社，派兵征伐、報復，原住民逃入烏鬼洞躲避。三年後荷人獲得放索（今林邊）、新港人的幫助再次發起討伐行動，找到烏鬼洞，奪取原

住民的食物並塞住洞口，以煙、硫磺逼出他們。除了二、三百具屍體外，共三百餘人被擄到大員，其餘仍在高地、森林中藏匿。同年六月，三名駐守的荷蘭人被殺，荷人再動員平埔原住民與荷蘭士兵前往小琉球，決定清除全島居民，無論死活。

依巴達維亞城總督向荷蘭總公司的報告，一六三六至一六三九年多次的討伐中，共俘擄六百九十七人，殺死四百○五人，生還者一百九十一人發配至巴達維亞充作奴隸，四百八十二人安置在新港村落（多半為婦女、小孩）。往後，荷蘭人仍繼續搜捕行動，直到一六四四年最後十五名島民被送到臺灣，小琉球原住民可說全部消失。

郭懷一抗荷事件

荷蘭人對渡海而來的漢人移民徵收人頭稅。此外，在海上捕魚也要課稅。當時鹿隻豐產，漢人向荷蘭人繳交狩獵稅，取得狩獵許可證後，才可以在其統治區內捕鹿。鹿產輸出包括鹿角、鹿脯、鹿皮等商品，當時有年輸出二十萬張鹿皮的紀錄。雖然荷蘭人逐項向漢人課稅，卻未對原住民課稅。以喊價競包的方式，讓漢商向荷蘭統治當局承攬，取得在某處捕鹿的權利，並以喊價最高者得標。這種競標承包的方式，閩南話稱為「贌」。與原住民交易，也以這種方式進行；得標者可以在當年某段時間、在某村落貿易，故又稱「贌社」。若在某溪河捕魚，也以此方式決定誰擁有捕魚的權利。

荷蘭在臺統治的中期，招來大量的福建漢人勞工，使得人口大增；不僅對華勞工課徵各項生產所得，藉以獲得更大的經濟利益，且對漢人管理嚴格而不近人情。漢人首腦郭懷一起而糾集眾人反抗。

十七世紀五○年代，發生漢人郭懷一率領一千六百餘人的抗荷事件。在荷人史料中，郭懷一被稱為Fayet或Faiet。據說一六五二年九月七日，中國人的首領郭懷一準備在九月十七日，即中秋月於赤崁歡宴荷蘭長官及安平的顯商，藉著送他們回大員（在安平的海地城堡）的名義，加以殺害，並占領赤崁城。由於懷一胞弟（一說結拜弟弟）向官方告密，九月八日荷漢雙方發生攻擊，郭氏首先被擊斃，漢人大為恐慌，荷人則加緊追擊。

次日，荷人命二千名新港、蔴荳、目加溜灣、蕭壠的平埔原住民搜索

漢人，戰況激烈，在今臺南縣北門區的歐汪死傷慘重，因此有歐汪溪多鬼的傳說。此事經十四天（一說十五天）始告平定，陣亡或被刑戮的漢人總計男子四千人，女子五千人，約占當時赤崁地區漢人人口的五分之四；荷人則自稱並無損傷。

漢人抗荷事件功敗垂成，但郭懷一抗荷事件卻暴露荷蘭統治上的重大弱點，並為鄭成功的入臺埋下種子，此後臺灣又出現另一波漢人移民潮。

四 西班牙占領下的臺灣

(一)西班牙人的傳教工作

一六二○年代，荷蘭人占據南部臺灣，對在菲律賓的西班牙人造成極大威脅。兩年後，西人自菲北上，占領臺灣北端。換句話說，當時臺灣南有荷蘭，北有西班牙占據，兩者不僅在政治、經濟上相互競爭，在宗教上也相互角力；荷人為基督教徒，西人為天主教徒。

西班牙對他們信奉的天主教十分狂熱，不僅官方以東方人（他們一律被稱為印度人）改信「聖而公教會」為目標，一般人民也以「我的宗教、我的祖國和我的國王」為口頭禪。因此，他們到北臺灣，除了進行基礎的軍事建設外，就是傳教工作。當時準備到東方傳教的修會眾多，只有耶穌會士利瑪竇等獲准進入中國內地。

西班牙傳教士來臺目的，在於前往日本與中國傳教；臺灣只是他們的跳板而已。在其占領北臺灣的十六年中，約有三十名傳教士來臺。他們首先在社寮島登陸，建聖救主城，並學習原住民語言。當時島上有一千五百名平埔原住民，分布於金山、淡水、臺北盆地、桃園地區。平埔原住民與西人彼此間曾有衝突，並逃往山中；後來在傳教士疏導下，返回原居住地，並開始學習外來語言。港岸也有漢人居住區。社寮島的日人居此已久，並與原住婦女結婚，他們是最早的教友。

十七世紀二○年代，西班牙於占領雞籠不久，即進入淡水；其時淡水河兩岸有不同原住民聚居，彼此互爭勢力，其中之一並要求西人的援助。

此外，大巴利人（後稱金包里，在今金山附近）與咖茉莉人（在今七堵）因愛斯基委（Jacinto Esquivel）神父的規勸，由互鬥轉為重歸於好，村民且成為同教信徒。此外愛斯基委神父也重視漢人與日人子弟的教育。

三〇年代，淡水的傳教成績已頗為可觀，北投一酋長且請求教會派人為其子弟受洗。當地並設立一小規模的神學院，除了教理之外，也有拉丁語、文法與神學等課程的教授，目的在於培養出派往中國或日本的傳教士。

(二)荷人初攻淡水

荷蘭人乍聞雞籠已被西班牙人占領的消息，憂心他們與中國、日本的貿易遭西人阻斷。十七世紀二〇年代末，臺南方面的荷軍分水陸兩路，陸路由今新竹北上；水路則乘船北上，擬進攻淡水。當時西班牙海軍已占領淡水並建築城堡，取名聖多明我（Santo Domingo，後來改為英國領事館）。二〇年代末，荷軍以破竹之勢迫近淡水，終因西人的軍事堅固，未為所破，荷軍或逃散或陳屍海濱，頗為悲慘。

聖多明我與前述聖薩爾瓦多（聖救世主城）兩城，均在十七世紀三〇年代被荷人攻陷，事後並加以重修，後人乃誤認為荷人所建。鄭氏時代凡重大罪犯往往囚於兩城。

(三)西班牙向噶瑪蘭推進

淡水、北投一帶，生產硫磺，當時不少漢人用鐵器、布料、鹽、菸草和原住民交換硫磺。時時傳有漢人貪圖暴利，以假貨欺騙原住民。

西班牙當局久聞臺灣東北沿海有金、銀礦產，並盛產米穀、動物與魚、貝等。十七世紀三〇年代，自馬尼拉啟行的西班牙船，行至Cabaran（舊稱蛤仔難或噶瑪蘭；今宜蘭）外海，五十名船員被當地原住民殺害，其中有中國人與日本人。西班牙乃派軍征討，遭到原住民的兇猛抵抗，但臺灣東北沿海一帶最後仍落入西人手中。此後，傳教範圍隨之擴大。

同年，愛斯基委神父率領八十餘人溯淡水河而上，發現竟與基馬遜河（Kimazon；今基隆河）相通，即可由內地直通雞籠，不需在海外冒險航

行。

(四)西班牙被逐

　　荷蘭人覬覦北臺灣已久，原因有二：其一，由於各方盛傳臺灣東北部出產大量黃金；漢人也確實與原住民進行金礦的交易。最初到北臺採金的為日人，其次為荷人，再其次為漢人。其二，西班牙逐漸漠視臺灣且有放棄的意圖。

　　十七世紀二〇年代，荷人不斷設法自漳州、澎湖探求金礦的消息。他們曾經和琅嶠（今恆春）的原住民以提供武力對抗隔鄰部落為條件，合作採礦。雖未成功，卻從琅嶠原住民處獲知臺灣東部藏有金礦的消息。一六三〇年代（一六三六年）以後，荷蘭人擴大探勘的範圍，並由南部向東臺灣出發。

　　Tamsoya（淡水）、Quelang（雞籠）也有產金之說；以後又有噶瑪蘭產金的消息傳出。荷蘭探勘範圍同時進入西班牙的勢力範圍，於是決定驅逐西人，以維護金礦資源。事實上，二〇年代荷人第一次攻擊北部西班牙人，其主要目的之一即在謀求黃金。

　　對西人而言，由於日本與菲律賓的貿易中斷，西班牙本來希望藉由淡水開港而復甦，但中國船隻來者寥寥無幾，獲利有限，馬尼拉方面的負擔因而加重。而日本自三〇年代屬行禁傳天主教政策，不許日船出海，外人潛入傳教也不可能。當初西班牙來臺的主要目的，在於藉此進入中、日兩國傳教，目的既無法達成，加上西人水土不服，相繼死亡，三〇年代以後平民多返回馬尼拉。不久，主其事者決定放棄臺灣。

　　適逢菲律賓若干地區發生騷亂，必須增派軍隊加以剿平，於是西人乃減少臺灣兵額，下令破壞淡水城堡，毀壞一部分雞籠城堡並裁減守軍。十七世紀四〇年代雞籠僅有守軍四百名，在荷軍未到達前，淡水砲臺已遭原住民襲擊，淡水河沿岸四所教堂也遭燒毀。當荷艦開抵雞籠時，西人並未與荷人發生激烈戰爭，社寮島的聖救世主城即開城投降。荷軍奉有訓令，應與曾和西人作黃金交易的居民和好相處，並餽贈若干物品，探詢有無金礦與到達產金礦當地的途徑。此後荷軍即前往三貂角、噶瑪蘭與S.

Lorenzo（即今蘇澳）探金。

　　總計，西班牙在北臺灣十六年即被荷蘭驅逐，因此其統治與傳教並無太大成果。

第五節　明鄭王權的治理

　　鄭成功父親鄭芝龍為稱霸中國東南沿海的絕大勢力。鄭芝龍投降清廷後，鄭氏集團的勢力由成功接掌。除了面臨整合父親留下的勢力問題外，成功一方面面對清廷軟硬兼施的招撫與攻伐壓力，以及清政府堅壁清野的困境；另一方面則是因長期與清軍對恃而造成軍心離散之局。十七世紀六〇年代初，鄭軍渡海抵臺找尋休養生息的機會。鄭氏自芝龍以來，子孫四代在臺約八十年間，代表一個閩南海商集團的興衰過程。雖然成功渡臺是在北伐清軍失利狀況下的抉擇，對臺灣歷史卻有其意義。臺灣原為南島語族原住民居址，十七世紀荷蘭人統治期間，引進大量福建華工，發展熱帶作物，但在臺灣的漢人與在爪哇等東南亞地區的處境並無不同。鄭氏集團卻在臺灣建立第一個漢人政權，從此漢人不斷移入，並出現相當規模的漢人社會。

一　驅逐並取代荷蘭人的統治

(一)何斌獻圖與決策攻臺

　　荷蘭殖民者自始就懷疑郭懷一的反抗與鄭成功有關，當其殘酷地鎮壓抗荷漢人後，也擔心鄭氏的報復。他們除了在島內增強兵力，建築城堡，嚴密監視各族外，也在公海截捕鄭氏商船，搜查大陸渡臺船隻。面對荷蘭人蠻橫的挑釁，鄭成功乃下令封鎖臺灣，並禁止所有船隻前往臺灣。不及兩年，荷蘭人因經不起商業上的嚴重損失，乃派出號稱最能幹的漢人何斌，攜帶貴重物品到廈門與鄭氏談判。

　　何斌為鄭芝龍舊部，回到廈門後，除
了表面上按照荷人的指示，就解除封鎖、
恢復通商的條件進行談判外，也將臺灣島
內的各種狀況，特別是荷蘭人的兵力部
署，告知鄭成功，並力勸其攻入臺灣。幾
個月後，何斌再到廈門，並將臺灣港道、
荷蘭兵力分布、砲臺設置的地圖交給成
功，作為軍事決策的依據。

　　十七世紀五〇年代末，鄭成功在南京
戰敗，眼看清朝統一全國之勢已成，鄭軍
勢孤力弱，難以持久，因此作出戰略上一
次根本性的改變，即力排眾議，向清廷妥
協，轉而集中全力攻下臺灣，作為反攻的
根據地。

圖2-5　鄭成功像

(二)驅逐荷蘭人

　　十七世紀六〇年代，龐大的鄭氏艦隊在臺灣沿海出現，由鹿耳門水道
進入海灣，在熱蘭遮城北方登陸，此時並未遭到荷人的大抵抗；而且因原
住民自己行動起來，砸爛殖民者的統治機構，痛打荷蘭人，連荷蘭人一向
認為最可靠、信奉基督教的新港、哆囉嘓（舊社在今臺南縣東山鄉）等群眾
也紛紛搗毀教堂的器具、書籍。因此，幾星期後，鄭軍便控制全島。而從
四月一日到十二月十三日，足足圍攻了九個月，荷蘭東印度公司臺灣城的
長官揆一終於在一六六二年二月一日正式向鄭成功求和，並簽訂臺灣第一
份國際性合約。

　　按照鄭荷雙方簽訂的合約，除了平民及其財物經檢驗後可以上船，以
及返回巴達維亞途中所需物品外，荷人交出所有城堡、武器、物資。熱蘭
遮城的荷蘭人約有兩千餘人，由最後一任長官揆一率領，退出臺灣。但荷
蘭本國不甘臺灣被奪，下令只要情況允許，隨時準備攻擊鄭氏的基地和船
隻。

圖2-6　荷蘭人與鄭成功領導下的明朝遺臣爭相控制熱蘭遮城（進而統治臺灣全島）

二 漢人社會初奠暨農耕社會的推展

(一)墾荒與「寓兵於農」

　　荷人一走，成功即著手鞏固其統治臺灣的權力，以熱蘭遮城（今安平）為住所，將普羅文遮城當作行政機關所在地，在明朝遺臣輔助下引入所有中國法律、風俗與典章制度。廈門及其附近地區則由鄭經管轄。

　　鄭成功以赤崁為東都明京，設一府二縣；府為承天府，縣為天興（管北路）、萬年（管南路），分別設官治理。其次，頒布開墾條例，允許文武各官按照人口圈占土地作為家業，各鎮官兵分拔汛地，鼓勵他們墾荒；同時將荷蘭的王田改為官田，另置私田、營盤田。營盤即軍隊駐紮、自耕自營之地；當時軍隊「鎮營」的名稱，有些演變成今日的新地名，如左營、新營等。鄭成功特別著重墾荒工作，在十七世紀六○年代鄭軍嚴重缺糧情況下，除了少數軍力用於包圍荷人外，其他兵力均派到南北各路屯墾開

荒。荷人投降後，成功更進一步採取「寓兵於農」的政策；除了以兩旅軍
力擔任防務外，其餘各鎮，按鎮分地，按地開墾。

圖2-7　在熱蘭遮城外舉行的投降儀式

　　此外，鄭成功也積極鼓勵中國東南沿海的人民移居臺灣。清廷爲了對
付鄭軍，防止居民接濟物資，實施五省（山東、江蘇、浙江、福建、廣東）
遷界政策，規定福建、廣東等沿海居民向內遷徙，並禁止他們出海。鄭成
功則下令保護並幫助閩浙沿海居民，結果「附舟師來歸，煙火相接，開闢
荒土，盡爲膏腴」。

(二)生產與貿易

漢人激增

　　由於鄭氏的大量獎勵，中國沿海數以萬計的勞動人口，相率移入臺
灣。包括：⑴軍事移民：以鄭軍將士爲主，外加一部分眷屬與相關人口，
構成當時移民的主力和先驅，約五萬至六萬人；⑵自由移入的勞動人口：

約四萬至五萬人；⑶被強制移入的各色人等：臺灣土地初闢，勞力不足，尤其缺乏婦女，沿海婦女時常被擄往臺灣。此外，鄭經西渡大陸期間，曾把降清的洪承疇等親族流放雞籠、淡水。以上三類移民合計約十萬人，為鄭氏入臺之前原有漢人的二至三倍。換言之，鄭氏統治時期的漢人，約有十二萬人；原住民則有六萬餘人（不包括荷人統治範圍外的原住民）。

農業發展

除了赤崁附近的土地在荷治時期已闢為「王田」外，鄭氏時代的移民多分布在臺灣府北路諸羅（今嘉義）、鹽水港（今臺南縣），與南路鳳山等地。雖然遍地草莽叢生，且因水土不服，死者甚多，漢移民的開墾頗為費力，但因新開闢的田地特別肥沃，移民仍然趨之若鶩。

赤崁以外，諸羅一帶的平原、鳳山北部平原，與斗六至林圯埔（今竹山）、半線（今彰化），以及大甲溪口以北的竹塹（今新竹）、淡水河兩岸的臺北平原（一部分），多已化為良田。甚至極北的雞籠（今基隆），最南的琅嶠（今恆春），也有若干移民從事墾殖活動。

綜觀鄭氏在臺最初十年，在和平安定的環境中，由於水利的興修，農業技術的改良，臺灣連歲豐收，糧食自給且有餘，製糖、製鹽、燒瓦、建築等手工業也有一定的發展。在此基礎上，鄭氏開始設立學校，建築孔廟，實施考試制度，並將中國文化傳入臺灣。

對外貿易

鄭氏集團的官員多為大商人，或與商人有密切關係，故可說是商人、閩南人的集團，代表新興商業資本勢力，重視對外貿易發展。

鄭氏入臺前，其旗下有在中國各大城市從商的「山五商（分金、木、水、火、土）」，他們以杭州為根據地；另有從事海上貿易，以廈門為據點的「海五商（分仁、義、禮、智、信）」。除了十個商行外，有兩個船隊，即負責與日本、臺灣、菲律賓間貿易的東洋船隊，以及經營暹羅貿易的西洋船隊。十個商行的商業活動，在於支援兩個船隊的進出口貿易，所得用以支持成功龐大的軍事支出；這些商行也是鄭氏的情報站、軍用物資蒐集窗口。這種商業網絡說明了何以清廷苦思對策消滅鄭氏集團，卻無法成功

的原因。

　　鄭氏渡海抵臺後，雖然臺灣農產年年豐收，但布帛和其他日常生活用品卻十分缺乏，仍需打開對外貿易的大門。十七世紀六〇年代中期，鄭氏曾設法吸引中國沿海私商貿易，並與日本、東南亞一帶進行貿易。

　　此外，也向荷蘭、英國建議通商。荷蘭置之不理，英國東印度公司則認為是打開對華貿易的良機，雙方乃於七〇年代達成通商協議三十七條。鄭方承認英人在其轄區，有居住、航行、貿易與雇用譯員的完全自由，每年並須以所產鹿皮與糖的三分之一售與東印度公司；英人則同意繳納百分之三的關稅，並運來臺灣所需物品。

　　英東印度公司隨後即在安平、廈門設立商館。但由於清政府在福建沿海長期厲行遷界與封鎖政策，傳統商品流通組織遭到嚴重破壞，私商貿易紛紛遷往廣東，貨物來源因而大減。加以鄭軍戰事失利，土地日蹙，英國東印度公司無利可圖，十七世紀七〇年代中期乃關閉駐臺商館。

　　三藩之亂發生後，鄭經之所以傾師西渡，奪得漳、泉一帶的土地，除了軍事、政治上的種種考慮外，並含有經濟上的企圖。然而鄭軍西渡期間，軍費支出浩大，在清政府再次遷界封鎖的打擊下，貿易瀕臨斷絕，財政困難下，乃加重人民的徵稅與攤派。鄭氏租稅初期，基本上沿襲荷人舊制，後期因入不敷出，大肆苛徵濫派，包括厝稅、贌社、港潭、牛磨、蔗牛、安平鎮渡船等，人民甚為所苦，終於導致民怨沸騰、人心離散之局。

三　文風與教化工作的奠基

　　鄭成功治臺以前，已有太僕寺少卿沈光文、李茂春等寓賢教授生徒。但中國文教的正式肇興，則始於十七世紀六〇年代中期（一六六五年）鄭經繼位時。鄭經致力促進臺灣的繁榮，與父親一樣，鼓勵農耕，創立教育制度並貫徹父親精神。

　　鄭經依陳永華之議，建聖廟、興學校，又令各地廣設學校，凡年滿八歲以上的人民，均須入學，教以經學文章，並訂科舉辦法，兩州三年兩試，為科舉與學校合一的制度。

其次，鄭成功治臺後，在臺漢人十分之九爲閩南籍，促成閩南社會組織的在臺發展。當時隨鄭氏遷臺者，軍事攜眷或舉族遷徙，臺灣家族制度也奠基於此。宗教方面，採取以神設教的方式，諸神均具有護衛傳統道德規範的特性，中國神祇中以和尙武（關公）、開墾（土地公）、文治（孔子）有關者最被尊崇，佛教並不盛行。

此外，鄭氏倡言服膺忠孝節義的儒家精神，與陳永華的興學和施行保甲制度配合。所謂保甲，即仿照中國里甲制度的辦法，以十個家庭爲一牌，設牌長或牌甲；十個甲爲一保，設保長，舉凡百姓的職業、遷徙、婚嫁、生死等事宜，均需向官方報備。因此，很快便建立良好的社會秩序與道德標準。

四 鄭氏內部矛盾與降清

(一)鄭氏內部矛盾與清廷的招撫計畫

鄭成功積極開發臺灣的方針，遭到鄭軍內部力量的反對與抵制。以張煌言爲首的南明遺老，認爲成功不繼續反清反而移師臺灣，是不忠於明室的表現。另一阻力則來自留守後方的高級將吏；早在成功決策來臺的軍事會議上，許多人表面上雖不敢違逆，實際上並不同意。因此，鄭軍入臺期間，有一些將官叛逃降清。而當成功嚴令留守沿海各島的將領遷眷入臺，留守金廈兩島的戶官鄭泰等，貪念金廈的通洋巨利與舒適生活，一再遷延不行。

當時適逢世子鄭經犯罪（與奶母陳氏私通），成功下令當處以死刑，被這些人用以當作政變的藉口；他們說成功的命令爲「亂命」，一面擁立鄭經，扣留成功派來執法的人員，一面派兵防守大擔（金門），且不發一船至臺灣。明永曆十六年（一六六二年）五月八日，正在病榻中的成功，聞訊忿恚而死，享年三十九歲，距離他占領臺灣還不足五個月。

成功死後，王權繼承發生問題；臺灣將領企圖廢掉成功長子經，並有意輔佐其最小的弟弟鄭襲繼承王位，鄭氏政權一時陷入分裂之局。清政府

認為鄭軍群龍無首，數次派員到廈門招撫鄭經。因招撫計畫失敗，清廷轉而採取武力解決，並用計使鄭氏家族相互猜疑，破壞其團結。

同時（一六六三年六月），荷人又有第二次遠征臺灣的計畫，因而快速與清廷達成協議，於十七世紀六○年代初，荷人攻下金門、廈門，鄭經退守銅山（今廈門）。清廷乘勝展開大規模誘降活動，在高官厚祿的引誘下，鄭軍人心浮動。計有兵力十萬、大小船艦九百餘艘降清，宿將精銳十去七、八。鄭經面臨全軍瓦解之局，不得不放棄沿海諸島，率殘部逃回臺灣。

清廷決意乘勝追擊，並以鄭氏降將施琅為統帥，於六十年代中期攻臺。施氏領軍至清水洋（位於臺灣海峽）遇風折回，清政府懷疑這些鄭軍降將暗通鄭氏，為免他們內外勾結，為患更大，因此下令將所有鄭軍降將調往北京歸旗，部眾則分散到各省屯墾，攻臺計畫就此擱置不提。

在放棄武力解決方針後，清廷曾兩次派人到臺灣招撫，條件是承認鄭氏世守臺灣並開放沿海對臺貿易，鄭氏表示願意改奉清朔，稱臣納貢；但因鄭經堅持「須援朝鮮例，不剃髮，不易服」，康熙認為「朝鮮系從來所有之外國，鄭氏乃中國之人」，不能相提並論。此時清廷方致力於剷平以三藩為代表的地方割據勢力，暫時對臺灣置而不問；鄭經因而得以利用長期的和平環境，休養生息。

(二)鄭氏與清廷在福建沿海的爭奪

十七世紀七○年代初，三藩吳三桂、尚之信、耿精忠等，因不滿清朝政府削藩，聯合叛清。鄭經應吳、耿之約，由陳永華參軍留守臺灣，積極參與反清戰爭。最初清軍無力南下，而耿軍力主北上，鄭軍遂乘機攻占已歸附耿氏的閩南粵東等地區，並因此一再與耿軍失和交戰。後來耿氏降清，鄭軍孤援無助，屢戰屢敗，退守金、廈門。而入閩清軍人數不多且缺水師船隻，無力渡海，乃再次採取誘降方針，並在七○年代末兩度派員招撫鄭經，勸其退回臺灣，可以如「朝鮮故事」，歲時納貢，通商貿易。但因鄭經提出沿海諸島須由鄭軍駐守，並由福建供給糧餉的要求，而未能達成協議。

　　在誘降一再失敗之後，清廷決定對鄭軍展開攻勢，包括在軍事上加緊建造船艦、訓練水師；在經濟方面，重行遷界令，強迫沿海居民遷入內地十里或二十里；政治上則展開大規模的招降活動。經過長達五年的拉鋸戰之後，鄭軍土地日蹙，財源枯竭，連年在臺灣與中國沿海厲行重稅攤派、強抽鄉勇當兵，激起群眾的普遍不滿與反抗，並發生抗稅事件。而在清政府全面的政治攻勢與經濟封鎖下，人心更加離散，先後有五鎮大將廖典等率所部十餘萬人降清。

　　十七世紀八〇年代，清廷發動攻勢，沿海諸島均為清廷所有，鄭經僅以千餘人逃回臺灣。

(三)清廷攻臺

　　十七世紀八〇年代，清廷大敗鄭軍後，同年年底又平定三藩之亂，中國基本上歸於統一，從而致力於行政的改革與生產的恢復，全國秩序逐漸安定，渡海攻臺之事因而再度被提出，但被反對派以各種實際困難加以否決。

　　不過，鄭經西征失敗返臺後，心力交瘁，已無心政務，政局也出現你爭我奪的局面，陳永華卸下職務，因故去世；此時繼承父志，一生皆與滿清作戰的鄭經也去世，由地位飄搖不定的兒子克臧繼位，臺灣內部發生宮廷紛爭；克臧祖母（經之母）以其非藩主親生子嗣，迫其自殺，並由年僅十二歲的孫子克塽即位，實權操於克塽岳父馮錫範手中。清帝利用鄭氏內部不和時機，準備攻臺，恰逢暴風雨而作罷。

(四)鄭氏降清

　　清康熙二十二年（一六八三年）五月，清令曾是鄭氏主將的福建水師提督施琅出擊；所率攻臺主力主要由鄭氏降將與福建新練水師（大部分士兵來自鄭軍）組成，他們均具有多年的海戰經驗。由於雙方兵力懸殊（施軍有二至六萬；鄭軍兩萬餘），且清軍新造戰船較鄭軍年久失修者更為堅固、便捷（雙方戰船數量約各兩百餘），裝備也較優良；加上施琅的部署、估計正確，認為劉國軒是鄭軍聲望最高的大將，如由他親守，一旦被清軍打敗則

全臺將望風而潰，因此施氏認為應將鄭軍主力吸引到澎湖決戰。果不出所料，當鄭軍偵悉清軍動向，即由劉氏親率所有精銳堅守澎湖，兩軍交鋒，由於劉氏誤判軍情，結果鄭軍或死或投降，僅餘少數人逃回臺灣。

施琅在殲滅鄭軍後，立即安輯居民，撫恤降眾，對鄭軍將領以禮相待。經降卒輾轉傳述，臺灣人心瓦解，士無鬥志。施琅又以厚爵游說劉氏；此時劉氏極力主降，並派兵監視鄭氏子孫。同年八月，克塽及其文武官員在馮錫範主持下，迎接清軍。明朝宗室寧靜王及其嬪妃均自縊殉國。

康熙二十三年，臺灣成為中國的版圖，鄭氏一千六百名軍人及四百名官吏受命返回中國南方家鄉為新國家效命，克塽及眷屬們則奉召入北京。

研究與討論　∎

1. 明末倭寇為何興起？對臺灣有何影響？
2. 荷蘭人與西班牙人到臺灣的目的為何？對臺灣原住民有何影響？
3. 郭懷一何以抗荷？抗荷的影響何在？
4. 鄭成功父子如何在臺灣建立第一個漢人政權？
5. 清鄭對抗對中國沿海人民有何影響？

參考書目　∎

方豪，《臺灣早期史綱》，臺北：臺灣學生書局，1994。

周婉窈，〈明清文獻中「臺灣非明版圖」例證〉，收入《鄭欽仁教授榮退紀念論文集》，臺北：稻鄉出版，1999，頁267～293。

曹永和，《臺灣早期歷史研究》，臺北：聯經出版事業公司，1981。

陳碧笙，《臺灣地方史》，第六、七章，北京：新華書店，1982。

賴永祥，《臺灣史研究——初集》，臺北：三民書局，1970。

第三章　漢人優勢社會的形成

第一節　導言

　　清康熙二十二年（一六八三年），清廷打敗臺灣的明鄭政權後，本來想放棄對臺灣的統治，最後在施琅的強力主張留下臺灣，以及清廷基於國防的考量，才勉強將臺灣納入版圖。但清朝初期卻對臺灣採取消極的治臺政策，不但限制中國大陸人民移居臺灣，更對臺灣實施「封山政策」，禁止人民進入山區，採取許多防範臺灣人民抗清的措施。這些消極的治臺政策，不但妨礙臺灣的開發，也造成臺灣男女人口失衡，械鬥與民變迭起，另外，還影響到臺灣的駐兵腐化和吏治不良。

　　清廷統治臺灣初期，僅設臺灣府及鳳山、臺灣、諸羅三縣作為主要行政機關。其後自康熙至清末光緒年間，曾進行四次行政區畫的調整。但每次行政區畫的調整，都是因為臺灣內部發生動亂或外患侵擾臺灣，清廷恐怕臺灣被反清勢力控制或被外國占領，才調整行政區畫，並不是以拓墾和撫民為考量。

　　雖然清廷統治臺灣初期採取消極的治臺政策，但是當時中國東南沿海人口過剩；臺灣卻是一個未開發的處女地，因此吸引中國大陸人民不斷地以合法或非法的方式來臺灣拓墾。臺灣的土地乃由南而北、由平地往山區不斷地被拓墾。至乾隆末葉，臺灣西部平原地區已大致拓墾完成。臺灣漢人的人口在康熙治臺初期約十萬人左右，至乾隆年間已超過百萬，臺灣已成為漢人絕對優勢的社會，而臺灣的社會也由豪強的移墾社會開始轉型為文治的士紳社會。

　　乾隆末葉，臺灣西部平地已拓墾殆盡。嘉慶年間，漢人開始往東部的宜蘭和花蓮、臺東拓墾；或是向西部山區和偏僻的邊際土地拓墾。另外，農田水利設施也隨著土地的拓墾不斷地興修。由於土地的拓墾及水利的興修，人口不斷地成長。嘉慶十六年（一八一一年），臺灣人口已達一百九十

萬人左右；而且到了清光緒十九年（一八九三年），臺灣割讓日本前夕，人口更達二百五十萬人左右。

漢人來臺灣以前，臺灣本為原住民的居住地。清代漢人大量移民臺灣拓墾，漢人與原住民之間的互動極為頻繁。一般而言，漢人與平埔原住民的關係雖然緊張，但維持和平的時間較多；漢人與高山族原住民的關係則武力衝突的時間較多。而漢人與原住民衝突最重要的導火線是土地，原住民為了保護土地而與漢人衝突或反抗。

清廷統治臺灣期間，向來對原住民採取保護政策，以免土地流失到漢人手中。但是中國大陸移民不斷來臺拓墾，採取和平或武力的手段取得原住民（尤其是平埔原住民）的土地，使原住民的土地流失殆盡，生計因此陷入困境，最後只好採取武力反抗；或被迫遷往別處；或接受漢人的生活方式。因此整個臺灣拓墾史，可以說是原住民與漢人勢力的消長史，也是漢人與原住民生存競爭的血淚史。

臺灣在清廷統治期間，由於土地的開拓、漢人社會的建立、人口的增加、街莊的繁榮，商業亦隨之而興。清代臺灣的商業，主要可分為島內商業和對外貿易。

島內商業主要在市場和牛墟進行日用品及牛隻的交易。對外貿易主要是對中國大陸貿易，輸出以米和糖為主，輸入則以日用品為主。隨著對中國大陸貿易的興盛，對外貿易的港市——安平、鹿港、艋舺、笨港等港口不斷地繁榮起來，同時，商業組織——「郊」，亦先後於各港市成立。

清代臺灣的社會，隨著街莊基礎的建立，開拓事業的進展，經濟的繁榮，生活日趨安定，人民逐漸注重子女的教育，教育事業亦隨之而興。於是社學、義學、民學、書院、儒學等教育設施先後於各地紛紛設立，文風乃蒸蒸日上，部分人士甚至透過科舉考試晉升士紳階級，臺灣的社會也由移墾的豪強社會逐漸轉型為文治的士紳社會。

清代中國大陸移民來臺灣之時，常隨身攜帶家鄉神明或寺廟的香火渡海來臺，祈求旅途平安和拓墾順利。抵達臺灣之後，將其供奉於田寮或公廳；等到開墾初步成功，乃建小祠供奉。隨著開墾稍告成功，漢人村莊基礎奠立，又普遍設立土地祠以求五穀豐登，合境平安。俟村莊基礎已經穩

固，經濟發展欣欣向榮，甚至形成街肆，地方之頭人、總理乃倡議興建文
昌祠或書院，以為教育或讀書人敬業樂群之所。同時由於社會環境日趨複
雜，事態多變，感觸頗深，齋堂亦紛紛出現。另外，因職業之分化，職業
守護神的信仰也日漸興盛。至於血緣關係之強調，則建宗祠來團結族親。
最後隨著漢人社會的高度發展，街肆逐漸發展為城市，官方乃倡於郡城或
縣治建文廟、城隍廟、節孝祠等，來發揚儒家精神宣揚名教，移風易俗。
清代臺灣宗教的發展大抵循上述途徑而來。

第二節　消極治臺政策的形成及其影響

　　清廷統治臺灣初期，採取消極的治臺政策，不但對臺灣的發展漠不關
心，而且採取許多防範臺灣人民反清的措施，妨礙臺灣土地的拓墾，也對
臺灣歷史的發展帶來許多不良的影響。

一臺灣棄留之議

　　清康熙二十二年（一六八三年），清廷命施琅率兵於澎湖打敗明鄭將
領劉國軒後，鄭克塽納表投降，清廷正式領有臺灣。清廷領臺初期，康熙
帝曾召開會議討論臺灣未來問題，當時朝臣們大多認為臺灣為海外荒陬，
蠻荒未闢，若納入版圖進行統治，將耗費國家財力、人力。而且臺灣歷經
明鄭統治，居民懷有反清思想不易統治，不如將當地漢人遷回中國大陸，
以解決反清分子對清朝之威脅。甚至有人主張將臺灣「空其地、任夷人居
之而納款通貢」，以增加政府財政收入。而康熙帝亦認為「臺灣僅彈丸小
島，得之無所加，不得無所損」。其所以派兵攻打臺灣，乃當時明鄭政權
常騷擾中國東南沿海，才興兵攻臺。只要明鄭稱臣納貢即可，並無將臺灣
納入版圖之意。

　　但是施琅卻持反對意見，並上〈恭陳臺灣棄留疏〉給皇帝，內容大致
為：臺灣雖然目前尚未開發，將其納入版圖會耗費國家財力；但是臺灣土

地肥沃、氣候溫和，若移民拓墾後，將人口繁盛、物產豐富。而且臺灣戰略價值極高，一旦被外國或反清勢力進入，將威脅中國東南沿海各省，故即使動用國家經費也要設官治理，不可輕言放棄。何況清廷只需將中國大陸多餘之兵力移駐臺灣，並不會增加太多財政負擔。再者將臺灣漢人遷回中國大陸並不可行。施琅的主張打動皇帝的心，最後康熙皇帝以國防因素留下臺灣，於康熙二十三年（一六八四年）將臺灣納入版圖。

臺灣不但國防地位重要，而且開墾之後，人口繁盛、物產豐富。但施琅主張將臺灣納入清朝版圖，除了上述原因外，亦有其私心。因明鄭被施琅打敗投降之後，明鄭宗室及文武百官所開墾之私田和政府所有之官田均被施琅所霸占，其產業共有五十六莊，範圍北起今嘉義縣北港，南迄今高雄鳳山一帶，田園共約七千五百甲。施琅將此產業霸占後，租予佃農耕種收租，此即清代臺灣「施侯租」之由來；若放棄臺灣，等於要施琅放棄偌大之產業，施琅豈能甘心？又征服臺灣，乃施琅平生最大功業，若放棄臺灣，豈不是抹殺其平生第一大功勞，施琅怎能心服？故其力主留下臺灣，乃當然之事。

二　消極治臺政策的展開

由於清廷為了國防因素以及怕臺灣被反清勢力所控制，才勉強將臺灣納入版圖，因此採取「為了防臺而治臺」的消極治臺政策，不但不願積極開墾臺灣土地，甚至採取下列種種的限制措施，來防範臺灣反清。

(一)渡臺禁令

想渡航臺灣，必須先向原籍申請渡航許可證，並經主管官府核准，才可渡臺；嚴禁無照偷渡。此政策在防範有治安疑慮分子渡臺，以及怕臺灣人口過多，一旦造反，鞭長莫及，難以控制。渡臺者一律不准攜帶家眷，渡臺後亦不可招家眷來臺灣。此乃清廷不希望移民在臺灣落地生根，人口劇增，以免滋事生變。又廣東為海盜巢穴，不准廣東人渡臺。此乃施琅懷有反客家人情節之命令，施琅死後即解禁，卻妨礙廣東籍移民來臺灣。

(二)鐵器的限制

限制鐵器及生鐵輸入臺灣，亦不許農民自由製造鐵器，甚至製造鐵器都必須向政府申請，取得執照才能製造，以防止民間打造及私藏武器。

(三)不准興建城牆

避免臺灣人民據城叛亂。故清初臺灣大都種刺竹為城，或築木柵，直到林爽文事件以後，才逐漸改建土石城牆。

(四)實施班兵制度

駐守臺灣的軍隊不由臺灣徵調，須由福建抽派合併成軍後輪調來臺，再臨時命官統領。每三年調回內地歸解。同時，來臺官兵必須有家眷，但不准官兵攜眷來臺，有以家眷為人質之意。兵丁出缺，亦不可在臺灣徵補，以防駐臺軍隊叛亂。

(五)官吏迴避本籍

臺灣的官吏不由臺灣人擔任，須由中國大陸調來，三年任滿即調回。而且早期官吏的家眷必須留在中國大陸，以防駐臺官吏企圖不軌。

(六)實施封山政策

康熙六十年（一七二一年），朱一貴事件以後，對臺灣實施「封山政策」，亦即禁止臺民進入北起今汐止、南迄林邊一線以東之山地地區，以免聚集山區作亂，或與原住民發生衝突。

上述限制措施，雖然時弛時張，而且不斷遭到人民的挑戰，中國大陸人民不斷偷渡來臺灣，並偷越原住民領地。但是這些消極的治臺政策，對臺灣歷史的發展，帶來許多不良的影響。

三 消極治臺政策的影響

由於清初採取消極的治臺政策和種種限制措施，對臺灣歷史的發展帶來下列影響：

(一)妨礙臺灣的移民和拓墾

清廷之渡臺禁令時弛時張，阻礙中國大陸人民移居臺灣。封山政策亦阻礙臺灣山地和東部的拓墾。

(二)造成臺灣人口失衡

由於清廷採取禁止移民攜眷，只許單身來臺灣的措施，使臺灣男多於女的人口不平均現象更為嚴重。因此有部分移民與平埔族原住民通婚，造成「有唐山公無唐山媽」的現象。此外，亦有不少壯丁無法娶妻生子，故臺灣養子的風氣盛行，且有部分移民無法充分就業，臺灣社會出現大量遊民，亦即所謂「羅漢腳」，造成社會問題。

(三)械鬥頻繁及民變迭起

由於清廷的渡臺限制措施，使臺灣出現大量的遊民。彼等隻身在臺灣，舉目無親，常異姓結拜，互相照應，結拜之風氣盛行。因其無家室的顧忌，好勇鬥狠，加上這些移民係來自中國東南沿海不同地區，祖籍來源不同，且又因語言、文化的差異，抵達臺灣後，由於身分認同差異、經濟利害的衝突，使生存競爭劇烈，因而常發生集體爭鬥，稱為「分類械鬥」。有不同籍貫的械鬥，如：閩粵械鬥、漳泉械鬥；有宗姓之爭，如：李姓簡姓之爭，洪姓林姓之鬥；又有村落間的械鬥，稱為「拼莊」；甚至有職業團體的械鬥，如：西皮福祿之爭。根據統計，清代臺灣較大規模的械鬥，計有六十次之多。除了械鬥之外，清代的臺灣社會亦被稱為「三年一小反、五年一大反」，民變迭起之地。探究臺灣民變迭起的原因，乃因清廷消極的治臺政策，導致駐臺官吏腐敗，加上沉重的稅負，經濟之剝削，社會多遊手好閒之徒，導致「官逼民反」、抗官事件層出不窮。

(四)吏治的不良

由於清廷採消極治臺政策，故其行政區畫的調整，或行政官員之配置，均以國防治安為考慮因素，其次才考量移民開發與財政收入。因此，不僅文職官員極為不足，武職人員亦嚴重缺乏。在公權力無法保障人民身家安全的情形下，人民只有仰賴結黨拜盟，尋求自保。駐臺官員則因遠離妻兒，隻身在臺，三年左右調遷，而常存五日京兆之心。上焉者潔身自愛，尸位素餐；下焉者橫徵暴斂，沉迷菸娼。諸政委諸胥吏，貪官汙吏，中飽私囊。此一現象即使至清末光緒初年，曾任福建巡撫來臺駐守之丁日昌，仍以「暗無天日」來形容臺灣的吏治。

(五)軍隊的腐化

臺灣的班兵由福建調來，由於不熟地形，戰力受到影響。尤其兵丁三年一換，每三年就有一批生手，等到生手熟悉地形，又被調回中國大陸，青黃不接，治安堪虞。故每逢臺灣動亂，必須由中國大陸調兵來臺灣平亂，形成緩不濟急的現象。

第三節　政治的演進

清初由於採取消極的治臺政策，因此行政機關的設置非常簡化，以節省經費及人力，而且行政機關的調整總是落後在人民拓墾的腳步之後，大多是因為臺灣遭到內亂或外患的侵擾才調整行政區畫，因此不但人民無法得到政府充分的保護，加上吏治之不良，使得清代臺灣的民變層出不窮。

一　行政機關的設置與調整

清初設一府三縣統治臺灣，其後隨著移民增加，土地逐漸拓墾，生齒日繁。但清廷並未以撫民理民為考量而調整行政機關，反而因臺灣發生朱

一貫和海盜蔡牽的抗清事件而進行調整。清末則以日本及法國先後侵臺，才又調整行政機關兩次。

(一)道、鎮之設置與職掌

　　清康熙二十三年（一六八四年）五月，臺灣正式納入清帝國版圖，清廷將臺灣畫分爲一府三縣，即臺灣府和臺灣縣、鳳山縣、諸羅縣，隸屬福建省。當時治理及指揮監督全臺文武官員的最高專業單位爲分巡臺廈兵備道，至於鎮守臺灣的最高武官則爲臺灣鎮總兵。

　　分巡臺廈兵備道，乃管轄福建省廈門府與臺灣府二地的各項行政及監督政府文武職官，並兼理教育行政。雍正五年（一七二七年），分巡臺廈道乃改爲分巡臺灣道或分巡臺澎道，專管臺灣澎湖，最高長官稱爲道臺。

　　至於清初臺灣的軍事配置，清初臺灣戍兵十營，分水師五營、陸師五營，兵員共九千四百八十人，戰船九十艘。其陸師由福建調來，水師則由福建及廣東南澳鎮抽調而來，三年輪調，輪流戍守臺灣，稱爲「班兵」。不准就地徵兵補充，也不得攜帶家眷來臺灣。其最高統兵官爲臺灣鎮總兵，設衙門於臺灣府（今臺南市），總兵之下有副將、參將、游擊、都司、守備、千總、把總、外委等官員。清初水陸各軍的駐地，最初僅北至半線（今彰化），南至鳳山（今高雄縣），西至澎湖而已。後來，隨著土地之拓墾及行政區的調整，軍隊的駐地及兵源亦時有調整。

(二)府、縣、廳的設置與調整

　　清廷在康熙二十三年（一六八四年）將臺灣納入版圖之後，在全臺設一臺灣府，府下畫爲臺灣、鳳山、諸羅三縣，府治設於東安坊（今臺南市），以臺灣縣爲附郭。新港溪（今鹽水溪）以北，一直到雞籠城（今基隆和平島）及臺灣東部爲諸羅縣，因其位置在府城北部地區，故自諸羅縣以北稱「北路」。

　　自二層行溪（今二仁溪）附近以南，到沙碼磯頭（今恆春鎮貓鼻頭），屬鳳山縣管轄。其位於府城之南，故稱爲「南路」。另外澎湖則歸臺灣縣管轄。

　　清初在臺灣所實施的渡臺禁令及封山政策，均受到人民的挑戰，因此，清廷的政策及行政區域的調整，總是落後在人民的腳步之後，才進行設官治理的動作。甚至只是移墾的增加，仍不足以刺激清廷有所作為，往往必須臺灣發生內亂或外患，清廷恐怕臺灣被抗清勢力或外國人所控制，才做行政區域之調整。例如清初臺灣設一府三縣之後，歷經朱一貴事件、海盜蔡牽之亂、牡丹社事件及中法戰爭四大事件之刺激，才使清廷進行四次行政區域之調整，臺灣的行政區畫乃由最初的一府三縣，變成光緒十三年（一八八七年）以後的臺灣建省及下轄臺灣、臺南、臺北三府和臺東直隸州，其詳細情形如表3-1所示。

圖3-1　清代彰化縣地圖

二民變的迭起

　　滿清統治臺灣二百一十二年間，發生大小民變七十三次左右，抗清事件不斷的發生，因此臺灣有「三年一小反，五年一大反」的說法，而民變

迭起的原因，可歸納如下：

(一)地理環境

臺灣孤懸海外，而且開發較晚，林密谷深，使得抗清分子得據險為亂，一旦亂事發生，又因遠隔重洋，由中國大陸派兵來臺灣平亂，常曠日費時，使民變能擴大滋長。

表3-1　清治時期臺灣行政區域的變遷

康熙二十三年	臺灣府	臺灣縣、鳳山縣、諸羅縣
雍正元年	臺灣府	臺灣縣、鳳山縣、諸羅縣、彰化縣、淡水廳、澎湖廳（雍正五年）
嘉慶十七年	臺灣府	臺灣縣、澎湖廳、鳳山縣、嘉義縣、彰化縣、淡水廳、噶瑪蘭廳
光緒元年	臺灣府	臺灣縣、澎湖廳、鳳山縣、嘉義縣、彰化縣、恆春縣、卑南廳
	臺北府	淡水縣、新竹縣、宜蘭縣、基隆廳
光緒十三年	臺灣府	臺灣縣、彰化縣、苗栗縣、雲林縣、埔里社廳
	臺南府	安平縣、鳳山縣、嘉義縣、恆春縣、澎湖廳
	臺北府	淡水縣、新竹縣、宜蘭縣、基隆廳、南雅廳（光緒二十年）
	臺東直隸州	

(二)政治因素

由於清初對臺灣採消極的治臺政策，以至於政治敗壞，官逼民反；加上駐臺灣的班兵汛塘分散，戰力薄弱，一旦有事，不但無法平亂，甚至包娼包賭，與民爭鬥，敗壞社會風氣，讓抗清分子有機可乘。

(三)社會背景

清初對來臺灣的移民採取不得攜帶家眷的禁令，使臺灣出現男多女少的現象，社會上出現大量遊民，這些遊民因無家眷的顧忌，好勇鬥狠，成

群結黨，加上祖籍的不同，閩粵、漳泉分類，械鬥時起，甚至因芝麻小事即結黨互鬥，終釀巨亂。

(四)民族革命的傳統

臺灣歷經明鄭統治，不少民眾懷有反清復明的民族思想，天地會、八卦會等祕密社會流傳民間，如朱一貴、林爽文、戴潮春等即是受到上述反清復明的祕密社會之影響。

滿清統治臺灣期間，臺灣大小民變層出不窮，其中規模較大的有三次，分別是：康熙六十年（一七二一年）的「朱一貴事件」、乾隆五十一年（一七八六年）的「林爽文事件」及同治元年（一八六二年）的「戴潮春事件」，被稱為清代臺灣三大民變。茲將其抗清始末略述如下：

朱一貴事件

朱一貴，原籍福建省漳州府長泰縣。後移居臺灣，隱居於羅漢內門（今高雄縣內門鄉），以養鴨為業。朱一貴為天地會分子，為人豪爽好客，往來之士多明末遺民，於是他祕密聯絡同志，意圖反清復明。

清康熙六十年（一七二一年）三月，鳳山知縣出缺，臺灣知府王珍派其子代理知縣，橫徵暴斂，並濫捕天地會黨徒和私伐山林的民眾兩百餘人，且予以處死，激起民怨，朱一貴乃聯合同志黃殿、李勇、吳外等五十二人乘機在鳳山羅漢門起義。朱一貴自稱明朝後裔，打起「大元帥朱」的軍旗號召群眾反清，同年四月十九日攻占岡山，明末移民紛紛響應。此時，又有住在鳳山縣下淡水（今高屏溪）地區的客家籍杜君英率民眾數百人響應。

消息傳至府城，總兵歐陽凱率兵四百人迎擊，臺灣縣丞馬迪調遣新港、麻豆等四社平埔族原住民助戰。但朱一貴勢如破竹，總兵歐陽凱戰死，知府王珍率官員逃至澎湖，朱一貴乃占領府城，自起兵後僅七天即占領全臺灣。

朱一貴占領府城後旋即稱王，名曰「中興王」（民間俗稱鴨母王），年號「永和」，並大封群臣。然此時內部卻因爭權奪利而發生內鬥，杜君英

與朱決裂而率領客家籍戰士數萬人北走虎尾溪，與朱一貴勢不兩立。

清朝閩浙總督覺羅滿保乃派南澳鎮總兵藍廷珍和福建水師提督施世驃，統帥水陸大軍由鹿耳門登陸，與朱一貴展開大戰。同時，清軍又策動下淡水地區的客家村莊組織「六隊」（又稱六堆）的軍事組織協助清軍作戰。最後朱一貴戰敗被俘，杜君英則投降清軍，但朱、杜二人均被送至北京處死。至於協助清軍作戰的下淡水六隊客家戰士則被稱為「義軍」，戰死者稱「義民」，實為被清軍分化利用的無辜百姓。朱一貴起兵前後只三個月即平定，故當時民間流諺說：「頭戴明朝冠，身穿清朝衣，五月稱永和，六月歸康熙。」

林爽文事件

林爽文，原籍福建漳州府平和縣，清代移居彰化縣大里庄（今臺中縣大里市），為地方豪族。乾隆四十八年（一七八三年）有嚴煙來臺傳布天地會（嚴煙為林爽文大陸同鄉），林爽文乃加入天地會，成為中部地區的會黨領袖，家中會黨分子出入頻繁，引起地方官側目。

乾隆五十一年（一七八七年）七月，知府孫景燧下令逮捕天地會分子，造成臺灣中部一帶人心惶惶，黨人勸林爽文起兵，爽文不肯。同年十一月，彰化知縣又在中部大捕天地會黨人，黨人遂起抗官，林爽文率部眾於草屯茄荖山宣誓起義，然後進攻彰化，知府孫景燧被殺；十二月，竹塹（今新竹市）亦被攻下，群眾擁林爽文為盟主，於彰化城稱帝，建元「天順」。不久又攻下諸羅、斗六、南投等地，擁部眾達數萬人；其後又有南部之莊大田率數千群眾響應林爽文，自稱南路輔國大元帥，攻克鳳山縣，最後與林爽文合攻府城，幸海防同知楊廷理力守才未被攻下。

乾隆五十二年（一七八八年）閩浙總督常青派兵自福建來臺灣平亂，只奪回諸羅城，卻無法打敗林爽文及莊大田，清廷又調廣東及浙江軍隊來臺協助作戰，也被打敗。最後清廷派協辦大學士福康安和侍衛大臣參贊海蘭察率四川、貴州、湖南、廣東四省軍隊由鹿港登陸，不久攻下彰化，福康安再率兵南下與林爽文戰於諸羅崙仔頂（今嘉義太保市），又戰於牛稠山（今嘉義縣民雄鄉），爽文戰敗，後來爽文圍攻諸羅失敗乃退守斗六門，再被清兵打敗，乃逃回大里；福康安率兵至丁臺莊（今霧峰鄉），清

兵與林爽文互攻，林爽文不敵，乃遁走集集：清軍攻集集，爽文逃至小半天（今鹿谷鄉），又被福康安打敗，爽文乃由鹿谷經水里、埔里、國姓、東勢、卓蘭，最後於乾隆五十三年（一七八九年）逃至竹南的老衢崎，投靠好友高振。高振將他獻給福康

圖3-2　林爽文抗清基地——大里杙

安。同年正月，清軍克鳳山，莊大田敗走琅嶠（今恆春），清軍至，莊大田兵敗被俘，送至府城處死，林爽文則被送至北京處死。

　　總計林爽文的反清事件，歷時達三年之久，規模之大遍及全臺灣，是清朝治臺二百一十二年間最大的一次抗清事件。而清朝在平定的過程中，亦採分化手段，拉攏客家人和泉州人，協助官軍攻打閩籍漳州的林爽文，戰死的人被清廷封爲「義民」。

戴潮春事件

　　戴潮春，字萬生，彰化四張犁莊人（今臺中市北屯）。潮春樂善好施，名聲聞於鄉里，其兄萬桂曾組織八卦會，並興辦團練、隨官捕盜，受彰化知縣嘉勉。戴萬桂死後，八卦會改由戴潮春領導，但八卦會的會眾卻越來越多，終至萬餘人，潮春漸無法控制。

　　同治元年（一八六二年）臺灣兵備道孔昭慈率兵至彰化壓制會黨，並派淡水同知秋日覲一起取締會黨分子，秋日覲帶兵至大墩（今臺中市）欲取締八卦會，卻被林日成所殺，會黨分子乃乘機起兵攻下彰化城，黨人迎戰潮春入城，稱大元帥，分封群臣，並下令恢復明朝制度。其後戴潮春與同黨林日成又北攻大甲，南攻斗六、嘉義等地，但均未能攻下，潮春乃退回四張犁稱東王，並至水沙連（今竹山）行耕藉田、祭天地之禮。

　　同治二年（一八六三年）十二月，清廷派福建水師提督吳鴻源率兵來

臺平亂，次年，又派福建陸路提督林文察、臺澎兵備道丁曰健率兵來臺，各路清兵乃會同地方鄉勇與戴潮春戰於斗六門，潮春戰敗出降，被斬於市。

當戴潮春起事抗清失敗後，林日成猶據故里四塊厝庄（今臺中縣霧峰鄉）抗清，林文察攻之，林日成知必死無疑，乃引

圖3-3　林爽文宣誓起義抗清的地點──草屯茄荖山

火藥自殺。另外，戴的同黨陳弄於彰化埤頭、嚴辦於嘉義新港、洪叢於草屯等地，亦先後起兵響應抗清，但是均被清廷打敗。前後歷時四年，為清代歷時最久的一次民變。由於戴黨起兵抗清時立紅旗為軍旗，清軍則以白旗為軍旗，故民間又稱此事件為「紅白旗反」。

第四節　土地開發與經濟發展

臺灣土地的開發與經濟成長有突破性的發展，主要在清朝；尤其是以康熙、雍正、乾隆三朝一百多年為最。在此期間，由於水利系統的大量興築，促使臺灣的農業由原來的蔗田粗放農作，改變成以水田為主的深耕細作。臺灣經過此一農業技術的改變，使臺灣的社會經濟產生巨大的變遷，臺灣由原來草莽初闢之地，成為中國閩粵沿海的穀倉，紓解了中國東南沿海人口過多的經濟壓力，同時亦促使臺灣與大陸貿易經濟的蓬勃發展。

一 土地拓墾與水利開發

(一)土地的拓墾

臺灣土地的拓墾,萌芽於荷、西時期,奠基於明鄭,其全面性的拓墾則在清代。到了清朝末期,臺灣除高山地區及臺東、花蓮外,已大致開發完成。茲依南部、中部、北部、東部依序分別述其開發過程如下:

南部地區

指北起今嘉義縣,南迄今屏東縣境域。臺南附近為臺灣最早開發的地區,明鄭時期,今臺南及高雄縣境內已大致開發,只有靠近東側近山的鄉鎮於康熙至乾隆中葉才大致開發完成,至於今屏東縣境內,除東南部恆春半島東半部開發於清末同治、光緒年間以外,其餘在康熙至乾隆年間已大致開發完成。

嘉義縣地區,係明鄭屯墾的土地,至康熙末年,荒地大部分均被開墾成田園,因此康熙五十六年(一七一七年)成書的《諸羅縣志》有「三十年來,附縣開闢者眾,鹿場悉為田」之語,至乾隆年間已全部開拓完成。

中部地區

指今日臺中市及雲林、彰化、臺中、南投四縣地區。明鄭時期境內已有點狀開發,如北港、彰化、大肚、崙背、斗六、斗南等地。清朝統治臺灣初期,嘉義仍是漢人與原住民雜居,景色荒涼,故知縣暫駐臺南佳里鎮,但至康熙四十三年(一七○四年)以來,流移開墾之眾,已漸過斗六以北。故雲林縣的拓墾,主要在康熙年間,由閩南人入墾,至乾隆年間已全部墾熟。康熙年間,施世榜開鑿八堡圳,促使彰化平原全面開發。同時,以張達京為首的六館業戶,採取割地換水的方式,與岸裡大社平埔族共同開發臺中盆地。雍正年間,隨著清廷開放近山政策的腳步,中部近山地區開發殆盡。例如:張國入墾臺中市,李創入墾草屯,吳洛入墾霧峰。道光以後,因中部平地已被漢人拓墾殆盡,故 方面掀起平埔族移居埔里社的熱潮,另一方面漢人再深入拓墾與原住民接壤的山區,例如:張寧壽入墾

臺中縣東勢鎮等。光緒初年，中路的開通，加上樟腦利益的刺激，又出現另一波漢人湧入埔里開墾，以及挾著技術的客家人進入集集、水里、國姓、新社等地定居。

北部地區

範圍涵蓋北起基隆，南迄苗栗，東至宜蘭等地區。明鄭時期，今之基隆、淡水、石牌等地已有漢人零星拓墾。北部的全面拓墾，始於康熙中期，大盛於乾隆時期。其拓墾路線，大致始於沿海平地一帶，然後沿淡水河及支流基隆河、新店溪等四向發展。康熙中期，著名墾戶陳賴章拓墾臺北市。此後，大小墾戶以及零星開墾者接踵而至，分別入墾臺北盆地各角落。雍正年間，拓墾範圍以盆地中心擴及周圍之板橋、新莊、汐止地區，乾隆年間，移民已進入林口、五堵、六堵、八堵等地，至乾隆末年，臺北地區的平地已大致墾盡，其後又往基隆山區和宜蘭拓墾。

桃竹苗地區的開墾，最早為泉州人王世傑於康熙三十年（一六九一年）率眾一百多人入墾新竹，至康熙末年，新竹市已大致拓墾。雍正、乾隆年間，閩粵移民更沿著頭前溪及鳳山溪向上游兩側的河谷平地拓墾。道光年間，閩粵人士合組金廣福墾號，拓墾靠近山區的北埔、月眉、寶山地區。至於桃園台地的拓墾，康熙末年，已有廣東饒平粵籍潮州九縣移民入墾南崁、竹圍等地。乾隆中期，閩粵移民入墾中壢、楊梅等地，並深入台地開墾。苗栗地區之開墾始於康熙末年。閩籍移民分別由舊港登陸後，南下入竹南、後龍地區拓墾；雍正年間，後龍開港，閩人開墾後龍至白沙屯一帶，粵籍潮州九縣移民則拓墾造橋、頭份丘陵地區，另外，雍正末年，閩粵移民自苑裡北上通霄、銅鑼地區拓墾。至乾隆末年，苗栗沿海各鄉鎮已拓墾完成。嘉慶、道光以後，近山的銅鑼、三義、苗栗等地亦次第開發。

至於桃竹苗三縣內山的大溪、復興、尖石、橫山、泰安、卓蘭等鄉鎮，則至同治、光緒年間才開始拓墾。由於桃竹苗地區大多為丘陵地及山地，開發較晚，又粵籍潮州九縣移民對地區的開發貢獻最大，此因粵籍潮州九縣移民習於山區生活，加上分類械鬥的影響，以及與原住民關係較密切的緣故。

宜蘭地區

　　宜蘭舊稱噶瑪蘭，康熙六十一年（一七二二年），被畫為界外「番地」，不得私越拓墾，乾隆三十三年（一七六八年）有林漢生者，始率眾私越拓墾，漢生被原住民所殺，墾務被迫終止。嘉慶元年（一七九六年），漳州人吳沙率漳、泉、客三籍流民及鄉勇、番割入墾至頭城，嘉慶三年，吳沙死，其姪吳化繼率眾拓地至今宜蘭市。嘉慶十七年，設噶瑪蘭廳治理其地。

臺東花蓮地區

　　花蓮、臺東清代為封禁之番地，咸豐、同治年間有黃阿鳳、吳全等少數漢人私入拓墾，但均遭番害而去。到清光緒元年（一八七五年），福建船政大臣沈葆楨奏請開山撫番及解除封山禁令後，漢人始大規模入墾，至清末有漢人約五千之眾。

圖3-4　開拓宜蘭的吳沙像

(二)水利的開發

　　臺灣農田水利的發展，主要肇始於荷蘭及明鄭統治臺灣時期，但當時限於技術及人力，水利設施主要以「井」、「潭」及「陂」為主。設備簡陋，而且灌溉的面積有限。

　　臺灣被清朝統治初期，由於採取消極的治臺政策，一方面限制中國大陸移民入臺，一方面將流寓臺灣的明鄭遺民，沒有妻室產業者逐回原籍，造成不少在臺灣的人民被遣返中國大陸，形成「人去業荒」、地廣人稀的景象。當時臺灣農業生產狀況是水利未興，水田少而旱田多。一府三縣，

產米之區只有鳳山、諸羅兩縣。臺灣縣土地高燥，只適合種甘蔗及靛青，其他新開墾地區也是如此。最初因地廣人稀，不但平埔族，甚至漢人耕種，也採二、三年輪耕休耕的方式。故蔗糖的產量較多，米穀年只一穫，生產尚不豐富。

康熙三十年（一六九一年）以後，閩、粵移民紛紛來臺，臺灣的水利開發才逐漸興盛，發展的重心是今雲林、嘉義地區，而非高雄、屏東。康熙四十年以後，雲林、嘉義地區的水利開發更盛，「流移」漸過斗六。康熙五十年以後，土地的拓墾已過半線（今彰化市），因此，農田水利的開發也在此期掀起第一次的高潮。光是諸羅縣內新築的陂、圳即達四十六條，其中由諸羅縣知縣周鍾瑄捐助開發的便有三十條，成為官方幫助人民開發水利的第一人。諸羅縣所轄今嘉義、雲林、彰化等平原地區，在臺灣縣（今臺南縣市）地區土地開發已呈飽和狀態下，於康熙四十年以後，成為移民的新樂土。這些地區的水利開發，在康熙末年呈現空前忙碌的景象，尤其在周鍾瑄的倡導和施世榜（築八堡圳）、黃世卿（築十五庄圳）、楊志申（築二八圳、福馬圳）等人的投資下，從康熙五十三年（一七一四年）以後，至康熙末年，北起臺中，南到臺南間的西部大平原，水利開發已幾乎達到飽和的狀態。

乾隆年間，臺灣水利的開發主要以大臺北平原為主。其中以郭錫瑠興築「瑠公圳」來灌溉今臺北市區農田，林成祖興築大安圳及永豐圳灌溉今板橋、土城、中和等地；此外，張必榮亦興築永安陂及福安陂來灌溉樹林、新莊、三重、鶯歌等地，故臺北盆地在乾隆年間已大致完成農田水利開發。

當乾隆末業，臺灣西部地區平原開發大致完成後，臺灣的墾務及水利建設走入兩條途徑：一方面是嘉慶年間吳沙的開拓蘭陽平原，開啟了東部的發展；一方面則是對於西部的山丘或偏僻的邊際土地，進行深入開發。上述兩方面的發展，在道光年間以後，將臺灣水利的開發帶入另一新境界。由於道光以後，臺灣土地的拓墾轉向較貧瘠地區及高原的山丘地帶，或交通不便的偏遠地區，因此在嘉慶以前，土地尚未被充分利用的下淡水（今高屏溪）地區，由於曹謹的倡導，在道光年間完成了「曹公新圳」及

「曹公舊圳」，灌田四千五百八十二甲，成爲清代最大的水利措施，也是
繼康熙五十六年（一七一七年）諸羅知縣周鍾瑄倡導民間修築水利之後，以
政府力量領導民間開發水利最有成就者。

　　另外，宜蘭地區大規模水利的發展，也是道光年間完成的，先後興築
水圳十九條、灌溉農田五千八百甲，使蘭陽平原大爲改觀。不過蘭陽地區
的水圳大多自成獨立體系，不像臺灣西部的曹公圳、八堡圳等成一完整的
灌溉水路網。

　　至於臺灣東部花蓮、臺東地區水利的發展，主要在清光緒年間進行
「開山撫番」，以及開放「封山禁令」，並積極鼓勵移民往東部拓墾後，
農田水利的設施才漸有發展，但只是萌芽階段，總共開闢四條水圳，灌溉
面積只有三百甲左右而已。但是光緒年間的「開山撫番」，以及劉銘傳在
巡撫任內的積極推展全臺墾務，於全臺各地設撫墾局。這些「開山撫番」
的政策，對於臺灣偏僻山區土地的拓墾及水利的開發，助益很大，因爲有
許多陂、圳的興築，往往必須利用上游原住民部落的溪流或水源，若無漢
人與原住民合作，實難竟其功。

　　大體而言，清代臺灣陂、圳水利事業的開發，絕大部分由民間的力量
所興修，開圳工費的負擔一般係「主四佃六」或「業三佃七」。也有圳大
汴由墾戶辦理，各小水汴才由耕佃自備，再視其開築埤、圳的費用由何人
負擔，而訂其佃租或另收水租。臺灣地方官對於人民水利事業的經營，負
有管理與監督之責，但只有消極的限制，不會有太大的干涉。

　　清代臺灣水利的開發，雖然勉強可分爲官修、官助民修、資本家（業
戶）投資、業戶和佃民合築、佃民集資合築、原住民業戶和漢佃合築、漢
人與原住民合築、原住民自築……等。但臺灣大規模的水利設施很多均係
資本家所做的投資，其他水利建設，除康熙末年諸羅知縣周鍾瑄、道光末
年鳳山知縣曹謹曾大力推動水利建設外，一般均賴民間投資或業主、佃農
合作興修。

　　總之，清代臺灣水利的開發，與土地的拓墾趨於一致，大致上係
由南而北，由西向東，先從平原、再推向山丘及邊陲土地。清代臺灣的
水利埤、圳設施，由清朝統治臺灣初期的二十一條，增加爲光緒二十年

（一八九四年）割日前夕的五百三十三條；而臺灣的耕地面積也由康熙二十三年（一六八四年）治臺初期的一萬八千四百五十四甲，至光緒二十年（一八九四年）增為三十六萬一千四百一十七甲。這說明了水利的開發，對臺灣農業經濟發展居功甚偉。清代臺灣水利工程中，最著名的水圳有八堡圳、貓霧捒圳、瑠公圳、大安圳及曹公圳等。茲分別將其興築沿革說明於後：

八堡圳

位於彰化平原，由施世榜投資興築。康熙末年，施世榜繼承父業，成立墾號「施長齡」，拓墾彰化地區土地。康熙四十八年（一七〇九年）施世榜開始興築八堡圳，取水過程屢遭失敗。有林先生者，觀察地形，繪圖教以開鑿的方法，於康熙五十八年終告成功，前後歷時十年。

八堡圳灌溉彰化平原當時十三堡半中八個堡的土地，共一萬九千餘甲，因此稱為「八堡圳」；即灌溉今彰化縣二水、田中、溪洲、永靖、北斗、田尾、埤頭、員林、社頭、埔心、溪湖、秀水、花壇、彰化、大林、埔鹽、福興、鹿港等十八個鄉鎮市，占今彰化縣全縣百分之七十的土地，為清代臺灣最大的水利灌溉工程。因興築者為施世榜，故又名「施厝圳」。

貓霧捒圳

位於今臺中縣境內，為臺中盆地最重要的水圳灌溉設施，此圳係由廣東饒平縣移民張達京結合數位業主與岸裡社平埔原住民共同合作興築。

貓霧捒圳修築於雍正年間，分為上埤和下埤。上埤又稱「葫蘆墩圳」，係雍正三年（一七二五年）張達京擔任岸裡大社通事後，設「張振萬」墾號拓墾臺中盆地，但灌溉水源不足，而岸裡社原住民亦因無法自力開鑿水圳，致作物歷年歉收，因此岸裡等四社原住民乃與張京達商議，由張達京、陳周文、秦廷鑑、廖朝孔、江又金、姚德心六人組織「六館業戶」，合股出銀六千六百兩，引大甲溪水灌溉，水權分十四份，各館及岸裡社皆配水兩份，但岸裡社須割土地給「六館業戶」換水，稱為「割地換水」。下埤亦由張達經與岸裡社土官潘敦仔訂立合約，由張達京開圳，岸裡社割地換取圳水十分之二來灌溉。

　　貓霧捒圳灌溉區域包括臺中縣神岡鄉、大雅鄉、潭子鄉、豐原市及臺中市的北屯、南屯地區,築成之初,灌田一千餘甲,至乾隆末年增至三千餘甲。

瑠公圳

　　位於臺北地區,係郭錫瑠所興築,又名青潭大圳或金合川圳。郭氏原居彰化,乾隆初年遷居臺北。乾隆五年(一七四〇年),郭氏成立「金順興」墾號,至新店的青潭口開埤圳,欲引水灌溉今臺北市區田地,但因地形險惡及屢遭原住民偷襲,至乾隆十七年(一七五二年)仍尚未完成,且水源不足。此時幸有大坪林墾

圖3-5　八堡圳頭

圖3-6　協助施世榜開闢八堡圳的二水林先生廟

戶首蕭妙興,率業主與郭錫瑠商議,將大坪林土地讓郭氏開圳取水,郭氏則提供青潭所創陂圳及土地,交給蕭妙興開圳續接,蕭氏雇壯丁防番,雇石匠鑿通山壁,錫瑠並築越過景美溪的過河水橋,全部工程至乾隆三十年(一七六五年)始全部完成,灌溉今新店、木柵、景美、古亭、公館及臺北市中心的土地,共一千二百餘甲。瑠公圳的興築使臺北平原的農墾能順利進行,世人為紀念其功績,所以又稱此圳為「瑠公圳」。

大安圳

位於今臺北縣板橋及土城地區，係林秀俊所興築。林氏於康熙年間，由大甲移居板橋，成立「林成祖」墾號，乾隆十五年（一七五〇年），拓墾板橋附近土地，並租給佃戶耕作，但常缺水灌溉，乃開鑿大安圳，引水灌溉今板橋、中和、土城等地一千餘甲土地，耗資十餘萬兩銀。

大安圳的興築頗具特色，圳道兩旁種相思樹以護圳堤，遇溪河則埋瓦製水管過溪，對板橋及鄰近鄉鎮的農業拓墾頗有貢獻。

曹公圳

位於今高雄縣境內，為道光年間鳳山知縣曹謹所築，分為曹公舊圳和曹公新圳兩大系統。曹公舊圳於道光十七年（一八三七年）興建，共築圳四十四條，引下淡水溪（今高屏溪）的水，灌溉今大樹、蔦松、鳳山、大寮、林園等鄉鎮及高雄市小港區的土地，共灌田二千五百五十甲。道光十八年（一八三八年）竣工，翌年，臺灣知府熊一本命名為「曹公圳」。

曹公舊圳竣工後四年，即道光二十二年（一八四二年），臺灣又發生旱災，鳳山地區禾稼枯萎。曹謹又命武貢生鄭蘭、附生洪宣治等率眾開築新圳，自大樹鄉九曲堂之下淡水溪（今高屏溪）引水開圳，後因洪宣治積勞成疾而死，由其弟洪宣孝繼續開圳，而於道光二十四年（一八四四年）竣工。共築圳道四十六條，灌溉今高雄縣大樹、蔦松、仁武等鄉鎮及高雄市的左營附近地區土地，共溉田約兩千甲。其經費按田由地主分攤，不足則由豪紳捐獻。

二 農墾組織與農業經營

(一)農墾組織與土地所有型態

康熙二十二年（一六八三年），清朝統治臺灣，將明鄭時期官私民田，全部改為人民產業；故清代臺灣的土地，依其所有權而言，大致可分為三種：⑴屬於官有者，稱為「官有地」；⑵屬於民營者，稱「民有

地」；(3)屬於原住民者，稱為「番地」。茲分別述之於後：

官有地

　　其主要的有「官莊」，多係政府招佃所開墾的土地，也有「隆恩莊」，為撥發國帑購置田園、糖廠或漁塭埔地等，租與佃農耕種，以徵收租息，作為戍臺兵丁的費用。另有「抄封地」，乃政府沒收人民的土地（如林爽文及同黨之叛產），再租給佃農耕種，以收取租金。

民有地

　　乃人民自動開墾而成者，其所有權亦屬開墾者所有。

番地

　　指原住民所有的土地。其土地為部落所共有，其部落長有支配的權利。又分為「熟番地」與「生番地」。「熟番地」大部分指平埔原住民的土地，清初曾設禁令保護，禁止漢人越界入墾，但平埔族逐漸漢化，每與漢人雜居，侵界入墾，勢不可免。雍正三年（一七二五年），清政府據既成事實，而有半開放之令，即准各原住民鹿場閒曠地方，其可耕種者，聽任各原住民租給他人耕種。此例既開，而漢人移民、租、買原住民土地者，日多一日，到同治、光緒年間，大致已無「熟番地」的存在。至於「生番地」，乃指臺灣東部及內山高山族原住民的土地。清初為防漢人入墾「生番」地界，政府設隘、立石以防漢人侵入，而予以保護，但漢人移來既多，亦往往侵墾「生番地」，使原住民的生存空間受到壓縮。

　　清代臺灣土地開發的組織依其性質大致上可分為：(1)民招民墾；(2)官招民墾；(3)軍屯。共三大類，茲分別述之於後：

民招民墾

　　清統治臺灣初期，臺灣未開墾的土地，除了原住民所有土地外，皆屬「官有地」。因此移民想要在臺灣合法開墾，按大清《戶部則例》，凡「各直省實在可墾荒地，無論土著流離，俱准報墾」。又「報墾者必開縣界址土名，聽官查勘，出示曉諭後五個月，如無原業呈報，地方官及取結給照，限年升科……墾戶不請印照，以私墾論」。因此開墾者必須取得官方發給的執照，稱為「墾照」，或向原住民取得耕作土地的權利。向政府

取得開墾執照的墾戶，稱爲「大租戶」。由於取得的開墾土地面積遼闊，欲開墾既需多數勞力，且需較多資本，有時甚至需武備來防止原住民出草，故墾者多爲殷富之家。而土地遼闊，非個人能力所能及，因此必須再招徠佃戶，稱爲「墾丁」，將土地畫分成小塊租給佃人開墾。農具和糧食由墾主提供，或佃戶自備。墾成之後，由佃戶繳納一定的租額給墾主，而墾主必須負責墾地的取得與防範原住民的侵擾，這種租佃關係或憑口頭約定，或載明於墾戶與佃戶之契約文字上，這種墾主和佃戶的關係，有一部分已超出純粹土地租佃的經濟關係，而略具有行政和司法的主從關係。因此墾主不只是土地的業主，也是此一開墾組織之首，故也稱「墾首」。佃戶由於實際墾殖，往往於墾成之後，對該土地享有超出一般佃戶具有的支配權，因此，佃戶有時也被稱爲「田主」。若佃戶取得的土地面積過大，有時仍非其一人所能耕作，因此又將部分土地租予其他佃農耕作。此時原佃戶（即田主）又稱「小租戶」，形成佃農、小租戶（即田主）及大租戶（即墾首）的一田三主或一田多主的土地制度。此時佃農每年繳交給小租戶的租金稱爲「小租」，小租戶繳給大租戶的租金稱「大租」，大租戶則繳交正供（田賦）給政府。而向原住民取得土地耕作權者，則繳交給原住民的租穀或財貨稱爲「番大租」。

由於大租戶（墾首）多係殷富勢家，雖擁有土地所有權，但其並不實際參與耕種農地，將土地交予小租戶及佃農耕作，所以他們大都住在繁榮街市，而不住在鄉下的自家土地，只在其田地上蓋一幢「租館」，俗稱「公館」，平時派「管事」駐於公館打理各項租佃事宜，大租戶只於收租時前往公館小住及收租而已。

官招民墾

此種開墾制度，主要在清末光緒初年，實施於臺灣東部的花蓮、臺東地區。所謂「官招民墾」，係由政府招民開墾，官方貸給口糧、農具及種子等資本，命人民前往官方分配的土地上開墾，開墾成熟後，田歸民業，但升科（按：開始納稅）後必須按年償還官方貸給的資本，並繳納正供，等資本還清後，墾民即成自耕農，日後只繳納正供即可。其無法償還資本者，始於正供之外，另加納官租若干，而有類似以官爲業主，墾民爲佃戶

的「官佃」性質。所以這種官招民墾的租佃關係，乃是介於官田與民田間的特例。

軍屯

臺灣的軍事屯田始於明鄭，清領臺灣之初即告廢止。清乾隆五十一年（一七一二年）林爽文事件發生後，大將軍福康安率軍隊入臺。歸化的原住民，助清平定林爽文有功，事件結束以後，仿照四川屯練之例，設置屯丁，以資捍禦。將全臺「熟番」挑選四千人，作為屯丁，駐守全臺各地。稽查盜賊，並防內山「生番」。屯丁酌撥近山埔地，以資養贍，稱為「養贍地」，讓屯丁耕種，使他們衣食無缺。但因所撥給埔地，常遠離他們住的地方，難以前往墾耕，而將其租給佃農開墾，只坐收租穀。道光以後，屯務漸廢，每被豪強占據，或被佃首強占而抗租。光緒年間，劉銘傳任巡撫時，曾將屯田丈量，分給丈單，將屯租改為官租，按土地的等則納租，與民田同，但佃戶多隱報，且抗租不繳。上述原住民「屯丁」的屯田，實與官招民墾無異，只是業主為「熟番」而已。

另外，同治十三年（一八七四年）清廷推展「開山撫番」政策，以兵士開路並進駐臺灣東部。當時臺灣東部地區為新闢之地，糧食缺乏，因此也提倡屯田之制。光緒三年（一八七七年）時，福建巡撫丁日昌所謂「後山開墾民屯，宜與兵屯並行，收效乃速。吳鎮所部各營內可挑選若干，仿照前議民兵章程，專事屯墾」。由此可知，光緒初年，臺灣後山已有屯田之制。

光緒九年（一八八三年）臺灣道劉璈曾經屯兵協助鄉勇駐防，又派人進入山區查勘道路要地，分設營房碉堡，即令分設兵丁駐守，「各就營壘附近之地，兼定界址，相土宜而種之。所產之糧，內山不消，則官為廣收，或建倉以備荒，或用輪船載往他處銷之。所墾之地，即為屯田；准其出貨頂種，而不准私賣」。這種由駐兵親自開墾耕種之屯田，即古代寓兵於農之遺意，其開墾方式乃於營區附近畫定界址，相土宜而種之，由官方供給農具、耕牛，收成歸屯營所有，主要行之於臺灣東部地區。但至清末臺灣割日前夕，這種軍屯制度又告廢弛。

清代臺灣土地的拓墾，經民招民墾、官招民墾及軍墾的開墾，其形成

的土地所有型態與租稅關係如下：

土地所有型態
1.一田一主型
　　自耕農（原墾戶自墾自耕）→田園
2.一田二主型
　　大租戶→小租戶→田園
　　大租戶→小租戶→現耕佃人→田園
　　番大租戶→小租戶→田園
　　番大租戶→小租戶→現耕佃人→田園
3.一田三主型
　　番租戶→大租戶→小租戶→田園
　　番租戶→大租戶→小租戶→現耕佃人→田園
租稅關係
　　（正供）　　（大租）　　（小租）
　　政府←←大租戶←←小租戶←←現耕佃人

(二)農業經營

　　清代臺灣的氣候高溫多雨，土壤肥沃，極適合農業發展的地區。清康熙中葉郁永河所寫的《裨海紀遊》一書中說：「……稻米有粒大如豆者，霧重如雨，旱歲過夜轉潤，又近海無潦患；秋成納稼倍內地。」可見當時臺灣農業生產在良好自然環境及社會條件下，主要的農作物，仍然是承續荷蘭及明鄭時期，主要以稻米和甘蔗為主，其次則為其他雜糧、蔬果之類，茲分別簡述於後：

稻米

　　稻原產於熱帶，故高溫多雨的臺灣極適合種植，尤以有水的平原地區為最。一年兩熟，故有「雙冬」之稱。因「俗呼穀熟曰冬，有早冬，晚

冬兩熟，日雙冬」。南部地區甚至有一年三穫的。臺灣所種稻米，品種複
雜，有原住民向來種植的，有荷蘭人自海外引進的，也有漢人從中國帶進
臺灣的。故清代臺灣所種稻米，其種類較中國為多。

　　至於稻米種植區域，則因水利的關係，大抵上以中部的濁水溪為界，
其北屬稻作優勢地區，其南則屬蔗作優勢地帶。當時所種稻米，除供臺灣
食用外，也大量載往中國大陸販售，乃有所謂「臺運」。但隨著土地開發
日久，不斷種植以後，地力便日漸貧瘠。如《鳳山縣志》所記乾隆年間情
形云：「按昔屢稱土壤肥沃，不糞而穫，此就開闢之初言之，邇來地方疏
瘠，生齒日增，務農力作，不讓中土。」此時就必須仰賴施肥和水利設施
的建設。

甘蔗

　　除了稻米之外，甘蔗為清代臺灣最重要的農產。臺灣出產蔗糖，由
來已久，清廷統治臺灣以後，由於土地的不斷拓墾，糖業逐漸發達，糖的
產量也隨之增加。當時的甘蔗種類，則有竹蔗（皮白肉厚）、紅蔗（皮紅
肉脆）和臘蔗（皮微黃肉脆）。其中紅蔗及臘蔗主供生食，而竹蔗則供製
糖。製糖的工廠稱為「糖廍」。清乾隆年間，臺灣「糖廍」已發展出三種
型態，一曰公司廍，二曰頭家廍，三曰牛犇廍。公司廍又名公家廍，係由數
人或數十人合股設立。頭家廍則是由業主單獨出資設立者，上述兩種廍，
除了自行製糖外，亦代替蔗農製糖。牛犇廍之規模最小，係由蔗農以合作
方式組織而成。牛犇又稱牛掛，或名牛份；因為蔗車運轉，仍以三牛為一
掛，故名牛犇。其集股方法大都以牽牛供役，以取得股東資格。清代臺灣
糖的產量至清末光緒年間已達五千萬斤至一億兩千萬斤之間，成為清末臺
灣三大輸出產品之一。

其他作物

　　清代臺灣開港對外貿易以前，臺灣農產品除了稻米、甘蔗兩大農產
外，平原地區亦種植玉米、花生、甘藷等雜糧及蔬果。至於山坡地和丘陵
地，除了種植上述雜糧、蔬果外，靛青（清代最重要的製造染料作物）、亞
麻也是重要的農產。

農作經營，除了農產品、水利之外，關係較密切者爲農具，清代農具則以耕牛爲最重要。臺灣的牛有黃牛和水牛。當時黃牛是在野生滋息狀態，即所指野牛。這種野牛的最初來源，是荷蘭人所引進，後在臺灣放牧，一部分變成野牛，滋息於山野之間，清代農民乃「取而馴習之」。至於水牛則來自中國大陸。關於牛隻的運用，除了用於耕田、拉車外，亦用於硤蔗煮糖，或乘騎。由於牛的用途極廣，牛隻的買賣乃漸盛行，因此有專爲買賣牛隻的市場——「牛墟」的設立。

三 商業發展與貿易活動

清代臺灣的土地，隨著漢人的移墾，水利的興修，稻米、蔗糖等農產品產量大增，人口不斷成長，商業也隨之而興。清代臺灣商業的發展，可分爲臺灣島內商業，以及臺灣對中國大陸和外國貿易。

(一)島內商業

在島內商業方面，清廷統治臺灣初期，臺灣經濟尙處於半自給自足狀態，生產者「以有餘、易不足」，在市場進行交易，或以物易物，或以貨幣交易。當時臺灣市場可分爲兩類，一是普通市場，買賣魚菜及日用雜貨；二是牛墟，買賣牛隻。當時凡街區所在，必有市場，除有一定的衡量設備以外，悉聽人民自由。至於其所買賣的貨物，主要是穀物、禽畜、魚類、水果、木炭、薪柴、竹筏等農產品，或工具如鋤、犁、刀鋸等的手工業品，大多是生活必需品。

(二)對外貿易

臺灣除了島內自給自足式的商業活動外，自十七世紀以來即爲以貿易爲導向的海島型經濟。但清朝將臺灣納入版圖之後，因清朝採取閉關自守的政策，禁止臺灣與西洋各國貿易交通，只准許與中國大陸及東洋或南洋各國貿易，而且以對中國大陸爲主體。早期更規定廈門與鹿耳門爲臺灣與中國大陸唯一合法的通商港口，凡船隻由廈門至鹿耳門，必須有廈門商行

保證，不經這些商行之手，船隻不許在廈門從事貿易。能在廈門貿易的船隻，才稱為商船，一方面由政府給予在臺灣貿易的特權，同時卻負有配運臺灣米穀的規定（即所謂「臺運」）。這些商行和商船，因掌有在臺灣貿易的獨占權，獲利至豐。但至道光中葉以後，逐漸衰落，原因有二：一是廈門與鹿耳門失去貿易的獨占權，因為乾隆四十九年（一七八四年）清廷開放泉州的蚶江口與彰化鹿港通航貿易，乾隆五十九年（一七九四年）又開放福州的五虎門與淡水的八里坌通航，乃使廈門與鹿耳門的貿易大受影響。二則為走私的盛行。到了十九世紀之後，商行完全沒落，商船多變成漁船，此乃因咸豐八年（一八五八年）天津條約簽訂後，臺灣被迫開港與西方貿易，臺灣商權被外國商人所奪。

　　清代臺灣開港以前，臺灣主要貿易的對象是中國大陸。隨著彼此貿易日漸發達，為了避免產業的競爭、控制貨品的價格及交易秩序，臺灣的貿易商人之間，便成立了一種稱作「郊」的類似商業公會組織。早期成立的郊多以貿易地點作為名稱，例如：臺南的北郊（以福州江浙以北作為貿易區域）、南郊（以福州以南、廣東為貿易區域）、港郊（以臺灣沿海各港為貿易區域），鹿港的泉郊、廈郊等。另外，亦有以從事特定商品的同業商人成立郊，例如：油郊、糖郊、染郊、布郊等，相對於南郊、北郊而言，規模較小。由於清初臺灣與中國的貿易被福建行商所壟斷，因此早期郊商多是中國大陸來臺灣貿易的商人，但隨著貿易的發展，郊商的成員亦有本土化的現象，例如：臺南三郊（北郊蘇萬利、南郊金永順、港郊李勝興）、魚郊及香鋪郊，不少由本地人經營。基本上郊行貿易主要輸出品以米、糖等農產品為大宗，輸入則以紡織品等各項日用品為主。「郊」除從事貿易，亦常從事冬防、修橋、鋪路、維護治安等各項社會公益活動。

　　以上所述，主要為臺灣境內及對中國大陸商業情形。晚清臺灣開港對外貿易之前，雖不准與西洋各國貿易，卻能與日本及南洋各國貿易。當時主要貿易對象為日本，次為南洋，主要貿易品則為砂糖與鹿皮。但整體貿易量不大，必須等到咸豐年間，臺灣開港與西洋貿易，臺灣的國際貿易才興盛起來。

第五節　漢人社會的變遷與文教的勃興

　　臺灣早期屬於原住民的社會，但是經過明末及清初漢人不斷地由中國大陸移民來臺灣拓墾，至清乾隆年間（十八世紀末葉），臺灣已成為漢人優勢的社會。嘉慶、道光年間（十九世紀上半葉），由於文教的興起，臺灣的社會也由早期的移墾社會逐漸轉型為士紳社會。

一 漢人社會的發展與族群關係

(一)渡臺悲歌

　　清初對臺灣實施渡臺禁令、限制中國大陸移民來臺灣。但是中國閩粵沿海各省山多田少，人民生活困難；臺灣卻是一片未開發的處女地，土壤肥沃，氣候溫和，對中國沿海為經濟所困的貧窮百姓而言，充滿了移民的誘因。但他們多數缺乏合法來臺灣的許可證，只好買通「客頭」（即人蛇集團）偷渡來臺。但是臺灣海峽風浪險惡，是移民的最大挑戰。這些「客頭」利用小船將偷渡客載至海外的大船，到臺灣外海再由小船接駁上岸。客頭之中也有惡意欺騙偷渡客的情形，或者利用溼漏的小船搭載偷渡客，並將船艙封死，不使上下；由於船隻狀況不良，如果遇到大風浪，往往整船淹沒，無一生還。

　　當船隻接近臺灣海岸時，客頭為了避免偷渡行為被官方查獲，有時在外海遇到沙洲便欺騙偷渡客已到達臺灣，要偷渡客下船，稱作「放生」。偷渡客進而往臺灣陸地前進，萬一陷入泥沼之中，被稱作「種芋」；如果碰到潮流漲潮，隨波逐流，則稱作「餌魚」，故偷渡的結果往往是「六死三到一回頭」，備嘗辛酸。

　　偷渡客冒著九死一生的危險抵達臺灣之後，還必須逃避官府的查緝才算偷渡成功。所以早期移民渡海來臺灣，不管合法移民或偷渡來臺都頗富冒險性。由於來臺灣不容易，違禁偷渡更為法所不容，因此固然有部分

移民抱持來臺灣賺取利潤即返回原鄉的想法，但大部分移民則有久居的打算。本來清廷規定，移民來臺灣後不得返鄉搬眷，但是更多移民攜帶祖先牌位，或是遷葬父母骨骸，已有落地生根的準備。

(二)漢人社會的建立

　　初到臺灣的漢人移民，想要在臺灣立足發展，也常常經歷各種艱辛的考驗。除了必須面臨原住民的出草及瘴氣疾病的困擾外，由於臺灣的稅賦相較於中國大陸高出好幾倍，而臺灣的土地常屬於一田多主的所有權制度下，稅賦往往轉嫁於最下層的佃農身上，佃農終歲忙碌，卻難以溫飽。而僱工的生活也因收入的不穩定及臺灣物價的偏高而生活困頓。至於無家室、無恆產、無固定工作的遊民，生活更不安定，寄身於廟宇而被稱為「羅漢腳」，甚至無親無妻，客死異鄉，無親人收埋，「有應公廟」便是善心人士收埋這些遊民枯骨的萬善同歸之處。

　　由於漢人移民臺灣以後，要在新的土地上發展並不容易，所以往往尋求宗族力量的支持。移民初期，便以原鄉同姓的人為對象，建立起所謂「唐山祖」的祭祀組織。

　　所謂「唐山祖」型宗族組織，又稱「合約式」宗族組織，乃是清初臺灣的同姓移民，彼此商量團結聯誼，以中國大陸原鄉較顯赫的同姓祖先為祭祀對象，凡是同姓的人，均可以入股的方式加入，而會員間並不一定要有明確的親戚關係。

　　唐山祖的祭祀組織，其運作的方式係以入股的股本為基金，或購地出租，或放貸生息，作為每年祭祀的經費。此組織具有法人的性質，而權力的繼承僅限於最初加入會員的後代子孫，其他同姓不得加入。這種唐山祖的祭祀組織在成立之初，還帶有共同投資開墾的意味。

　　隨著漢人移民來臺日久，乃有以「開臺祖」後代子孫所組成的宗族組織。所謂「開臺祖」型的宗族組織，又稱「鬮分式」宗族組織，其成員均為開臺祖的後代子孫，彼此有清楚的譜系關係，而以開臺祖為共同的祭祀對象。

　　開臺祖宗族組織的運作，係由祖產中控留部分祭田或其他財產，即

一般所謂「祭祀公業」，以永久祭祀祖先為目的，其祭田或祖產為永遠不得處分的獨立財產。每年祭祀費用均由公業支出。部分家族為鼓勵子弟向學，甚至撥出若干經費，作為獎勵之用。

不論「唐山祖」或「開臺祖」宗族組織的建立，以同姓或同宗血緣組織團結合作的方式，對清代臺灣漢人移民社會的建立與土地的拓墾發揮互助的貢獻，此組織運作甚至延續至今仍然存在，但也造成清代的族群分類與異姓械鬥的發生。

圖3-7　臺灣洪氏家廟——草屯敦煌堂

臺灣早期移民除了透過宗族組織團結合作以立足外，清代漢人移民在臺灣往往有同鄉群居的現象，及供奉原鄉信仰的神明，透過共同的祖籍、原鄉的信仰來達到團結合作的目的。此種以祖籍分類的地緣組織乃移民社會的一大特徵，如閩南、客家的分類，漳州、泉州的對立。由於臺灣是一移墾社會，人口由各方移入，而非原住民組成的社會，而且清廷早期實施渡臺禁令，使臺灣社會的男女比例失衡，以血緣為主的部落社會無從發展，而直接成立了一些以同一地緣為主的村落。因此，漢人的大多數村莊是由共同祖籍的移民所構成，同籍的村落往往組成守望相助的聯盟關係，

造成村莊間的區域性組織，即所謂「聯莊」的組織。此種組織還經常由於信仰共同的神明而達到維繫強化的功能，村廟乃成為居民生活的中心，村廟組織即村莊自治組織。共同祖籍村落的形成，雖然能團結移民，共同開發土地，但也不利於族群的融合，甚至造成分類械鬥的發生。

(三)漢人的祖籍分布與生活方式

清代臺灣的漢人移民，由於受到早期地理條件及政策的影響，加上其原鄉生活方式的差異、分類械鬥導致同籍聚居的現象，造成清代臺灣漢人祖籍分布及生活方式的不同。

福建閩南移民渡臺較早，控制了臺灣的精華地區。例如：易於墾殖的西部沿海平原，廣東客家移民則因渡臺較遲，除部分移民在臺灣南端的屏東平原定居外，只得往地力較貧瘠、開墾較不易的丘陵地區。又如：西北部丘陵一帶，閩南、客家兩系移民的語言、風俗及生活習慣均有差異，混合也較不易，至今仍可明顯區分兩個族群的分布狀況。

另外，同屬福建閩南的移民，也有來臺先後的差異。泉州府地理上接近臺灣和澎湖，占風氣之先，故來臺時間早於漳州府移民，也因此泉州移民多分布於沿海平原及臺北盆地等首善之地。而澎湖因屬必經之地，自然也為泉州移民所控制。漳州移民則分布於西部平原的內緣地帶、蘭陽平原、北部丘陵等地區。

由於地緣分布的差異，加上原鄉傳統生活方式的影響，也明顯影響閩南及客家移民日後在臺灣的發展。泉州自古以來即為重要的海港，商業發達，泉州移民控制臺灣主要海口，與泉州口岸聲氣相通，因此能夠從事貿易及商販事業。另外，泉州在地理上最接近臺灣，泉州人亦用此控制閩臺之間的貿易。除了從事商業活動外，泉州移民也控制臺灣西部精華地區，因此農業亦為其主要經濟活動。漳州人在原鄉的經濟活動以農業為主，移民臺灣後，漳州人所占領的地方又是臺灣西部平原內緣適合農耕之地，因此農業成為漳州人主要的經濟活動。至於客家移民，在中國大陸原鄉即為山居的農業民族，來臺灣以後所居之地為屏東平原、西北丘陵及近山地區的貧瘠土地，無法經商，故大多以農業及傭工為生。

(四)分類械鬥

清代臺灣的移民係來自中國東南沿海不同地區，祖籍來源不同，語言、文化也有差異，抵達臺灣之後，首先由於身分認同的差異，加上生存空間的競爭，經濟利害的衝突，因此各族群間常發生集體的爭鬥，稱為「分類械鬥」。

分類械鬥發生的原因大致如下：

政治因素

由於清初採消極治臺政策，政府政治力薄弱，吏治敗壞，官吏未能善盡保護人民之責，人民為求自保，常成群結黨，私下以武力解決爭端。另外，清廷常利用臺灣移民之間閩南、客家、漳州、泉州籍貫的差異，予以分化或利用，造成族群的仇恨。

經濟競爭

臺灣為移民社會，移民為了爭奪土地或水源而引發械鬥，甚至職業方面因同行競爭而械鬥。

社會風氣

由於清初限制移民攜眷渡臺，造成臺灣遊民充斥，這些遊民隻身在臺灣，常異姓結拜，互相照應，因其無家眷之顧忌，好勇鬥狠，一言不合，便引發集體械鬥；加上臺灣傳統社會習武盛行，造成好鬥的風氣。

臺灣分類械鬥的類型主要有三種：第一是祖籍分類械鬥，如閩粵異省械鬥，漳泉異府械鬥，異縣械鬥等；其次是異姓械鬥，即不同姓氏的械鬥，如草屯的李、簡異姓械鬥，西螺的李、鍾、廖三姓械鬥；第三是職業團體的械鬥，如宜蘭樂團的西皮、福祿之爭，中部樂團軒派、園派之鬥。另外，亦有少數因「搶孤」或迎神賽會而引起的械鬥。清代臺灣分類械鬥前後一百六十餘年，始於康熙六十年（一七二一年）今高屏溪地區的閩粵械鬥，終止於光緒八年（一八八二年）今臺南縣學甲溪的異姓械鬥。

分類械鬥對臺灣也帶來不少影響：首先是造成政府威信喪失，人民缺乏法治觀念，甚至激起民變。此外，械鬥也造成清廷在行政上作若干特殊

考慮，例如知縣的籍貫迴避，以及噶瑪蘭不用漳、泉兵等措施。其次是由於械鬥雙方常不惜花費大量金錢，以招兵買馬，屯積糧食。但械鬥時，殺人放火燒莊，造成雙方家破人亡、傾家蕩產，兩敗俱傷。而各類居民因自畫地界，彼此不敢進入異類地盤，影響交通往來及經濟發展。第三是械鬥的殺人燒莊，導致人民流離失所，造成嚴重的社會問題，另外，械鬥也造成狹隘的地域觀念，居民祖籍分布的差異，不利族群融合。在文化方面，械鬥常造成古蹟、寺廟、古宅的破壞，而豪強爭雄的械鬥型態，也造成法治及文物觀念的薄弱，使文化發展遲緩。

(五)人口的成長

明鄭治臺時期，一般估計臺灣漢人的人口約有十二萬至二十萬人之間。清朝領有臺灣初期，曾將近半數在臺灣的漢人遷回中國大陸，因此清朝治臺初期人口的成長極緩慢。但是嘉慶十六年（一八一一年）清朝進行臺灣人口編查時，漢人的人口卻已達一百九十四萬餘人，比清朝統治臺灣初期增加近二十倍。亦即在一百二十八年期間，人口增加約一百八十四萬，每年平均增加一萬四千餘人，因此臺灣在清乾隆年間人口已超過一百萬人，已經是一個漢人占絕對優勢的社會。此期臺灣人口的快速成長，主要是中國大陸移民臺灣所致。嘉慶、道光年間以後，臺灣的開發已逐漸完成，只剩零星的邊際土地及臺灣東部地區尚未開發，因此移民逐漸減少，人口的增加亦趨緩，至光緒十九年（一八九三年）臺灣割讓日本前夕，臺灣人口約二百五十萬人。自嘉慶十六年（一八一一年）至光緒十九年（一八九三年）共八十二年間，人口增加五十六萬人左右，每年平均增加六千八百人，此期人口增加主要是自然繁衍所致。

(六)社會的轉型

清代前期的臺灣是一個移墾社會，臺灣的居民百分之八十以上都是中國大陸移民來此。清代臺灣移墾社會有下列特色：(1)祖籍地緣分類意識極為強烈；(2)在社會結構上，地緣重於血緣，家族制度不興，遊民充斥，結盟風氣盛行，械鬥與叛亂時起，社會秩序紊亂；(3)社會結構為豪俠稱雄，

社會流動極為活潑；⑷在經濟取向方面，富有功利主義、創業精神及市場取向，重視財富而奢侈；⑸文化方面，文教不興，陋習盛行，缺乏精緻文化，文化的發展以「小傳統」為主，「大傳統」不強。

清代臺灣的移墾社會，隨著開發的程度逐漸轉型，而官方則隨著內部及外部的壓力，擴張其統治機構，調整其消極的治臺政策，使臺灣從官方到民間都有轉型的跡象。臺灣逐漸由豪強的移墾社會，轉型為文治的士紳社會。此種社會轉型的時間，因各地開發的早晚而有差別，南部的臺灣、鳳山、諸羅三縣在乾隆末期已開始轉型，中部的彰化縣大約在嘉慶年間，北部地區及宜蘭則於道光年間，但恆春縣及臺東直隸州則至清末仍為移墾社會。

不過整體而言，清咸豐年間（一八八六年）臺灣開港可以當作轉型的分界點。轉型後的臺灣社會出現兩種現象：一是出現血緣性宗族的結合，宗族組織增強，士人參加科舉考試，豪強家族次第躋身士紳階級，祖籍神明成為共同神明信仰等現象。此種臺灣由移墾社會轉化為與中國本土社會有相同特徵的現象，學者稱之為「內地化」。另一種是出現臺灣祖籍分類械鬥的減少，社區意識逐漸取代祖籍認同，宗教及祭祖活動由返回唐山祭祖方式改為在臺灣立祠獨立奉祀的現象，開臺祖祭祀組織的成立，正說明臺灣漢人逐漸淡忘中國大陸而認同臺灣本土，有學者稱之為「本土化」。在臺灣社會的轉型過程中，士紳階級的出現是一項重要的指標。中國清代躋身士紳階級的主要途徑是透過科舉考試，除了新竹開臺進士鄭用錫透過科舉取得功名晉身士紳階級，成為臺灣一大家族外，更有相當多的豪族是透過龐大的社會經濟優勢，逐漸成為士紳階級。他們有的以經濟能力栽培子孫取得功名，如臺北大龍峒陳家；有的則透過捐官的方式，躋身士紳階級，如板橋林家。也有少數因建立軍功而直接由豪強轉型為士紳階級，如霧峰林家。整體而言，清代臺灣社會由移墾社會轉型為士紳社會的過程中，成為士紳階級者，大多數是出身開墾有功的豪強，或是出身經商獲利的富商，靠十載寒窗苦讀獲科舉功名而出身於寒門者很少。

二 原住民與漢人關係的消長

　　漢人來臺灣以前，臺灣本為原住民的居住地，清代漢人大量移民臺灣，原住民與漢人的互動關係極其複雜，不只隨著地區的差異而有不同的發展，隨著接觸時間的長短，族群關係也不盡相同。總體而言，有和平也有衝突，有戰爭亦有聯姻。一般來說，漢人與平埔原住民的關係雖然緊張，但維持和平相處的時間較多，漢人與高山族的關係以武力衝突的時間較多。而漢人與原住民衝突的最重要導火線是土地，原住民為了保護土地而與漢人衝突與反抗。

(一)漢人與原住民的衝突

　　清初臺灣的原住民由於開發程度的不同，生活狀況也不一樣。平埔原住民多數居住在西部平原和丘陵地帶，臺灣縣和諸羅縣境內的平埔族漢化程度較高，已學會種植水稻的技術，與漢人進行貿易，經過明鄭以來長期雜居、交往、通婚和文化上之交互影響，較能與漢人和平相處。

　　至於住在山地的高山族，當時尚處於較原始的生活狀態，有時會透過平埔原住民與漢人進行以物易物的貿易。但他們尚保留獵取人頭的習慣，因此常與漢人發生嚴重的衝突。

原住民土地的流失

　　清代漢人大量移民臺灣，移民對土地的需求不斷增加，漢人透過請墾、占耕，或向原住民買賣、交換，甚至用欺騙手段取得土地；早期漢人在平地拓墾時大多以和平的方式獲得土地。平埔族為母系社會，財產多由女子繼承，漢人與平埔原住民婦女結婚，日後即可獲得土地。當時漢人與平埔原住民婦女結婚的問題，常常引起原住民的強烈不滿，以致當局屢有禁令。亦有漢人在平埔族居處附近開設雜貨店，經常賒售商品或貸款給他們，到他們無力償還時，便可獲取他們的土地。在和原住民交往日益頻繁後，原住民逐漸被捲入漢人的交易方式，而漢人也普遍的採用買賣、承租方式來獲得土地。漢人向「番社」買土地，俗稱「買墾」，如中部著名大

墾戶施世榜拓墾的大片土地，就是向半線社買墾的。在現存的早期古文書中，就存在很多這種向原住民「買墾」或承租土地的契約。

　　漢人除了付一筆資金買得開墾權利外，每年還要貼納「番餉」、交納「番租」。但「番租」的比例往往很低，不足「番社」食用，最後只好把土地賣給漢人。此外，漢人與原住民土地承租、胎典等契約，也往往發生漢人詐欺、違約抗租等問題。

　　原住民傳統的農耕方式是燒墾游耕，其需要大片的土地，而且單位生產量低。漢人所引進的是一種需要大量勞力與密集的水稻耕作技術，與原住民傳統的粗放農耕大異其趣，其單位生產量較高，技術先進，原住民難與匹敵，使得原住民的土地加速流失到漢人手中。

　　漢人除了拓墾平埔原住民的平原土地外，也不斷的往丘陵地和山地開墾。為防原住民出草殺人，須設隘防守。所謂「隘」乃是在近山險要地點搭蓋隘寮或槍櫃，設隘者，派隘丁巡守。設隘者稱為墾戶，他們招徠佃戶開墾土地，甚至侵墾原住民土地。在漢人「越墾越深」、丘陵地及山地不斷被漢人拓墾的情形下，原住民的生活空間日益縮小，雙方發生武力衝突乃無法避免。

　　清廷統治臺灣時期，對原住民向來採取保護政策。例如康熙六十一年（一七二二年）朱一貴事件以後實施「封山禁令」，禁止漢人進入山區。乾隆年間又畫定「土牛紅線」作為漢、「番」界線，嚴禁漢人進入原住民地區開墾，以保護原住民的土地權益；對於欺壓原住民的社商、社棍等給予懲治；減輕原住民的社餉負擔，設立南、北「理番同知」來處理漢、「番」糾紛。尤其在林爽文事件中，原住民因「協助官軍，為力不小」，特別設置「番屯」給予一定的土地，讓平亂有功的原住民耕種糊口。

　　乾隆年間以後，平地逐漸被漢人拓墾殆盡，平埔原住民的生活空間越來越小，清廷乃採取「護番保產」的政策，禁止漢人承租、典買平埔原住民土地；但此時未開墾的平埔族土地已所剩無幾了。乾隆二十五年（一七六〇年）清廷重畫「土牛紅線」，並清釐田地，然而土牛溝並無法阻止漢人侵墾荒地，而清釐田地也無法阻止原住民土地繼續流失。

原住民的反抗

由於漢人不斷地侵墾原住民土地，原住民生活空間日漸狹小，原住民乃起而反抗，彼此的衝突遂無可避免。清代原住民反抗最嚴重的是雍正、乾隆年間，尤以雍正年間為最。這些原住民的反抗事件，當時漢人稱之為「番害」、「番亂」或「番變」，其中最有名的如雍正三年（一七二五年）的「水沙連六社骨宗事件」及雍正九年（一七三一年）的「大甲西社事件」。

雍正、乾隆年間原住民反抗事件較多的原因，與清政府的土地政策有很大的關係。清初康熙年間，臺灣開發不久，西部未開墾的荒地仍多，平埔原住民的生存威脅仍不嚴重。但至康熙末葉，臺灣西部平地已被漢人開發殆盡。雍正三年（一七二五年），清廷宣布「福建臺灣各番鹿場閒曠之地方，可以耕種者，曉諭地方官，聽各番租與人民耕種」。此一政策開放了許多平埔族境域，更吸引大批移民熱潮，促進沿山地區的開發，但也使平埔原住民土地流失更為嚴重，漢、「番」的衝突難以避免。除了漢人侵墾原住民土地外，通事的剝削，官府的陋規，兵丁的需索，遊民的騷擾等，都是引起原住民反抗的原因。另一方面，高山族經常襲擊殺害無辜的漢人，也加深了彼此的對立。

(二)平埔族的漢化與遷徙

面對漢人移墾的衝擊，平埔族在生存面臨威脅的情況下，只好採取兩種途徑來度過困境；其一是接受漢人的生活方式，另一則是遷往別處。

在接受漢人生活方式方面：面對漢人大量的墾殖影響下，經濟窘迫，部分平埔族人也改變其原有的刀耕火種習慣，放棄粗放農業，學習漢人以牛犁為農具，進行農田的耕作。甚至也有原住民的部落酋長一邊獻地，一邊向官府申請墾照來開墾土地的情形，另外，有部分平埔族亦學會漢人的水利技術，興築埤圳以灌溉（如宜蘭、埔里）。

臺灣的平埔族中，南部的西拉雅族自荷鄭時期開始，由於居住在臺南附近，正是早期漢人移墾的重心，因此不斷受漢人拓墾的推進而遷移。清初臺南附近的西拉雅族先南遷高雄，清道光年間又因土地流失將盡而移居

東部的臺東、花蓮。中部的平埔族包括岸裡、阿里史、大甲、吞霄諸社逾千人，曾於嘉慶年間越過中央山脈，遷往宜蘭。而宜蘭的噶瑪蘭族，也因吳沙率漢人入墾宜蘭，而於道光年間南遷至花蓮境內，清末光緒年間，由於發生抗清事件而再南遷至花東海岸。

清代平埔族最大規模的遷移則是道光年間，中西部平埔族大舉遷往埔里盆地。埔里地區的原住民是「眉番」（泰雅族）和「埔番」（布農族）；但是在「郭百年事件」中，數千人幾乎遭到漢人移民滅族，殘存的「埔番」只好引進中西部的平埔族，而此時西部的平埔族也正因土地被開發殆盡，及面臨漢人移民強大的威脅，乃由邵族居中聯絡洪雅族北投社，糾集中西部的道卡斯、拍瀑拉、巴則海、巴布薩、洪雅等各族群，於道光年間分批由濁水溪、烏溪及大甲溪進入埔里盆地定居開墾，埔里盆地乃成為清代臺灣中西部平埔族的最後據點。

三　文教的發展

清廷統治臺灣前期，在臺灣推行的文教事業，主要是從中國大陸移植而來、以科舉為中心的教化體制。清代臺灣的正規教育設施有儒學、書院、義學、社學、民學等，茲分別將其設置情形述之於後：

(一)儒學

清代地方制度，省之下為府，府設有府儒學，為一府之最高教育機關，由教授掌管；府下有縣，縣設有縣儒學，由教諭掌管，另設訓導為教授或教諭的輔佐。

儒學即孔子廟的所在地，具備「廟學」制度。

臺灣自嘉慶年間以後，儒學即告不振。光緒元年（一八七五年）臺灣實施「開山撫番」及開放移民渡臺之後，臺灣儒學的興建才告復興。至清末臺灣割日前夕，臺灣共有府儒學三所，縣儒學十所，茲列之於後：

1.府儒學：臺灣府儒學、臺北府儒學、臺南府儒學。

2.縣儒學：安平縣儒學、鳳山縣儒學、嘉義縣儒學、彰化縣儒學、新

竹縣儒學、淡水縣儒學、宜蘭縣儒學、苗栗縣儒學、雲林縣儒學、恆春縣儒學。

　　清朝中葉，臺灣已由移墾社會發展爲文治社會，追求科舉功名及重視教育係當時的社會價值取向。儒學一方面是地方最高教育機關，也是培育人才的搖籃，不少士子經過儒學的訓練而金榜題名，竄升進入社會的上層，所以它是科舉的訓練所，亦是出仕的墊腳石。

(二)書院

　　清代臺灣大多於府、廳、縣設置多時才設立儒學，或根本不設儒學，無法滿足臺地人民的需求；而義學、社學與民學，則因所講授內容較爲簡單，僅類似初等教育而已，不能滿足臺灣學子求取功名的需求，唯「書院之制所以導進人才，廣學校所不及」，因此書院在臺灣相當發達，甚至可說是清代臺灣教育的中心，對中華文化的傳播，及地方人士的培育，均有重大的貢獻。

　　清代臺灣書院的興建始於康熙年間，其後除同治朝外，歷朝都陸續有所興建。清代臺灣各地書院的創建，或由官府興建，或由民間捐建，分設於各地，而由各地方官或有關者負責管理，由院長主講，監院督導。每月舉行官課與師課的考試，發給膏伙（獎學金），作爲諸生的獎勵。

　　清代臺灣所建的書院，其可考證的前後共有四十餘所，就其興建的情況而言，依序以道光、嘉慶和康熙各朝爲盛，尤以道光年間興建最多，達十所左右，此乃因嘉慶道光之際，臺灣之開發已達成熟階段的緣故。就地域分布來說，臺灣縣（今臺南縣市）最多，他處較少。就其發展情形來看，早期以南部爲多，而晚清以中、北部爲盛，此乃與經濟與政治中心北移有關。

　　臺灣的書院制度跟中國大陸一樣，其創立全部根據章程，而各書院亦多制訂學規，規定學生保身立志的道理，勉勵學生讀書作文的方法。至於各書院的教學方法，依月課成績考核，以督促學業的進步爲目的。所以其入學考試、月課、宣講等，都照預定方針進行，而特別注重人格教育，以及倡導學術研究自由的風氣，所以書院對傳遞中華文化及維護道德傳統頗

有貢獻。

(三)社學

　　清初因為各省的儒學多設在城市，鄉村百姓居住遙遠無法就讀，因此在大鄉巨堡設置社學作為補救。清初社學普遍設於臺灣各地，社學的種類，大致來說，有漢人及原住民的分別。漢人社學到乾隆年間已告廢弛，嘉慶、道光以後，社學變成士子會文結社，以資磨練詩文，敬業樂群的場所。故道光年間，彰化縣有拔社、振文社，噶瑪蘭有仰山社，光緒年間新竹有培英社等。雖名為社學，但僅從事吟詩作文，定期集會，互相評比，與學校毫不相干了。

　　至於原住民社學曾經盛行於清初，遍設於全臺灣南北路平埔族部落。但到了嘉慶年間，不僅原住民社學已漸廢弛，即使官場也弊端叢生，到道光年代，平埔族急速漢化，不必施以特殊教育，所以大多就近進入漢人的義塾就讀，原住民社學制度遂告中絕。

圖3-8　草屯登瀛書院

(四)義學

　　義學又稱義塾，其設立的宗旨為教育村里子弟家中貧困而無法聘請老

師，或是無法就學者，所設的教育機關。有官方設立的，也有私人設立或官民合設的。而臺灣義學的創設導源於社學，雍正十二年（一七三四年），巡道張嗣昌建議各「番社」置社師一人，來教育原住民兒童；因此義學逐漸興起，而社學也逐漸改變其組織爲義學。所以當時習慣上雖仍多存在社學的名稱，但實際上是義學。乾隆年間以後，社學已轉變爲文人學士集會結社的總稱。而義學已普遍設立於全臺灣各城鄉，其中規模制度完備、經費充足者，大概已經兼有書院的目的，施行每月的會考，而不只是聚集貧寒學生的教育場所了。

(五)民學

民學爲私塾，通稱書房，或稱學堂、書館。雖名稱有異，但實際相同。其設立的目的：一是讓學童獲得讀書識字的能力；另一則是作爲將來參加科舉的準備，實際上具有初級基礎教育及預備教育的功能。民學設立的方式有三種：(1)讀書人自行設立者；(2)鄉村鄰里合資創設，延聘老師來上課；(3)豪門富紳聘請老師來教導自家子弟，兼收附讀學生者。學童入學年齡多在七歲左右，肄業年限在十年上下，並無限制，所講授的課程以四書五經及詩文爲主。清末臺灣民學的設置仍然遍布於鄉村鄰里，至於其分布情形，因不見歷史記載，而難以詳知。

四 宗教的傳布

(一)宗教的類別

臺灣原爲原住民的土地，所以最早只有原住民的原始宗教。到一六二四年荷人統治臺灣，傳布基督教於原住民，在臺南附近，確曾收到相當的成效。但這種以政權爲後盾的宗教政策，一經戰敗，便隨政權的轉移而消逝。一六六一年荷人被漢人趕走，明鄭治臺以後，臺灣成爲漢人的新園地。但臺灣移民以來自福建、廣東兩省爲主，尤其以福建的漳州、泉州，廣東的潮州、惠州籍最多。

華南宗教複雜，傳進臺灣的宗教更是繁多，其中在臺灣最盛行的宗教首推道教，其次是佛教；並有齋教，包括金幢、龍華、先天等派，均很盛行，但都失去原來面目。而且儒、佛、道已經混合，難以分明，這種現象在寺廟名稱的參差不一，尤其可以明顯看出來，無法從寺廟的名稱而把它歸類為某種宗教。寺廟名稱多達四十餘種，包括壇、廟、寺、觀、巖、山、洞、庵、院、宮、殿、祠、堂等，並且廟名與主神的關係也不一定，有時廟名相同，但主神卻不一樣的情形仍很多；甚至名字叫「寺」而未供奉佛像，也無僧尼居住，有的稱作「寺」，但實際上卻是奉祀神仙。

圖3-9　保生大帝神像

(二)宗教的起源

臺灣寺廟的起源乃是福建、廣東的居民，先後不斷移民來臺灣，遠渡重洋，先經風浪的危險，抵達臺灣之後，再遭到瘴癘之氣的侵襲，水土不服、瘟疫蔓延，水災、乾旱、颱風、山崩、地震等天災地變；加上清朝時期，臺灣政治不上軌道，吏治不良，強者鋌而走險，豎旗抗清，弱者忍氣吞聲，終日惶惶不安，加上臺灣人民常因為祖籍不同而械鬥，社會充滿好勇鬥狠的移墾社會氣息。因此消災祈福的信念更為迫切，且特別重視宗教信仰甚至迷信邪說。但在移民拓墾初期，社會極不安定，墾民為避免被原住民出草殺人，祈求神明保佑的希望更為殷切，也促進了寺廟的萌芽。當先民渡海來臺，為求旅途平安，一帆風順，大多由家鄉隨身帶著香火較鼎盛的寺廟神明或香火袋，作為保護神。抵達臺灣之後，就地開墾，便將香火袋掛在田寮或供奉在公廳、居屋等，早晚膜拜，祈求平安。如果一切順利，能夠獲得初步成功，便歸功於神明的庇佑，集資興建一座簡單的小

祠，來答謝神恩，虔誠的崇拜。

　　一旦開墾略有進展，村莊的基礎奠定，人民逐漸能安居樂業，漢人社會的發展程序便進入「村莊的構成時期」。這時候在宗教上的表現，則以土地祠的普遍設立爲其特徵；隨著漢人蹤跡，滿山遍野都設有簡陋的土地祠，祈求五穀豐登，合境平安。隨著村莊基礎越來越穩固，漢人社會的各種現象越來越複雜，這時候祈求平安的信念日益殷切，其他各種神明和菩薩的崇祀也隨之增加。至於寺廟的發展，最初通常由私人興建一草寮供奉，一旦有靈驗，便演變成鄰里或附近鄉村的守護神；臺灣廟宇大多是這樣起源的。

(三)宗教的發展

　　村莊長期安定以後，開拓事業快速發展，甚至形成街市，經濟繁榮，漢人社會便進入「村莊發展時期」。此時在宗教上的表現，隨著生產力的提高，擁有財富巨資的頭人、總理、士紳等頓時具有號召力，出面集資興建宏偉的寺廟；又因爲社會進化，社會結構日益複雜，祀神種類也隨著增加。這時候宗教信仰的特色約有下列數種：(1)文昌廟的興建，由於經濟發展，生活安定，漸漸重視子女教育，因此創建書院，並祀文昌帝君，作爲學子讀書、作文和切磋文章的場所。(2)齋堂的興建，因爲社會環境日趨繁複，世態變化很快，感觸日多，誦經禮佛，祈求脫離苦海，於是齋友志同道合，相聚創設齋堂，或把自己的房子權充齋堂。(3)職業團體守護神，村莊既然發展成爲街市，人文薈聚，造成職業分化，各職業團體紛紛組織神明會或創建廟宇，奉祀各行各業的守護神，例如商賈供奉關帝、藥鋪供奉華佗先師或神農大帝、音樂團體供奉西秦王爺或田都元帥等都是。(4)鄉土神的興盛，漢人鄉土觀念的強韌性常被強調成爲民族的特性之一，而福建的漳州、泉州、廣東的潮州各地居民來臺灣拓墾，由於地緣關係，互相照顧，守望相助，疾病相扶，乃藉著共同供奉的家鄉神明爲守護神，來達到團結同鄉之目的。例如漳州籍供奉開漳聖王、泉州籍供奉保生大帝及客家籍供奉三山國王等都是。(5)家廟宗祠的興建，此主要基於血緣的互助關愛精神，來達到團結的目的；福建、廣東沿海居民，離鄉背井渡海來臺，人

地生疏，故除了依賴神明保佑外，並向祖靈祈求庇護，乃是人之常情；等到定居之後，形成大小村落，由於籍貫不同，語言隔閡，習俗各異，難免發生摩擦，導致分類械鬥，因此同姓族人必須團結，以對抗外侮，成為興建家廟宗祠的原因。

圖3-10　開漳聖王神像

最後街市繁榮發展成為城市，甚至成為府城或縣治，變成地方政治、產業、交通的中樞，人口大量聚集，漢人社會的發展便進入「城市形成時期」。這時候在宗教的表現，以文廟、城隍廟、社稷壇、節孝祠、旌義祠、昭忠祠等中國古來信仰或儒家教育設施的興建為特色。但是這些祠廟的創建，大多是由官方所倡導，目的在於宣揚教化，移風易俗。

研究與討論

1.清初對臺灣採取哪些消極的治臺措施？這些措施對臺灣的發展有何影響？
2.試論清代臺灣吏治不良的原因。
3.試論清代臺灣民變迭起的原因
4.試述清代臺灣械鬥發生的原因、械鬥的類型及對臺灣的影響。
5.試述清代臺灣有哪些傳統的教育設施？

參考書目

許雪姬，《清代臺灣的綠營》，臺北，中央研究院近代史研究所，1982。
陳其南，《臺灣的傳統中國社會》，臺北，允晨文化，1987。
施添福，《清代在臺漢人的祖籍分布和原鄉生活方式》，南投，臺灣省文獻

王世慶，《清代臺灣社會經濟》，臺北，聯經，1994。

李國祁，《清代臺灣社會的轉型》，臺北，臺灣師範大學歷史系，1997。

賴貫一，《認識臺灣族群關係》，南投，南投縣政府文化局，2002。

劉妮玲，《清代臺灣民變研究》，臺北，臺灣師範大學歷史研究所，1983。

卓克華，《清代臺灣商戰集團》，臺北，臺原出版社，1990。

蔡志展，《清代臺灣水利開發研究》，臺中，昇朝出版社，1980。

劉枝萬，《南投縣志風俗志宗教篇稿》，南投，南投縣文獻委員會，1960。

第四章　臺灣的開港與建省

第一節　導言

在荷蘭及明鄭統治時期，對外貿易一直是臺灣經濟的主流。清廷以邊疆少數民族入主中原後，繼承中國傳統的天朝觀念，不但不重視對外貿易，甚至加以限制。因此，臺灣被清廷收入版圖之後，為了適應清廷的政策，經濟發展的方向有了大幅度的改變，從對外貿易發達的地區，轉變為鎖國政策下，中國經濟圈的一環。

咸豐八年（一八五八年）與十年（一八六○年）清廷兩度被英法聯軍打敗後，先後簽訂了《天津條約》和《北京條約》，在西方列強的堅船利砲威脅下，臺灣被迫開放臺灣府城（今臺南安平）、淡水、雞籠（今基隆）、打狗（今高雄）四個港口對外貿易，國際貿易又成為臺灣經濟重心。臺灣的歷史又從中國大陸經濟圈，走回國際海洋貿易經濟圈。

臺灣開港對外貿易後，茶、糖、樟腦取代了過去銷往中國大陸的主要產品——稻米，成為清末臺灣三大輸出產品；但同時也輸入了大量的鴉片，毒害臺灣民眾的健康。此外，臺灣的開港也促使臺灣北部經濟地位的提升，改變臺灣土地的利用方式與農作物的種植，影響邊際土地的開墾與漢人、原住民的衝突，帶來了西方文化，促進了社會流動與買辦豪紳地位的興起，也牽動部分市鎮與港口的興衰。

清廷治臺初期，採取消極的治臺政策。清同治十二年（一八七四年），日本因「牡丹社事件」而出兵攻打臺灣。事件結束之後，清廷惟恐臺灣被外國所奪，乃改採積極的治臺政策，先後由沈葆楨、丁日昌等人來臺推動洋務建設，並且解除渡臺禁令及封山政策，同時鼓勵中國大陸人士移民臺灣，又推動「開山撫番」積極開發山地及臺灣東部。清光緒九年（一八八三年），中法戰爭引起法軍出兵攻打臺灣，清廷派劉銘傳來臺灣抵抗法軍。戰爭結束之後，清廷更體會到臺灣的重要性與外國垂涎臺灣的企

圖，爲杜絕外人奪取臺灣之野心，清廷乃於光緒十一年（一八八五年）諭令將臺灣改爲行省，並派劉銘傳爲首任巡撫。劉銘傳是推動改革的洋務派政治家，在臺灣先後調整行政區畫、興建鐵路、架設電報、建立現代化的學校，修築礮臺、整頓租稅，使臺灣成爲全中國最現代化的省分。

　　由於劉銘傳積極建設臺灣，使臺灣現代化的建設冠於全國的情形，加上臺灣財政的困難，讓清廷產生疑懼而不再支持劉銘傳，改派較保守的邵友濂接替其職務；邵氏乃以經費缺乏而將推動中的各項建設中輟或縮小，清廷的治臺政策又轉趨消極，最後在甲午戰爭後竟將臺灣割給日本。

第二節　開港後經濟的演變

　　清末臺灣的開港對外國貿易而言，不但使臺灣的經濟發展，從中國大陸經濟圈又回到國際貿易體系，同時也對臺灣的社會、文化發展帶來相當的衝擊。

一　開港的緣起

　　清朝統治臺灣前期，不允許臺灣與外國貿易，只能跟中國大陸通商，並先後開放府城（今安平）、鹿港、八里坌（今八里鄉）爲正口與中國沿海港口貿易。但是臺灣位居西太平洋海陸要衝，戰略價值極高，又有煤、硫磺等礦產，向來爲英、美等國所關注。

　　咸豐八年（一八五八年）英法聯軍攻打中國，清廷戰敗，被迫與列強簽訂《天津條約》，條約中除了開放「臺灣」（今安平）外，另增加淡水一港口。因當時列強在中國均享有「片面最惠國待遇」。在華利益，一體均霑，所以列強各國均能至「臺灣」（今安平）及淡水二港通商、建教堂、學校醫院，其人民也可以在港口攜眷居住、建造房屋等。

　　臺灣和淡水開港以後，清廷禁止非開放的港口與外國人貿易，各國商船紛紛來上述二港貿易，如德國、葡萄牙、荷蘭、丹麥、西班牙、比利

時、義大利、奧地
利、日本、祕魯、
巴西等國。自咸豐
十一年（一八六一
年）起，各國亦相
繼訂立通商條約，
商船分別停泊於淡
水（今淡水鎮）、打
狗（今高雄市）、臺
灣府（今臺南市）、
雞籠（今基隆市）

圖4-1　清末打狗英國領事館

等各口貿易。當時福州海關總稅務司法人美里登（De Meritens）請以雞籠
作為淡水子口，打狗作為臺灣府子口，並增加洋稅收入。但閩浙總督左宗
棠認為子口稅銀只收半稅，主張改子口為外口，於各口設海關收稅。同年
六月，英國以臺灣府城海口淤淺、停船不便，贊同在淡水先設海關。同治
元年（一八六二年）六月，淡水正式設立海關並開市，英國亦設領事館於
其地；但當時臺灣北部的實際商業區在艋舺及其北鄰的大稻埕，英國駐淡
水代理領事乃要求，所謂淡水一口，應包括淡水河沿岸各地，於是帶動艋
舺、大稻埕一帶的繁榮。同治二年（一八六三年）八月基隆設海關開市，翌
年五月，打狗和安平也設海關開港對外貿易。從此臺灣原為開放二口對外
貿易，實際上則擴充為四口，亦即以淡水為本關，打狗、安平、基隆為分
關。其中以淡水、打狗、安平三港貿易較盛，洋行、領事館紛紛設立，加
上商業的繁榮，商賈往來頻繁，市街風貌逐漸改觀。

二 港口與貿易

　　安平、淡水等四個港口開放之後，外商得以進入開放港埠進行貿易，
各國紛紛設立海關與領事館，外商亦陸續在四港口設置洋行，作為外商貿
易機構。由於對外貿易迅速興起，洋行乃逐漸取代各通商口岸原有行郊的

商業機能，行郊日漸沒落。自咸豐十一年（一八六一年）臺灣正式開港，至光緒二十一年（一八九五年）臺灣割日前夕，各國在臺灣設立的洋行有數十家，其中較著名的有怡和洋行（Tardine Matheson & Co.）、德記洋行（Tait & Co.）、寶順行（Bodd & Co.）、東興洋行（Juliue Mannich & Co.）、美利士（Milisch & Co.）等，其中以英國商人的勢力最大。由於外商擁有雄厚的資金、先進的交通、通訊設備和嚴密的商業組織，而且在中國擁有許多特權，中國商人難與競爭，而掌控了臺灣的貿易。

臺灣開港對外貿易以後，臺灣出口的商品主要是茶、糖和樟腦。茶主要產地為北部丘陵地，因此大多集中在大稻埕（今臺北市大同區）加工後，再由淡水出口；烏龍茶銷往美國，包種茶則銷南洋各地。糖的產地主要在臺灣南部，因此都由打狗及安平輸出，主要銷往中國大陸，部分銷往美國、日本、英國和澳洲等地。樟

圖4-2　臺灣開港後設立的東興洋行

腦為製造賽璐珞和無煙火藥的原料，歐美需求甚殷，臺灣和日本為當時世界主要樟腦產地。臺灣樟腦主要產於中、北部山地，因此都由淡水出口，銷往香港等地。

臺灣開港後，進口商品以鴉片為主，其次為紡織品。鴉片主要由印度和土耳其進口。鴉片進口總值幾乎每年占臺灣進口總值一半以上，不但危害人民健康，影響軍隊戰力，而且部分外商直接以鴉片作為購買茶、糖、樟腦的支付代金，妨礙臺灣經濟發展的資本累積。至於紡織品的進口主要來自英國，幾乎完全取代了往昔自中國大陸進口的紡織品，而這些西洋紡織品的進口逐年增加，也反映臺灣民眾生活水準的提高。

臺灣開港以後，北部的雞籠、淡水和南部的安平、打狗四個口岸發展

極爲迅速，打破了其原來個別的市場圈，使臺灣形成南北兩極化的市場結構。而原來對中國大陸貿易的港口，例如：鹿港、笨港、梧棲、後龍等，雖然仍維持部分的繁榮，卻逐漸沒落。

三 開港對臺灣經濟的影響

臺灣開港後，由於對外貿易的不斷成長，茶、糖、樟腦的大量出口，爲臺灣經濟的發展帶來相當大的影響。

(一)臺灣北部經濟地位的提升

茶是清代臺灣開港後主要輸出商品之一，而茶主要的生產地在臺灣北部的丘陵地。由於清末臺灣茶葉的輸出占當時臺灣對外貿易輸出總額的一半，因此北部的通商港口——雞籠、淡水的貿易逐年增加，北部地區的生產力也大幅提升。臺灣開港以前，經濟重心在南部；北部因開發較晚，人口少，經濟發展較遲緩；但臺灣開港以後，經濟重心有逐漸北移的現象，建省以後，劉銘傳甚至以臺北作爲臺灣政治和經濟的中心。

另外，茶葉在產銷過程中受到中間商的剝削較少，附加價值較高，農民直接收益增加，不像南部蔗農常受到中間商的剝削，因此北部地區茶葉的興起，帶動茶農及相關產業從業人員收入的增加，使北部地區人民的消費能力相對的提升。

(二)造成北部農作物的轉作

臺灣北部地區的丘陵地，部分不適合種植水稻，在臺灣開港以前，主要以種植甘蔗、黃麻、靛青等爲主。但臺灣開港後，茶葉的輸出使種茶有利可圖，農民紛紛將這些土地轉作種茶。至於北部原本不適合種稻的土地，在開港後亦有改種茶葉的情形。「由於種茶的人越來越多，而種稻者越來越少，因而，幾年以後，本地所產稻米反而在島內市場走俏起來，到後來，臺灣不僅沒有稻米可供外銷，反而需要向大陸搬糧救急。」這正說明了臺灣開港後農民轉作茶葉帶來的影響。

(三)土地的拓墾與移民

　　臺灣開港以後，對外貿易大幅成長，其中茶、糖、樟腦輸出不斷增加；為了因應外銷的需求，產量必須隨著增加。例如：茶葉的需求，使北部山區逐漸被開墾為茶園，光緒年間，林朝棟與劉廷玉開撫烏來地區，募業者入山伐林種茶即為其例。

　　至於糖的輸出成長，也使得高雄、屏東地區甘蔗的種植更為旺盛，不但吸引漢人進入屏東地區開發，也迫使該地平埔原住民遷往臺灣東部。

　　另外，臺灣樟腦主要產於中、北部漢人與原住民交界的山區。開港後，樟腦成為臺灣對外輸出大宗之一，自然促使漢人入山採集樟腦及拓墾。例如：巨商黃南球開墾苗栗的南坪、大湖、獅潭等地，林朝棟拓墾國姓，沈鴻傑招募工匠進入集集開採樟腦，均為其例，不但促進臺灣邊際土地的開發與利用，也造成了嚴重的漢人與原住民衝突。

　　臺灣開港後，因茶與樟腦的需求增加而有利可圖，然生產稻米的利潤相對微薄，於是吸引臺灣一些原來種稻的農民和福建、廣東地區生活艱困的民眾移居臺灣北部地區開墾。而這些土地的開墾過程中，一些政商關係良好的開墾者，因能取得開墾許可而獲利致富，例如：板橋的林維源、苗栗的黃南球，以及霧峰的林朝棟等，即為其例。

(四)港口與市鎮的興衰

　　臺灣開港後，雞籠、淡水、安平和打狗四個港口因開放對外貿易而日益繁榮。但臺灣西部的鹿港、笨港、梧棲、後龍等舊有的港口，則因未開港對外貿易，以及港口的淤塞，而僅能維持部分的繁榮或趨於沒落。

　　另外，臺灣開港後，因為貿易興盛，為了順應貿易的需要，或因為茶葉或樟腦的生產，使得一些鄉鎮發達起來。如臺北的大稻埕、石碇、深坑、三峽、桃園的大溪、關西、竹東、苗栗、大湖、南庄、三義、臺中的東勢，以及南投的集集、竹山等地即是。

(五)創造就業、緩和人口壓力

　　清廷統治臺灣初期，地廣人稀。但經過康熙、雍正、乾隆、嘉慶各朝的移民臺灣，以及人口的繁衍，到道光二十六年（一八四六年）閩浙總督上書朝廷時，已指出「臺灣夙號殷埠，近因物力有限，戶口頻增，以致地方日形凋弊」，可見地方官已感受到臺灣人口成長之壓力。而臺灣可利用的土地，除了東部以外，到乾隆、嘉慶年間已開發將盡，人口卻逐漸接近二百萬，而開始有了人口的壓力。

　　臺灣開港以後，茶、糖、樟腦的生產提供了許多就業機會，尤其開港之後，茶的地位日趨重要，由僅知粗製茶，轉而有再製茶，創造了許多就業機會。茶、糖、樟腦的生產不僅為從業人員創造了就業機會，也為其他相關的行業帶來許多就業的機會，如茶、糖、樟腦的運輸人員，以及保護採樟人員的隘勇等，不但減緩了臺灣的人口壓力，甚至吸引更多中國大陸移民來臺灣。

第三節　開港後臺灣社會的變遷

　　臺灣開港以後，不但對臺灣的經濟帶來很大的影響，同時也對臺灣的社會帶來巨大的衝擊，造成社會階級的流動、漢「番」的衝突，以及西洋文化的再度影響臺灣。

一 社會階級的流動

　　臺灣開港以前，社會的豪紳大多為從事農業拓墾的地主或從事商業的郊商為主。但臺灣開港後，這些豪紳大多未參與對外貿易有關的事務而日趨沒落。

　　臺灣開港後，由於外國資本進入臺灣的過程中，在外國洋行與臺灣商人中間，產生了具有仲介機能的「買辦」，部分的買辦獨立經營後，憑著

其熟悉洋務與靈活的手腕，累積了龐大的財富，成為社會的新貴。例如：大稻埕的李春生經營茶葉致富、打狗的陳福謙掌控了打狗地區的砂糖貿易，都是買辦成為社會新貴的例子。

另外，臺灣開港後，亦有少數傳統的豪族，因為擁有武力，取得茶園、樟腦產地較為容易，遂獲得大量財富；又因為安撫原住民以保障茶、樟腦的生產，獲得政府的重視，取得政治上的特權與力量，因此既是豪富又扮演了士紳的角色，成為名副其實的豪紳，故開港後，造成臺灣買辦和豪紳社會地位的提高，以及部分郊商與地主階級的沒落，均反映出社會流動的現象。

二 客家移民社會地位的提高

臺灣開港以前，經濟以米、糖的生產和貿易為主，山區的經濟價值較低，故「粵莊多近山而貧」，客家移民的社會地位較分布在近海平原的閩南移民為低。

但茶、糖、樟腦卻成為臺灣開港後的主要輸出商品，其中茶和樟腦主要產於丘陵地和山區，客家移民主要分布區的桃園、新竹、苗栗丘陵地和山區因而大舉開發，為客家移民帶來許多財富。又樟腦的產製大多取自原住民所居的山地，客家移民因近山而居，與原住民關係密切，常能優先取得製作權，故熬製樟腦者大多為客家人，為客家人帶來不少財富，因而開港後不少客家移民因為種茶及熬製樟腦而累積財富，社會地位逐漸提高。

三 漢「番」衝突與原住民的遷移

臺灣開港以後，由於茶和樟腦的大量輸出，而茶和樟腦的生產，往往必須深入內山與原住民地界，因此有不少漢人進入山區開闢茶園或採集樟腦，侵入原住民的居住地，造成漢人與原住民的衝突。

清政府為了維護茶、樟腦的生產以獲得稅收，有時也採取武力對付原住民。擁有武力的豪族，更常用鄉勇或隘勇來趕走原住民以保護茶園或腦

丁；另外南部地區蔗糖的大量輸出，吸引不少漢人進入下淡水地區種蔗，使當地原住民的生活空間受到壓縮。總之，茶、糖、樟腦在開港後的大量輸出，卻造成漢人與原住民衝突的加劇，最後原住民被迫遷往深山或臺灣東部。

四 西方文化的再度傳入

清朝統治臺灣以前，尤其是荷蘭、西班牙統治臺灣時期，臺灣是一個受西洋文化影響很深的國際性島嶼，清朝統治臺灣以後，由於先後採取禁教及閉關自守的政策，外國人不能自由到臺灣貿易或傳教，西洋文化的傳入幾乎中斷。

臺灣開港以後，隨著對外貿易的發展，西洋的商業經營與管理逐漸衝擊臺灣原有的商業型態。洋人帶來的文化不但影響臺灣人民的生活習慣，也跟臺灣的本土文化產生相當程度的互動。

開港後，西方文化對臺灣本土文化產生衝擊，其中影響最大的是基督教。臺灣開港以後，西方傳教士可以自由進出臺灣，他們以通商口岸為據點，開始傳教。清末來臺傳教的傳教士所屬教派繁多，其中規模及勢力最大的則屬基督教長老教會。臺灣基督教長老教會分為兩大系統，大甲溪以北是由加拿大傳來，最早由馬偕傳入；大甲溪以南則由英國傳來，由馬雅各、甘為霖、巴克禮等人所傳入。長老教會傳教士除了傳布基督教外，為了博得臺灣民眾的好感，他們常常興辦各種現代化的教育事業、慈善事業或醫療工作來獲得民眾的信賴，無意中把西洋文化融入臺灣社會，帶來臺灣的現代化，也對臺灣的本土文化帶來衝擊，其中對臺灣社會影響最大的則是教育和醫療方面。

臺灣近代教育的發展，基督教長老教會扮演著重要的角色。光緒六年（一八八〇年），長老教會在臺南設立神學院來培訓本地的傳教士，即為今日臺南神學院的前身。光緒十一年（一八八五年），又設立中學於臺南；兩年後，設立女子中學校於臺南，即今日長榮中學及長榮女中的由來。南部長老教會為了解決文盲對傳教士工作的阻礙，教會亦著手白話字的推行工

作，用拉丁字母（羅馬字）譯寫聖經、聖歌及書刊，並用白話字創刊《臺灣府城教會報》（即現在的《臺灣教會公報》），對傳教事業的發展頗有貢獻。在特殊教育方面，於光緒十七年（一八九一年）在臺南創立盲學校，為臺灣特殊教育的創始。

北部長老教會對臺灣教育的推展亦不遺餘力。光緒八年（一八八二年）馬偕創立「理學堂大書院」於淡水，後來遷至臺北，亦即今日的臺灣神學院。而淡水原址則成立了淡水中學校，亦即現在淡江中學的前身。光緒十年（一八八四年），馬偕又創立淡水女學堂於淡水中學旁，為臺灣女子學校教育的創始。

在醫療工作方面，醫療服務能減緩本地人對洋人異教的排斥，因此教會相當重視醫療服務，而且不少傳教士都是醫生出身，如馬偕、馬雅各、蘭大衛等人，他們除了傳教外，亦設立醫館或旅行各地為人行醫治病。例如：同治四年（一八六五年）馬雅各在臺南設立醫館，後來又至打狗設醫館，一面行醫一面傳教。而馬偕也曾在淡水設立「偕醫館」為人治病及拔牙，甚至巡迴北部各村落為人拔牙及治療瘧疾。中部地區則以蘭大衛創立彰化基督教醫院最為有名，深受當地民眾的愛戴。

長老教會外，天主教道明會士也在臺灣南北各地設立醫館，進行施藥治病等醫療服務，甚至在臺南設立孤兒院，收養孤兒，並傳布教義。

第四節　日本侵臺與清廷治臺政策的轉變

清同治十三年（一八七四年），日本藉口琉球難民漂流臺灣，被臺灣原住民殺害，乃出兵攻打臺灣。事件之後，清廷恐臺灣被列強所奪，改採積極的治臺政策，由沈葆楨、丁日昌等官員在臺灣推展現代化的建設，調整行政區畫，同時進行「開山撫番」及積極拓墾臺灣東部的工作，使臺灣逐漸走向現代化。

一 開港前後的國際關係

臺灣位處西太平洋航路要衝，又出產煤、黃金、硫磺等礦產，因此自十七世紀以來即為西洋各國覬覦的目標。

清道光二十一年（一八四一年）七月，中英鴉片戰爭期間，英船「納爾不達號」（Nerbudda）進犯雞籠港；九月，又有英船進犯雞籠，均被守軍擊退。道光二十二年（一八四二年）正月，英船「阿恩號」（Ann）窺視中部梧棲外港，被當地軍民合作誘進大安港擱淺，船被軍民擊破沉沒，船上英印士兵五十七人被俘，這些外人進犯臺灣的情形也反映出臺灣在航運及商貿地位的重要性。

鴉片戰爭結束後，中國開放五口通商，外國船隻經常航經臺灣海峽，北部雞籠產煤可供船隻燃料之需。道光二十七年（一八四七年）以後，英國即先後派人來臺灣調查煤礦，並向清廷要求開採，但均被清廷拒絕。另外，咸豐年間，美國人也曾到臺灣調查遭遇海難的外國人及調查雞籠當地的煤礦，而建議美國政府占領或購買臺灣，但因美國忙於內政問題而無暇顧及。

咸豐九年（一八五九年），臺灣開港以後，外國商人紛紛進入臺灣的開放港埠貿易，由於厚利的吸引，外國商人有時便違反條約規定，進行非法貿易行為，甚至私自進入後山地區開墾。而清廷的官員為了維持原有的制度，雙方難免發生摩擦，以致糾紛時起，其中最有名的是同治年間的「羅發號」（Rover）事件、大南澳侵墾事件及樟腦糾紛。

(一)「羅發號」事件

同治六年（一八六七年）三月，有一艘美國船「羅發號」由廣東汕頭開往山東途中，在臺灣南端七星岩（今屏東縣）附近觸礁船破，船長亨德（Hunt）及妻子、水手共十四人搭小艇逃生，抵琅礄龜仔角山（今屏東縣恆春）登上海岸，除倖存一名水手外，均被原住民殺害。這位水手逃至打狗告官，英國領事乃派駐安平的英鑑「柯爾摩號」（Cormorant）前往營救，卻仍被原住民擊退。

美國駐廈門領事李仙得（Le Cendre）來臺灣欲與原住民談判，並請求臺灣地方官協助，均未成功。同年（一八六七年）六月，美國乃派軍艦兩艘及軍隊一百八十一人進攻龜仔角原住民部落，被原住民打敗。清政府恐事件擴大，李仙得也對清政府施加壓力，臺灣鎮總兵劉明燈才率兵五百人前往琅嶠。李仙得對征服原住民無把握，乃透過通事與琅嶠十八社總頭目卓杞篤達成協議，往後如果有中外船隻失事，應妥為救護照顧。劉明燈隨後撤兵，此事件終告落幕。

(二)大南澳侵墾事件

大南澳位於宜蘭蘇澳南方，又名南澳（今宜蘭縣南澳鄉）。同治七年（一八六八年）四月，有德國商人美利士（Tames Milisch）提供資金給一英國人荷恩（Horn）前往大南澳伐木墾荒。噶瑪蘭通判丁承禧予以再三勸阻，但未被採納。荷恩並用鹽、布、羽毛等物結交原住民，甚至與該地平埔原住民頭目的女兒結婚，然後再率領一些平埔原住民自蘇澳前往大南澳，在該地建碉堡，築柵圈地開墾，後來又到雞籠、淡水等地雇工百餘人前往開墾與伐木，並興建土堡、草屋數十間。事經通判報請總理衙門照會英、德公使，將荷恩等人撤回嚴辦，但英、德公使故意推諉敷衍，毫無效果。

同治八年（一八六九年），美利士更親至大南澳，於蘇澳口的南方澳山腳，蓋三間草屋，作為往來的寓所。荷恩仍在大南澳開墾，準備栽種茶樹。美利士時常用船，由淡水、雞籠載運食物往來，後來甚至偷運火藥前來賣給原住民。清朝總理衙門因此再向英、德兩國抗議，聲言必要時將自行予以逮捕，英國公使才允將荷恩撤回；而德國公使心存袒護，故荷恩雖被英國命令撤回，但因得到美利士的支持，仍墾殖如故，進而增雇壯勇，對入山漢人抽取保護費，儼然以殖民地統治者自居。最後在總理衙門與英、德兩國一再交涉之後，英、德兩國才強令荷恩及美利士離開大南澳，結束此事件。臺灣後山逃過被占領的危機，同時也證明清廷封禁政策已面臨極大的挑戰，迨牡丹社事件爆發，此一政策終告崩潰而宣布撤禁。

(三)樟腦糾紛

樟腦為臺灣開港後極重要的輸出商品，但清廷規定民間不得私自將樟腦售給外國人，清廷在大甲設館，承辦樟腦買賣事務。同治五年（一八六六年），英人要求樟腦自由買賣，臺灣道梁元桂不許，如無官府特許，皆不得私自購運。同治七年（一八六八年）設在安平的英商怡記洋行（Elles Co.）代理人必麒麟（W. A. Pickering）卻在梧棲私開洋棧，購儲樟腦，準備私運出口。鹿港的北路理番同知洪熙恬獲悉後帶兵前往截留，以致樟腦遭風浪飄沒。必麒麟乃親至梧棲調查，憑仗武力與天津條約為護符，氣焰囂張，與洪熙恬相持不下。後來因得知廈門的英國砲艦無法前來支援，而且洪熙恬可能以強硬手段對付他，必麒麟才轉赴廈門向英國領事報告事件經過。

在樟腦糾紛發生期間，臺灣又發生數起與英國之間的糾紛：例如鳳山長老教會的教堂被燒，教民被殺；打狗英商夏禮（Hardie）與兵丁口角，互毆受傷；艋舺英商因租設行棧，遭民眾毆傷等事件。閩浙總督唯恐事件擴大，乃派人來臺與英國方面談判。英國要求懲罰暴民、賠償損失、履行條約、撤換失職官員等，結果談判破裂，英國乃派兵艦至安平示威，並發動砲擊，登岸殺傷兵勇。最後由臺南紳商黃應清出面斡旋，中英簽訂協議後才使事件平息。清廷除賠款、懲罰兇手之外，並撤換官員及開放樟腦自由買賣。

二 牡丹社事件

清同治十年（一八七一年），牡丹社事件的發生促使清廷治臺政策轉為積極，不但解除渡臺禁令，並且鼓勵移民來臺灣拓墾。尤其是「開山撫番」政策的推展，使臺灣山地被開發，

向來研究牡丹社事件的中國學者，大多將此事件發生的責任推給日本，認為禍首乃日本企圖侵略臺灣所引起。其實此一事件的發生，實有三方面的背景：其一則為日本占領臺灣的野心；再則是近代中國的積弱不

振，對臺灣的漠不關心，給日本有機可乘；三則是臺灣「番政」的不治理，原住民受漢人及洋人侵凌而仇恨外人，加上與原住民獵人頭的習俗有關一事。由於此三方面因素之長久蓄積，終於爆發於一旦，故牡丹社事件的發生，實乃多方面因素的湊合。

同治十年（一八七一年），有琉球宮古島民六十九人，乘船遇風漂流至臺灣東南部的八瑤灣（今屏東縣滿州鄉），溺死三人，另六十六人登岸後誤入牡丹社域（今屏東縣牡丹鄉），結果有五十四人被高士佛社原住民所殺，餘十二人得到漢人居民楊友旺的救護幸而逃生；後經鳳山縣護送至府城，再轉送至福建福州，次年，由福州坐船回琉球。

同治十二年（一八七三年），日本派遣特使副島種臣及柳原前光至中國商談換約之事，並恭賀同治結婚，乃乘機試探清廷對牡丹社事件的處理態度。當時清廷一方面表示琉球、臺灣皆屬中國，此事不煩日本過問，但卻又表示，臺灣後山（今臺灣東部）的原住民為化外之民，清廷政令所不及，無法追究。日本即以此為藉口，出兵臺灣。

同治十三年（一八七四年），日本派西鄉從道為臺灣事務都督，率兵三千六百五十八名攻打臺灣。日軍於三月二十二日於琅嶠登陸，十五天後進攻牡丹社，屠殺三十餘人，悉焚該社房舍。但原住民並不屈服，繼續襲擊日軍，西鄉從道退守龜山（今屏東縣東城鄉），修路築橋，建造都督府及兵營作長久駐紮的打算。

圖4-3　牡丹社事件的石門古戰場

　　日軍侵犯臺灣以後，清廷才覺得事態嚴重，乃授沈葆楨為欽差，辦理臺灣等處海防兼理各國事務大臣之職。沈氏奉命之後，於是年五月渡臺，整治軍備，興辦團練，開闢前往後山道路，並派人至臺灣東部招撫原住民，以壯聲勢，並調操洋槍的淮軍一萬餘人來臺灣，積極備戰。一時雙方對峙，劍拔弩張，戰爭有一觸即發之勢。英、美各國見情勢危急，恐一旦戰爭爆發將會影響商業利益；更恐怕中國一旦戰敗，利益將被日本所獨得，乃對日本多所責難。日本見列強反對，中國又積極備戰，亦頗有顧忌，而日軍在臺染病嚴重，病死的人不少，終於在英、美兩國斡旋下和談，於是年九月雙方達成協議，簽訂條約重要內容如下：

　　⑴日本所辦，原為保民義舉起見，中國不指為不是。

　　⑵所有遇害難民之家，中國定給撫恤銀兩。日本在臺灣修建道路房舍，中國願留下自用，但必須補償銀兩給日本。

　　⑶臺灣東部生番，中國應設法妥為約束，以期永保航客不受殺害。

　　最後，中國賠償日本撫恤難民費十萬兩，又賠償其在臺灣修道路費、建房屋費四十萬兩，日本乃於同治十三年（一八七四年）十一月撤兵。

　　牡丹社事件雖告和平解決，但條約的簽訂，等於無形中承認琉球為日本的屬國，顯示出中國缺乏有才能的外交家；同時賠款撤兵，降低了中國的國際地位。但其對臺灣卻也有正面的影響，亦即清廷從此開始重視臺灣，治臺政策轉為積極，尤其是為了防範外人占領臺灣而推動的「開山撫番」等各項政策，使得臺灣東部從此走上積極開發的途徑，可以說是拜此事件之賜。

三　清廷的積極治臺與開山撫番

　　牡丹社事件發生後，由於日本出兵侵犯臺灣，危害到清朝的海防安全，使清廷認識到要鞏固中國海防必先確保臺灣，欲確保臺灣則應先建設臺灣，清廷治臺政策由此轉趨積極。

　　牡丹社事件發生後，清廷派福建船政大臣沈葆楨來臺處理善後事宜。沈氏抵臺之後，在臺灣推展「開山撫番」政策，並推動政治及國防上的各

項改革，積極的治理臺灣，茲將其主要政績詳述於後：

(一)開山「撫番」

圖4-4　沈葆楨像

牡丹社事件時，日軍侵略臺灣的藉口是臺灣東部的原住民非中國政令所及，因此出兵攻打臺灣以懲罰原住民殺害琉球難民。為了促進臺灣後山和內山的發展，沈氏積極推展「開山撫番」工作，除了可以向外國宣示清廷對原住民地區擁有主權，杜絕外國對臺灣領土的野心外，茶、樟腦主要產於內山原住民地區，為清末輸出的大宗商品，故開山「撫番」也有其經濟的利益。

沈葆楨認為開山和「撫番」必須同時進行，「務開山而不先撫番，則開山無從下手；欲撫番而不先開山，則撫番仍屬空談」。沈氏在開山方面主要是打通前山與後山的聯絡道路，使臺灣東西部連成一氣，先後開闢了北、中、南三條通往後山的道路。

北路

由提督羅大春率兵十三營開闢，自宜蘭的蘇澳開至花蓮的新城，計二百〇五里，即今

圖4-5　沈葆楨所建礮臺——億載金城

蘇花公路的前身。

中路

由總兵吳光亮率兵三營及哨弁鄧國志酌雇民番開闢，自彰化縣的林圯埔（今南投縣竹山鎮）至花蓮的璞石閣（今花蓮縣玉里鎮），計二百六十五里，亦即今日所謂的「八通關古道」。

南路

南路分兩條，一條由海防同之袁聞柝和飽復康先後帶兵開闢，自鳳山縣赤山莊（今屏東縣萬巒鄉）至卑南（今臺東市），計一百七十五里。另一條由總兵張其光率兵自射寮（今屏東縣車城鄉）至卑南，計二百一十四里。

沈氏除了開闢北、中、南三路通往臺灣東部外，並鼓勵漢人進入山地開墾，促進臺灣的全面開發。

在撫番方面，沈葆楨的方法是有計畫的促進原住民漢化，其做法是：選土目、查「番戶」、定「番業」、通語言、禁仇殺、教耕稼、修道路、給茶鹽、易冠服、設「番學」、變風俗等。沈氏在臺期間曾招撫原住民一萬七千餘人，但對於不服招撫或用武力反抗的原住民，則用武力鎮壓。

圖4-6　開闢臺灣中路的吳光亮所刻「萬年亨衢」石碣

圖4-7　吳光亮所刻「開闢洪荒」石碣

　　另外，沈葆楨為了落實「撫番」工作，奏請朝廷將過去禁止漢人偷渡來臺灣、禁止攜帶家眷來臺灣、禁止漢人進入山地、禁止漢人娶原住民為妻等禁令解除，清廷於光緒元年（一八七五年）正式解除對臺灣的上述一切禁令。

(二)政治的改革

　　沈葆楨認為臺灣吏治不良，軍紀欠佳，人口漸多，建議派巡撫駐守臺灣，並增設郡縣。清廷乃依其建議，派福建巡撫每年駐在臺灣半年，並調整行政區畫，增設臺北府，下設淡水縣、宜蘭縣、新竹縣和基隆廳。至於原臺灣府則轄原有的臺灣縣、鳳山縣、嘉義縣、彰化縣及澎湖廳外，又增設恆春縣、卑南廳（今臺東、花蓮地區）、埔里社廳（今埔里），以提高行政效率。由行政的調整也可看出清廷對常與外國發生糾紛的臺灣東部及屏東地區的重視。

(三)國防的加強

　　沈葆楨為了加強臺灣的海防，在安平及旗後（旗津）、東港等地興建礮臺，並購買輪船航行於臺灣、福建之間，以改善臺灣的交通。沈氏並派

人到英國採購設備，在基隆正式展開新式煤礦的開採工作。

　　沈葆楨於光緒元年（一八七五年）升任兩江總督兼南洋大臣，其後對臺灣的治理較有政績的官員為福建巡撫丁日昌。

四　丁日昌與洋務運動

　　福建巡撫丁日昌於光緒元年（一八七五年）任福建巡撫，次年十一月來臺灣，光緒三年（一八七七年）四月回福建任職。他在臺灣時間雖然不長，但對臺灣的發展方向，卻提出不少遠見。在他任內的臺灣府特別錄取淡水廳所屬的原住民陳寶華為秀才，開臺灣原住民透過考試取得功名的先例；並派人教導原住民耕作技術，嚴禁漢人侵占原住民的土地。至於不受招撫、凶悍滋事的原住民，丁日昌則派兵征剿，使其順服。

　　在農墾方面，丁日昌派人至汕頭、廈門、香港等地設招墾局，招募中國移民用的輪船載來臺灣東部，分給土地，借予農具、種子、耕牛，讓他們去開墾，不但促進臺灣東部的開發，也緩和福建、廣東的人口壓力。

　　在交通建設方面，丁日昌曾經架設安平至府城，以及府城到旗後兩條電報線共九十五里，為臺灣最早架設的電報線。另外，丁氏又派官員雇礦工開採基隆的煤礦，不但開採出品質極佳的煤層，甚至有少數石油湧出。

第五節　臺灣建省與劉銘傳的自強新政

　　光緒十年（一八八四年）法國出兵侵犯臺灣，清廷派劉銘傳率兵來臺灣抵抗法國。戰爭結束後，清廷更重視臺灣的國防地位，將臺灣改設為省，派劉銘傳為首任巡撫。在劉銘傳主政期間，勵精圖治，推動各項現代化的建設，使臺灣成為當時中國最進步的省分。

一 法軍侵臺與臺灣建省

　　光緒十年（一八八四年）六月，法國軍隊進犯越南北部，越南北部求援於中國，中國派兵協助越南抗法，法軍失利，中法戰爭遂告爆發。法國見中國東南沿海防衛空虛，同年七月，法軍進犯福建，清廷派劉銘傳來臺灣督辦軍務。同年八月，法派軍艦攻打基隆，被劉銘傳、章高元、曹志忠等將領率兵擊退。同年九月，法軍改攻淡水，又被孫開華等將領率兵擊退。法國海軍提督孤拔見要攻下臺灣不如想像容易，乃率艦隊封鎖臺灣海峽，使臺灣對外交通中斷，經濟受到極大影響。光緒十一年（一八八五年）三月，法軍攻下基隆，逼近臺北，情勢危險。同時，法軍又占領澎湖，臺灣海防受到極大威脅。但同年四月，中法雙方和談成功簽訂條約，雙方停戰，法軍撤出臺灣，並解除對臺灣的封鎖。

　　中法戰爭之後，清廷更感覺到列強垂涎臺灣的危險，也更認識到臺灣的重要性，因此，清廷乃於光緒十一年（一八八五年）十月下詔將臺灣改設為省，並以劉銘傳為首任巡撫。劉銘傳為安徽人，屬淮軍系統將領，為李鴻章的部下，是一位具有現代化眼光的政治家。劉氏擔任臺灣巡撫以後，於光緒十三年（一八八七年）首先將臺灣的行政區畫做一全盤的調整，以提高行政效率。

　　劉氏對行政區畫調整的規劃，特別顧及臺灣東部與西部的均衡發展，同時還注意到臺灣北部、中部、南部之平衡發展。他對於過去行政重心在南部做一修正，因為清末臺灣經濟的重心已經北移，行政中心在南部略嫌偏遠，因此他贊同前福建巡撫岑毓英的主張，決定將省會設於中部的橋孜圖（今臺中市）。該地為全臺適中之地，山環水繞，中為平原，氣象宏開，為南北往來必經的中途站。至於全臺地方行政區畫的調整為三府十一縣四廳一直隸州（詳參表3-1）。

二 自強新政的推動

　　劉銘傳擔任臺灣巡撫期間，除了調整行政區域以外，更在臺灣推行以

現代化為中心，以加強海防、富國強兵為目標的自強新政，其主要內容如
下：

(一)國防建設

　　光緒十一年（一八八五年）在臺北大稻埕興建機器廠，自製槍彈，同
時設立軍械所和火藥局來儲存槍械彈藥。次年，開始模仿西洋人，在澎
湖、基隆、淡水、安平、旗後五個港口興修十座新式礮臺，並在基隆和淡
水設水雷局和水雷營，使水雷和礮臺相互為用。此外，又購買輪船，並進
行整軍、練兵，將臺灣的軍隊改用洋槍。

(二)交通建設

　　光緒十二年（一八八六年），在臺北設電報總局，並架設福州到淡水
至臺北，以及基隆到臺南、臺南至澎湖的水陸電報線，全長約四千一百華
里。光緒十三年（一八八七年）六月，著手興建鐵路，臺北至基隆段於光緒
十七年（一八九一年）竣工，不過此時劉銘傳已去職。光緒十四年（一八八

圖4-8　清末的臺北火車站

八年），在臺北設立郵政總局，全島設分站，發行郵票，為中國現代化郵政的創始，並購買南通、飛捷兩艘輪船航行於臺灣與大陸之間。此外又開闢臺北經坪林通往宜蘭的道路。

(三)財稅改革

往昔臺灣的土地制度複雜，以致政府對田賦掌握不確實，常有地主「隱田」逃避稅賦的現象，因此劉銘傳積極從事清理田賦的工作，清理田賦後，入冊登記的田畝增加四百多萬畝，每年增加稅收四十九萬兩銀。同時將原來臺灣一田多主的田賦制度，採用大租「減四留六法」，確定以小租戶為業主，由其繳納正供；並將大租分為十份，大租戶仍得其六份，四份交小租戶完納正供，小租戶可向佃農收取大、小租額，丈單（土地所有權狀）、錢糧皆由小租戶經手。雖然

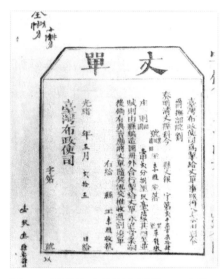

圖4-9　清代的土地所有權狀——丈單

清賦使臺灣的土地所有權較為單純，田賦負擔較為公平，但清賦前後只花兩年多時間，清丈不夠確實，也得罪了部分地主，而發生了如彰化地主施九緞率眾包圍彰化縣城抗稅的「施九緞事件」，幸而事件不久即被平息。

此外，劉氏又於臺北設官銀局，購買機器，鑄造銀幣，每年數十萬枚，此為中國自造銀幣的創始。

(四)經濟建設

光緒十一年（一八八五年），受到中法戰爭破壞而停業的基隆煤礦重新開採，由官商合辦。光緒十三年（一八八七年）成立煤務局，安裝新購的採煤機器，每天可出煤百噸，並由林維源出面招商股來經營，但遭清廷反對而陷於半停頓狀態。光緒十二年（一八八六年）在滬尾設立官辦硫磺廠，

以開採附近的硫磺。次年，又設立官辦機器製木廠及煤油局，來生產鐵路枕木及開採煤油。

商業方面，光緒十二年（一八八六年）設立商務局來發展商務，派李彤恩等人到新加坡設立招商局（後改為通商局），向華僑募股成立輪船公司，購買輪船航行於臺灣與大陸各埠，遠至新加坡、呂宋、西貢等地。同年，又設立官腦總局及硫磺總局，實施樟腦專賣，以及將各地所產硫磺送至滬尾硫磺廠加工後，運至上海轉售各地。

此外，劉氏又在臺北推動都市計畫，興建街坊、裝設電燈及自來水、興建大稻埕鐵橋，使臺北成為現代化的城市。

(五)撫墾事業

光緒十二年（一八八○年）五月，設全臺撫墾總局，以林維源為總辦，又於各地設撫墾局及撫墾分局，積極展開撫墾工作。光緒十五年（一八八九年）三月，劉銘傳奏稱：「全臺生番，一律歸化。」撫墾局共招撫八百○六社，並展開移風易俗，推行漢化政策。

圖4-10 光緒年間開山撫番的集集「化及蠻貊」石碣

(六)教育文化

　　光緒十三年（一八八七年），在臺北大稻埕創立西學堂，招學生入學。先後聘請洋教習二人、漢教習四人，教授西洋學術外，兼課中國經史文字，使學生能學貫中西，培養通曉近代科學及外交事務人才。光緒十六年（一八九〇年），設立電報學堂於臺北大稻埕，為電報局培養電信人才。同年四月，在臺北設「番學堂」，收原住民子弟入學肄業，以培養原住民的領導幹部及通事人才。

　　清末臺灣在牡丹社事件之後，清廷展開積極治臺政策，先後有沈葆楨、丁日昌、劉銘傳等洋務派官員的經營建設，經過近二十年的努力，臺灣出現了全中國最早自辦的電報業和新式郵政，和全國最早投產的新式大煤礦。臺灣也出現了第一條鐵路、第一具電話、第一盞電燈、第一枚郵票、第一所公立的新式學校，使臺灣成為全中國洋務運動中最現代化的省分。

　　清末臺灣推展自強新政能成效卓著，主要與日本、法國兩次武力犯臺的強力刺激有關，使清廷開始重視臺灣的國防。其次是當時主持政務的奕訢及李鴻章等人對臺灣防衛給予有力的支持，加上本地的紳民對興辦鐵路、開礦、架電線等新式事業阻力較小。不像中國大陸的保守官僚及紳商強烈反對開辦鐵路、架設電線等新式事業，臺灣推展新式西洋事務較順利，而且獲得部分本地士紳、富商的大力支持，例如：板橋林維源答應捐五十萬兩開辦鐵路和煤礦；大稻埕富商李春生投資開發淡水商埠。正如劉銘傳指出的：「臺灣與內地情形不同，興修鐵路，商民故多樂從，紳士亦無異議。」此外，主持臺灣新政的沈葆楨、丁日昌、劉銘傳等人，都是洋務派中的佼佼者，沈葆楨是臺灣現代化的倡導者和奠基人，丁日昌則提出全面具體發展計畫並積極落實，而劉銘傳更是臺灣現代化的實際推行和集大成者。臺灣現代化的成就，他們都是功不可沒的。

三 自強新政的停頓

劉銘傳推動的自強新政雖然使臺灣在清末成為中國最現代化的省分，但劉氏大刀闊斧的改革，也出現了一些問題。例如：劉氏未衡量財政的負擔能力，短期間推動大規模的建設，造成財政虧空四十七萬兩。而臺灣建省初期的財政無法自給，必須仰賴福建協餉五年。另外，劉氏所推動的新政中也有部分事業績效不彰，例如：基隆煤礦、煤油局、造鐵路、設電燈等，或因用人不當，以致執行偏差、不徹底，或未考慮經濟效益而浪費公帑，反而造成人民的負擔。結果，光緒十七年（一八九一年），劉銘傳因採煤虧空遭人彈劾而去職。

劉銘傳去職後，清廷改派邵友濂繼任臺灣巡撫。邵氏一繼任即面臨福建協餉五年期滿、財政困難的窘境，於是被迫採取緊縮新政，先後撤廢清理街道、煤油局、伐木局，停止官營採煤，裁撤西學堂、「番學堂」和電報學堂。不過邵友濂還是做了一些工作，例如：他向紳商借款修築鐵路，光緒十九年（一八九三年）底修至新竹後停修，還設立金沙抽釐局、擴大臺北機器廠、基隆煤礦改為官商合辦，並修撰《臺灣通志》等工作。

總之，邵友濂繼劉銘傳為臺灣巡撫後，清廷的治臺政策又回歸消極。其所以如此，乃因劉銘傳積極建設臺灣，使臺灣現代化冠於全國的情形，使清廷對臺灣產生疑懼而不再支持劉銘傳。加上此時日本又在朝鮮生事，支持劉銘傳的李鴻章過度注意朝鮮問題而漸忽略臺灣。最後中日甲午戰爭失敗後，中國竟將臺灣像棄嬰一樣割給日本。

研究與討論

1.清代臺灣開港對外國貿易後，對臺灣經濟的發展有何影響？
2.清代臺灣開港對外國貿易後，對臺灣社會的發展有何影響？
3.何謂「牡丹社事件」？此一事件對臺灣歷史的發展有何影響？
4.試述清末沈葆楨治臺期間的治績。
5.清末劉銘傳在臺灣推動哪些自強新政？其新政有何影響和缺點？

參考書目

林滿紅，《茶、糖、樟腦與臺灣之社會經濟變遷》，臺北，聯經，1997。

周憲文，《臺灣經濟史》，臺北，臺灣開明書店，1980。

黃富三、曹永和編，《臺灣史論叢》，第一輯，臺北，眾文圖書公司，1980。

張世賢，《晚清治臺政策》，臺北，東吳大學，1978。

張勝彥，《清代臺灣縣廳制度之研究》，臺北，華世出版社，1993。

張勝彥等著，《臺灣開發史》，臺北，國立空中大學，1996。

薛化元，《臺灣開發史》，臺北，三民，1999。

盛清沂等編，《臺灣史》，臺中，臺灣省文獻會，1977。

必麒麟（W. A. Pickering），陳逸君譯，《歷險福爾摩沙》，臺北，常民文
化，1999。

愛德華‧豪士（Edward H. House），陳政三譯，《征臺紀事——武士刀下的牡
丹花》，臺北，常民文化，2003。

第五章　日本殖民統治的政治發展

第一節　導言

　　光緒二十一年（一八九五年），臺灣割讓給日本，在不同種族、文化體系的日本殖民母國統治下發展了五十年。日本原本以爲可以和平擁有臺灣，臺灣卻成立「臺灣民主國」的獨立政權與之相抗，使負責接收臺灣的第一任臺灣總督樺山資紀認識到接收臺灣必須使用武力，埋下日後臺灣各地抗日勢力四起的因素。「臺灣民主國」是個倉卒成軍的政權，其成立動機——企圖以外力達成拒日目標的構想頗爲粗糙，在雙方軍力懸殊、抗日過程南北態度殊異下草草落幕，卻是日後臺灣各地武力抗日二十年的開端。可惜繼之而起的地方武力抗日，包括簡大獅、柯鐵、林少貓、蔡清琳等皆未能跳脫傳統民變本質，是無計畫、無連貫性，暴虎馮河式的暴力行爲。在眾多抗日團體中，眾友會的蔡淑悔積極向中國爭取援助，並主張臺灣回歸祖國，然中國卻自顧不暇，只能口頭慰勉。霧社是日本最引以爲傲的模範部落，卻爆發由莫那・魯道所領導的霧社事件，兩次的霧社事件使霧社原住民幾乎滅族。之後，總督府大幅調整原住民政策，新的理番政策除了爭取原住民的信任外，更進而有系統地改變原住民傳統習俗、權力結構，授之以農耕技術，使原住民在體質上失卻粗獷本色，新的部落菁英重新被塑造。二次大戰末期，原住民踴躍響應高砂義勇隊的徵召，可見其成果。

　　日本統治臺灣之初，並無確切方針，隨著臺灣的社會變化及國際局勢發展而有漸進主義、同化主義、皇民化運動三期不同的統治特色。由於臺灣的風俗與日本迥異，所以臺灣實施不受日本憲法保障的「六三法」，也造就臺灣總督大權在握。日本統治臺灣充分運用警察與保甲，逐漸安定社會秩序，而日本警察滲透至百姓的每一個私領域，成爲名副其實的「警察王國」。警察搭配中國傳統的保甲制度，也是日本所有殖民中最獨特的制

度。一九一〇年代中期之後，知識分子體悟到向日本人爭取權益必須使用智慧，在體制內以合法的手段，結社或組織政黨的方式，對殖民政權要求合理待遇，因而展開十餘年漸進式的政治社會運動。從要求與日本人平起平坐的「六三法撤廢運動」，走到民族自覺的自治，甚至是獨立運動。在向殖民政權要求民主政治權利的同時，有識之士開始反省臺灣文化，先由在東京的臺籍知識分子、留學生組成啟發會（後改為新民會），以林獻堂、蔡惠如為首，主張革新臺灣事務，文化向上的民族自決。進而有以臺中地區為大本營的臺灣文化協會，展開熱鬧的文化啟蒙運動，林獻堂亦是主要靈魂人物。臺灣第一個合法政黨——臺灣民眾黨也於此時成立，由蔣渭水領導。主張臺灣獨立與階段鬥爭的臺灣共產黨在上海建黨，主要成員有謝雪紅、林木順、翁澤生等人。政治、社會運動的焦點由爭取平等待遇、自治，延伸到農工權益的社會階級議題。由於臺灣既存的階級問題，使民主運動提早分裂，溫和的士紳階級最後採取溫和的體制內改革，以楊肇嘉為首，組成臺灣地方自治聯盟。熱鬧的民族社會運動在中日關係緊張後一一被取締，中日戰爭爆發後完全消聲匿跡，但其民主的種籽卻深植民心。尤其臺灣文化協會無疑是臺灣歷史上第一次出現的有組織、有系統、有目標的民族運動團體。臺灣文化協會藉各種形式的活動傳遞各種層面的知識，當時臺灣文化水準是否因此提高，難有一個衡量標準，但民族意識的激昂、農工問題被炒熱，皆是文化啟蒙下的產物。

　　日本大東亞共榮圈的迷夢使戰線拉長、兵員枯竭，臺灣也捲入「聖戰」之中，對戰爭付出人力、物資。臺灣對戰爭的人力包括志願兵、高砂義勇隊、拓南戰士、海軍工員、看護婦、慰安婦等。日本原本打算以臺灣作為前進南洋的跳板，對臺灣的建設不遺餘力，但卻因戰爭末期美軍密集轟炸而化為烏有，使得戰後復原不易。

第二節　反抗與鎮壓

一「臺灣民主國」的抗日

(一)抗日始末

　　日本明治維新之後，逐漸發展了「北進」與「南進」政策，北進的目標是朝鮮，南進的目標是臺灣。光緒二十年（一八九四年），中國與日本因為朝鮮主權問題爆發「甲午戰爭」，中國戰敗。次年四月十七日，清政府與日本簽下「馬關條約」，將臺灣與澎湖等附屬島嶼割讓給日本。臺灣民眾透過洋行的管道獲知消息，悲憤莫名。在衝擊、懷疑下，士紳階級委派丘逢甲向巡撫唐景崧表達誓死保臺的決心。唐景崧數度向清廷求援，割臺雖非清廷所願，然對臺灣官民的請求卻也無能為力。與唐景崧有師承關係的張之洞，提議臺灣民眾自力救濟，以民意影響國際視聽，並利用各國對日本的牽制來抗

圖5-1　近衛師團進攻臺灣路線圖

日。唐景崧於五月二十三日宣布獨立，成立「臺灣民主國」，照會各國，二十五日正式生效。

　　「臺灣民主國」以「永清」為年號，制訂藍地黃虎為國旗，首都設於臺北，民主國的總統為唐景崧，副總統丘逢甲，大將軍劉永福（鎮守臺南），議會議長林維源（並未就任）。五月十日，日本任命具有探勘臺灣經驗的海軍中將樺山資紀負責臺灣交接，並擔任首任總督。樺山資紀意識到

不能和平接收臺灣，乃調派赴遼東半島的禁衛師團來臺。臺灣攻防戰從五月二十九日拉開序幕，由於三貂灣並未設防，北白川宮能久親王率領的近衛師團第一旅團順利登陸鹽寮，占領瑞芳，六月六日登陸基隆。唐景崧於六月四日離開臺北，六日陳季同從淡水逃回大陸，丘逢甲、余明震、李秉瑞、林朝棟等重要領袖也相繼離開。臺北城旋陷入群龍無首的狀態，自基隆撤退至臺北的民主國士兵又帶來兵燹，臺北城一陣混亂，包括英、美、法、德在內的洋商及臺灣商紳們決議派鹿港商人辜顯榮迎接日軍進城，並安排陳法老婦人架設木梯，方便日軍登牆入城。於是，六月七日日軍兵不血刃進入臺北城。抗日中心繼而轉移至劉永福駐紮的臺南。

　　日軍占領臺北後，臺灣總督府迅速在臺北巡撫衙門西側的跑馬場（今臺北中山堂）舉行「始政式」，宣示日本領臺開始。但當時日軍實際控制地區僅有基隆、臺北、淡水。之後，日軍兵分兩路，一路攻取宜蘭，一路向南前進，真正的纏鬥由此開始。日軍在三峽、桃園、新竹、苗栗遇到由胡嘉猷、黃娘盛、徐驤、姜紹祖、吳湯興等人領導，以客家人為主的抗日軍隊頑強抵抗，不僅義軍誓死如歸，民眾常豎白旗佯裝投降，待日軍鬆懈，藏匿於民宅後之義軍則予以痛擊；日軍亦報以殘酷的殺戮。如此，戰況激烈，日軍推進速度緩慢。到了彰化，又遇到黎景嵩領導的新

圖5-2　北白川宮能久親王像

楚軍與吳彭年的黑旗軍，在八卦山展開長達十日的生死戰。北白川宮能久親王也在戰役中受傷，後卒於臺南。

　　彰化失陷後，日軍繼續南下，攻下嘉義後，為盡速瓦解臺南劉永福的駐軍，除了南進軍隊外，另由貞愛親王與號稱「戰神」的乃木希典於嘉義布袋及枋寮登陸。劉永福於十月二十日乘英輪德爾士號離開臺灣，臺南城一片混亂。最後也仿照臺北城模式，紳民迎日軍進城。十月二十一日，臺

南城陷落。

(二)「臺灣民主國」敗亡的原因

這場戰爭，臺灣人戰死及被殺害者有一萬四千人，而日軍戰死二百七十八人，陣亡人數約為五十比一。臺灣民主國的敗亡原因在於：

(1)兩軍兵力懸殊。臺灣部署兵力總數不滿三萬五千人，民兵和新兵占多數。岸砲共十四座，以阿姆斯壯砲為多，口徑自五至十二吋不等。砲兵隊以克魯式最多，口徑自十五厘至二十一厘不等。日本方面，先後調派陸軍近衛師團、第二師團，混成第七旅團，兵力七萬多人，馬九千四百多匹。海軍常備艦隊、運補船隊四十多艘，人員一萬多人。裝備方面有山砲、野戰砲、機關砲等。艦砲以克魯伯式最多，最大口徑三十二厘米。面對日本帝國排山倒海之勢，民主國的守軍相形見絀。

(2)民主國將帥不合，領導階層未有與臺灣共存亡的決心。唐景崧與劉永福曾共事越南，然彼此嫌隙，當時臺北首當其衝，唐景崧不接受劉永福政務、軍務分治之建議，將劉永福調駐臺南，之後，劉永福亦未再支援北部軍事。唐景崧出任總統並非完全自由意志，領導人物及地方官吏先後內渡，嚴重打擊人心。唯有臺東直隸州知州胡傳、南雅廳同知宋維釗等留守。寫下「宰相有權能割地，孤臣無力可回天」悲壯詩句的丘逢甲，在連雅堂的《臺灣通史》也留下攜走民主國半數軍餉之歷史公案。

(3)正規軍大多招募而來，大陸的兵勇並無捍衛鄉土的決心。廣勇與臺灣居民、臺勇言語隔閡，相互敵視。而且兵員素質太差，不僅無戰術戰技可言，在臺北城群龍無首後，為了爭奪民主國的官餉，廣勇、臺勇互相攻擊。劉永福的昔日舊部將並未隨他來臺，所率領的是雜牌的、甫招募的新軍，戰力大打折扣。

(4)未有明確理念，民意基礎不夠。民主國是部分士紳抗日保臺的權宜之計，從部分臺灣仕民準備「大日本善良民」的白旗與「歡迎義勇軍」的黑旗，反覆換旗、見機行事看來，不難發現一般百姓的關心

所在。抗日過程中，南北反應不同。北部是新開發地，商業繁榮，行旅往來頻繁，住民複雜，鄉土情懷較低，板橋林維源捐出四萬兩後即離開臺灣。桃、竹、苗以南的抗日戰力較強，乃因為此地鄉豪保家衛土心切，不惜捨身一戰，而稍抑制日軍行軍的速度。

(三)民主國的性質

民主國的國祚應如何計算呢？當唐景崧等重要官員離臺後，民主國實際上已名存實亡。所以，若以五月二十五日至六月六日計，僅十二天。有謂應以劉永福撤守，十月二十一日日軍進入臺南城為止，如此，「臺灣民主國」則存在了一百四十八天。

「臺灣民主國」的成立與其說是臺灣抗日的開端，不如說是中日馬關議和的延長，也是企圖從日本手中搶救臺灣的外交設計。即以臺灣煤、金、茶、樟腦、硫磺等利權為交換條件，吸引英、法、俄、德等國插手干涉臺灣問題，逼使日本放棄臺灣。抱持這種想法，除張之洞、唐景崧外，最熱中的是曾經擔任巴黎中國使館參贊的陳季同，他自信可以得到法國的軍援。而五月十九日的確有一艘法國巡洋艦訪臺，艦長對唐景崧承諾，只要臺灣獨立，法國可保護臺灣。這個談話並不具有實質意義，卻留給唐景崧與陳季同無限期待，結果證明僅是空頭支票。當時英國想利用日本箝制俄國，俄、德關心的是遼東半島，法國則因俄、德反對，不願開罪日本而退縮。但主政者昧於國際情勢，出此險策，因此，民主國始終未獲國際承認。

「臺灣民主國」的英文名稱為「The Republic of Formosa」。雖引入少數幾項政治措施，例如設立總統府和相當內閣的中央行政機構，並設立議會，具有西方民主國家的外貌，但並未主張平等、個人權利和選舉。政府機構也相當簡單，總統府之外，僅設軍務、內務及外務三部。余明震任內務督辦，李秉瑞、陳季同為會辦；陳季同任外務督辦，余明震、李秉瑞為會辦；李秉瑞任軍務督辦，余明震、陳季同為會辦；職務由少數人把持，無異於寡頭政治。議會議長林維源並未就任，議會功能未能彰顯。其官制與名稱悉如清制，所以唐景崧有「巡撫總統」之稱。其年號「永清」，文

告聲明「恭奉正朔，遙作中國之屏藩，氣脈相通，無異中土」，國旗「藍地黃虎」中的溫馴黃虎，有意避免僭越象徵中國皇帝圖騰的龍，均顯示與清朝的關係密不可分，成立目的是為了對抗日本而非脫離中國。

　　由於日軍殘暴，動輒實施焦土政策，使臺灣住民產生臺灣人與日本人的分類意識，「臺灣民主國」成為此後各地抗日事件的起點。有清一代，紛擾不已的族群械鬥矛盾，至此因面對共同敵人的壓力而逐漸淡薄。

二 各地的武力抗日

　　樺山資紀雖在明治二十八年（一八九五年）十一月十八日向日本報告臺灣悉數平定，但總督府的控制僅局限在大聚落及交通要衝的點與線，山區及鄉間仍有抗日組織出沒。日本統治臺灣的前二十年，各地抗日行動此起彼落，攻擊日本官吏辦務署、屯兵處、派出所共九十多件。其中，較重要的是臺北的簡大獅，轉戰深坑、新店的陳秋菊，盤據雲林大坪頂（今林內）的柯鐵，活躍高雄、屏東的林少貓，北埔的蔡清琳，苗栗的羅福星，臺南的余清芳，尋求中國援助的眾友會等抗日勢力。抗日活動肆起原因如下：

(一)日軍接收時的慘烈屠殺

　　日軍接收臺灣初期，對反抗的臺灣人慘烈屠殺及招降兼討伐的反覆政策，是抗日活動層出不窮的原因之一。例如雲林的簡義與柯鐵勢力聚集在大坪頂山，明治二十九年（一八九六年）六月改元「天運元年」，向全臺發出抗日檄文。日軍認定雲林地方無良民，進行無差別的殺戮，六千無辜百姓喪命於鐵蹄下，為「雲林大屠殺」。此舉反激發居民同仇敵愾，紛紛投向抗日義軍。日軍不得不採取掃蕩與招降的對策，開出優渥條件為誘餌，透過辜顯榮向義軍招降，允許柯鐵屯兵大坪頂山，可以自行保護鄉民，徵收稅收，柯鐵於明治三十二年（一八九九年）放棄抵抗。明治三十三年（一九〇〇年），柯鐵雖不滿日軍反覆重舉義幟，卻因身染重病，含恨以歿。

(二)總督府的經濟政策

日本統治初期的產業政策，往往侵害業主權益，包括土地、林野調查、廢除大租權、礦業規則等，持續了臺灣人的反抗意志。例如，林野政策不僅侵占原住民土地，被強行徵調討伐蕃人的臺灣隘勇頻傳死傷。北埔蔡清琳曾任基層警員巡查補，因與日本女性有染遭革職。明治四十年（一九○七年），蔡清琳鼓動北埔隘勇、樟腦工人及原住民抗日，自稱「聯合復中興總裁」，捏造清軍將登陸臺灣的消息，殺死日本警察及日人五十七名。旋因日本軍警大力搜捕，原住民發現受騙而倒戈，砍下蔡清琳的首級，北埔抗日宣告失敗。

(三)以宗教迷信恢復封建體制

余清芳、羅俊及江定等人，以臺南的西來庵為基地，大正四年（一九一五年）建立「大明慈悲國」，利用宗教吸引群眾。余清芳自稱擁有一把「刀甫出鞘，望其光芒即可致人於死」的寶劍。而羅俊以法術號召群眾，宣稱習得法術即可避刀彈。總督府以大砲攻擊抗日義軍躲藏的噍吧哖虎頭山，三百人喪生。余清芳敗走後，日軍仍屠殺數千噍吧哖壯丁。叛亂平定後，被告達一千九百五十七名，原本八百六十六人被判死刑，因日本國內輿論譁然，真正服刑者九十五人。

(四)受到中國革命影響

苗栗事件

大正二年（一九一三年）三月，羅福星在新竹廳苗栗一堡祕密組織中華革命黨支部，結合同志，密謀起事。十二月，羅福星在淡水被捕。以孫中山的革命號召為結合狀態及目的，尚有關帝廟事件（首領李阿齊）、東勢角事件（首領賴來）、大湖事件（首領張火爐）、南投事件（首領沈阿榮）等。以上諸事件，皆一併於苗栗臨時法院審理，總稱「苗栗事件」。羅福星事件雖然號稱孫中山的革命思想在臺灣萌芽，但因膨脹黨員名單，諸多親友莫名其妙成為革命黨，引起鄉里的埋怨。

眾友會

　　臺中州大甲郡清水街紫雲寺的卜卦師曾宗，富民族精神，平日抨擊總督府，與從中國來的佛像雕刻師陳發森、陳宗魁有志一同。昭和二年（一九二七年），召募同志十餘人，組織眾友會。為遮掩日警耳目，以地方互助團體的「父母會」和武技團體的「拳頭館」吸收下層民眾為會員，募得四十餘名敢死隊員，訓練謀殺技術。「眾友會」的外圍組織，共有三百六十餘人，屬以祕密結社為基礎的抗日民族運動團體。

　　眾友會與臺灣中華會館及中國往來密切，尤其昭和四年

圖5-3　《臺法月報》第十卷第一號刊登西來庵事件審判結果

（一九二九年）蔡淑悔加入後，更積極尋求中國國民黨的支援。蔡淑悔為臺中州大甲郡清水街人，昭和二年（一九二七年）北京大學畢業，擔任中國國民黨福建省黨部幹事及福建德化縣縣長。蔡淑悔與中國國民黨要人張貞、丁超五、宋淵源等人熟識，告知光復臺灣的意願，得到彼等肯定及黨部援助臺灣的承諾。昭和四年，蔡淑悔返臺，聞眾友會之計畫，宣誓加入組織，承諾擔任總統，曾宗為總司令，以下再以地方別分為七部。昭和五年（一九三○年）四月，蔡淑悔返回中國，將眾友會組織發展計畫反映給中國國民黨蔡元培、何玉書、何應欽等要員，請求中國政府對臺灣革命施予精神、物資援助。「九一八」事變發生，眾友會同志認為是發動革命的絕好時機，由高雄負責人黃渴赴廈門積極籌募經費、購買槍械彈藥，曾宗則在臺監督自製軍火。昭和十年（一九三五年），蔡淑悔返臺，目睹自製之軍火粗劣，等同玩具一般，擬再內渡求援，但事跡不密為日警逮捕。之後，

臺中、高雄兩州有六百多名會員被捕，其中不少人對眾友會的革命理念不明就理。

　　該案由臺中、臺南地方法院審判，受起訴逾三百餘名。被判刑者二十五人，蔡淑悔最重，有期徒刑十二年，眾友會活動至此全部瓦解。蔡淑悔則於自白書中表露漢民族子孫的堅持及臺灣重回祖國懷抱的期望。

　　明治三十五年（一九〇二年）之後的起義團體大部分是烏合之眾，不僅對日本當局沒有深刻的認識，起義動機有的是衝動的、復仇的、迷信的，或帶有濃厚的封建思想。除柯鐵、蔡清琳與余清芳的西來庵事件外，明治三十年（一八九七年）一月嘉義黃國鎮率領一百多人抗日，改年號「太靖」稱帝。大正元年（一九一二年）五月，黃朝發動「土庫事件」，自稱「臺灣國王」。大正五年（一九一六年）五月「六甲事件」的首領羅臭頭自稱「臺灣皇帝」等，皆如出一轍，面對現代化武裝訓練的日本軍警無異是以卵擊石。此意味日本統治已趨穩定，時代潮流的推進，傳統革命已無法竟功。總督府能有效鎮壓抗日行動，除了這些抗日勢力不成氣候外，主要是在明治三十一年（一八九八年）實行「匪徒招降令」，使日方掌握抗日陣營的一切詳情。對陳秋菊等真心投降者予以禮遇，既往不咎，提供生業。對表面順服，但仍有背叛疑慮者，於歸順後予以殺害。例如與簡大獅、柯鐵並稱「三猛」，活躍於鳳山後壁的林少貓，日軍幾次圍剿不成，改採招降政策，派陳中和與之議和，允諾畫後壁林一方為自治區，族黨繫獄者免罪，備極禮遇。明治三十五年（一九〇二年）林少貓投誠後，地方上仍有抗日活動，總督府懷疑林少貓與其互通聲息而殲殺之。這些抗日勢力不乏向中國尋求援助者，但當時中國已自身難保，無暇他顧。明治三十一年（一八九八年），簡大獅抗日失敗逃至廈門，被清廷解押回臺伏法，尤令人唏噓！蔡淑悔雖有行動規劃，但中國並未對眾友會實質援助。西來庵事件犧牲慘烈，為漢人大規模的武力抗日畫下句點，取而代之的是文人的政治社會運動。一直到昭和五年（一九三〇年）的霧社事件，才出現原住民的武力抗日。

三 霧社事件

　　霧社的原住民屬於泰雅族，隸屬臺中州能高郡管轄，為日人治理原住民的行政中樞，各項理蕃事務的推行也以霧社為首要地區。普遍設置「蕃童教育所」、「療養所」，所以進駐霧社的日人頗多，昭和五年（一九三〇年）達二百二十七人。事件發生前，霧社原住民兒童的就學率為漢人的兩倍以上，在蕃地中的開化程度名列第一，被當時日人稱為「模範蕃社」。當理蕃行動獲得良好成效，馘首（獵人頭）問題也漸被遺忘時，昭和五年十月二十七日，霧社突然發生大規模抗日運動，對自詡理蕃成功的臺灣總督府不啻為當頭棒喝。總督石塚英藏、總務長官人見次郎、臺中州知事水越幸一皆因此下臺。

(一)霧社事件的背景

過重的勞動

　　佐久間左馬太總督的「五年理蕃」計畫結束後，總督府為了盡速推展撫育工作，在教化、授產、醫療、交易方面規劃完整，強行徵召原住民服勞役，推展各項工程。先後完成了各部落及主要據點的駐在所、道路、鐵線吊橋、學校校舍和日人宿舍。勞役期間耽誤原住民族之狩獵、耕種時節，而勞役常是義務性質，徒增原住民困擾。昭和五年（一九二〇年），大量勞動原住民加速改建霧社學校宿舍。該工程必須從馬赫坡社山裡搬運檜木到霧社，期間路程崎嶇，上下落差極大。原住民沒有使用肩膀的習慣，為了維持木材完整，日警不准原住民以拖拉方式搬運，動輒撻罰勞役工人，使原住民心生反感。

圖5-4　南投縣仁愛鄉的莫那・魯道銅像

傳統社會結構的瓦解

泰雅族原本社會組織嚴密，大家服從祖訓，共同狩獵，農耕祭祀，同甘共苦，服膺頭目的領導，頭目以保護族人生命財產安全為己任。但日人否定泰雅族人傳統的生產方式，其授產政策強制種植水稻，泰雅族開始成為吃米的民族，傳統的靈粟農耕祭儀式微，泰雅族人的鎗銃被日人押收，無法從事傳統狩獵。隨著交易市場意識形成，泰雅族人終日為生產而忙碌，原有部落社會價值觀念因之改變，頭目組織也逐漸解體。

文化的衝突

日本人並未能尊重原住民的文化。馘首是霧社人參與部落事務的一個手段，也是男性武功與榮譽的表徵，未曾獵首者不得紋面，未紋面者不得結婚，所以馘首是成年標記。而日本人視馘首、紋面為野蠻、未開化行為。另外，原住民歡迎英雄或將對方視為上賓時的雙人搭肩、共飲一杯酒的「兄弟飲」，亦被日人視為不登大雅之堂的舉動。

對總督府討伐的宿怨

總督府的勢力遲遲不能進入霧社山區，明治三十六年（一九○三年），日本人聯合布農族設陷阱，屠殺霧社賽德克族壯丁一百三十人，是為「姊妹原事件」。官方藉著霧社戰鬥力衰微之際，將隘勇線一步步推進霧社。霧社最有份量的頭目是莫那·魯道。莫那除了聲望高以外，性格慓悍、體軀高大，擅長戰術，不畏日本人。大正九年（一九二○年）及大正十四年（一九二五年）兩度策劃發動霧社及附近各社反抗日本人，雖皆因事跡敗露而未有實際行動，但其聲譽因此遠颺，受到日人嚴密的監視。

爭議的通婚

因為推動蕃政的需要，日本警察往往娶原住民頭目女兒或姐妹為妻，例如白狗駐在所主管佐塚愛佑娶馬西多巴翁社頭目之女，日警下山治平娶馬雷巴社頭目之女。但常常發生日警在回國或調動時遺棄原住民之妻，或誘騙原住民女子到日本、平地賣身的慘劇。下山治平雖與貝科塔·霧莉育有二男二女，卻又與日本女子再婚，並拋棄霧社妻兒回到日本。莫那·魯道的妹妹狄瓦斯·魯道嫁給日本警察近藤儀三郎，近藤調往花蓮港廳後在

執勤時跌落山谷（或有惡意遺棄狄瓦斯之傳言）。狄瓦斯翻山越嶺回到霧社，雖然再嫁，生下兩女，但先後夭折，命運堪憐，是莫那‧魯道心中的痛。這種聯姻並不被日本內地承認，原住民也只能忍氣吞聲。

(二)導火線及事件經過

霧社事件發生前二十天，馬赫坡社舉行婚禮，適逢日本警察吉村克己經過，莫那‧魯道長子塔達歐‧莫那強邀吉村共飲，吉村對塔達歐手中染有血跡及肉片相當嫌惡，以手杖毆打之。塔達歐及莫那的次子巴沙歐‧莫那不堪受辱，兩人將吉村摔倒在地。雖然事後兩人攜酒向吉村賠罪，但吉村不僅拒絕，且揚言報復，此事堅定原住民伺機起事之念頭。

霧社群共十一社，有馬赫坡、荷歌、波阿倫、司庫、洛羅富、塔羅灣等六社參與舉事。抗日的部族選擇「神社祭」前一日發動叛變。日本人為了紀念北白川宮能久親王，每年十月二十八日，總督府會在各地舉行神社祭。十月二十七日是霧社紀念北白川宮能久親王，每年舉行運動會的大日子。這一天，霧社的學校及教育所集合在霧社公學校，舉行學藝會、展覽會和聯合運動會，參加的日本人有二百人之多，且當天的警察皆不佩帶槍枝。當運動會場奏起日本國歌時，埋伏四周的原住民衝進運動會場格殺日本人，據統計，有一百三十九位日本人罹難，能高郡守小笠原敬太郎在逃亡途中遇害。此外，七個警察派出所被燒毀，一百八十支槍械和二萬三千多發步槍彈被搶奪。

(三)風中緋櫻

此事件中，除了平日狐假虎威的漢人店員劉良才被格殺洩憤，及兩位身著和服的漢人被誤殺外，其他死難者皆為日本人。此舉無異向日本帝國挑戰，震驚官方，出動大量警察、軍隊、官役人伕共四千多人外，並使用山砲、地面部隊及飛機轟炸，投擲手榴彈。即使如此，仍無法屈服抗日部族，故採以夷制夷、論功行賞方式鼓動霧社未參與起事的部落與抗日部族互相殘殺，默許馘首行為，據說還動用國際禁用的毒氣。抗日部族在敵眾我寡的情形下紛紛自縊身死。平亂過程，部族間自相殘殺，嫌隙加深；倖

免於難的日本人，對遺族尤其懷恨在心。昭和六年（一九三一年）四月，策動味方蕃屠殺收留所中手無寸鐵的抗日遺族一百九十五人，獵取一百〇一顆人頭，是爲「第二次霧社事件」。在報復行動中倖存的三百位族人後被遷居至埔里北方的川中島（現之南投縣仁愛鄉清流部落）。

　　昭和八年（一九三三年），狩獵的原住民發現一具身高異於常人的骨骸，被判定爲莫那‧魯道的遺骨。該骨骸原由臺北帝國大學土俗人種學研究室製作標本保存，戰後移交臺灣大學考古人類學系，民國六十二年（一九七三年）埋葬於霧社仁愛鄉。

　　霧社事件中，花岡一郎、花岡二郎的遭遇令人不勝唏噓。花岡一郎（原名拉奇斯‧諾敏），畢業於臺中師範學校講習科，擔任霧社分室乙種巡查。花岡二郎（原名拉奇斯‧那威），畢業於埔里尋常小學校高等科，擔任警丁職務。

圖5-5　霧社全景

兩人受日本人安排，與在埔里尋常小學校高等科求學的高山初子（原名娥賓‧塔達）、川野花子（原名娥賓‧那威）結婚。他們四人是日人自豪的「德化教育」之模範蕃。霧社事件爆發後，一郎、二郎身受日人栽培，但不能自外於族人的生死存亡，陷入萬般矛盾的情義糾葛。最後，帶著二十一位族人自縊，以示忠義兩全。兩人穿著和服，裹著蕃布，雖然切腹，卻又吊死在樹上，所留下的遺書引發無限想像：

　　……族人被迫勞役太多，引起憤怒，所以發生這事件。我倆也被
族人拘捕，任何事也不能做。……我等得去了。

第三節　統治政策與體制

一 統治政策的演變

　　日本是世界殖民帝國中第一個亞洲國家，而臺灣是日本第一個殖民
地，所以該如何進行殖民統治，莫衷一是。外務省通商局長原敬主張應仿
傚法國在阿爾及利亞的殖民經驗，採取「內地延長主義的同化政策」，即
將日本國內的法律制度延長到殖民地。因爲接收初期遇到臺灣住民的抵
抗，原敬的主張未被採用，最後採用的是「漸進主義」。在日本五十年的
統治中，因時制宜，而有「漸進主義」、「同化主義」、「皇民化運動」
三個不同統治階段：

(一)漸進主義時期

　　又稱爲「無方針主義時期」，大約明治二十八年（一八九五年）至大
正八年（一九一九年）間。明治二十八年，兒玉源太郎出任臺灣總督，任用
醫生出身的後藤新平爲民政部長。後藤新平提出「生物學原理」的統治原
則，主張對臺灣的風俗習慣、社會制度文化進行調查後再制訂適當政策，
因而有順應現實需要，彈性調整的漸進式「無方針主義」。這段時期除
了隔離臺灣與大陸關係外，主要在撫綏蠭起的抗日活動，頒布「匪徒刑罰
令」，高壓懷柔兼備，盡力籠絡社會菁英，實施保甲制度、適度保留臺灣
固有風俗習慣，包括纏足、鴉片、辮髮三大社會陋習，以減少臺灣人的反
抗。但爲獎勵日人來臺殖民，而採取差別待遇。

(二)同化政策時期

又稱為「內地延長時期」，約大正八年（一九一九年）至昭和十二年（一九三七年）間。此時第一次世界大戰方告結束，民主與民族自決思想瀰漫。大正八年（一九一九年）三月，朝鮮爆發「三一獨立」的「萬歲事件」，迄四月，總共發生三百多次的抗日獨立暴動。同年五月四日，中國也爆發抗議巴黎和會山東問題的「五四運動」。在這樣的氣氛下，臺灣人展開撤廢差別、自治等非武力抗爭的政治社會運動訴求，臺灣文化協會、臺灣民眾黨、臺灣共產黨、臺灣自治聯盟等重要政治社會運動團體皆成立於此時。面對時勢丕變，第七任臺灣總督明石元二郎採取「同化政策」及「內地延長」，繼任的田建治郎總督更厲行「內地延長政策」，以緩和方興未艾的社會運動，改變地方制度、設大學、內臺共學、實施新的戶籍法營造祥和氣氛。

(三)皇民化時期

昭和十二年（一九三七年）至昭和二十年（一九四五年）間。日本積極南進，中日戰爭全面展開，太平洋風起雲湧，臺灣必須擔負軍事人力、物資的支援任務。為了凝聚臺灣人的忠誠，積極塑造臺灣人「天皇の子民」性格，徹底切斷臺灣與中國的關係，而積極展開皇民化運動，內容包括國語運動、改姓名、宗教與社會風俗，以及志願兵制度。

二 總督府與地方制度

(一)總督府

總督的任用

日本占領臺灣後，設立臺灣總督府，於明治二十八年（一八九五年）六月十七日在臺北舉行始政典禮。臺灣總督由首相向天皇奏荐擔任，五十年中，共有十九任總督，其中武官十名，文官九名。明治二十八年（一八九五年）至大正八年（一九一九年）為武官總督時代，七名總督皆

為具有爵位的陸、海軍中上將。其任務為交割臺灣，平定全島，確立總督統治，奠定臺灣開發基礎。大正八年（一九一九年），原敬內閣實行殖民地官制改革，取消由軍人擔任總督的規定，大正八年十月至昭和十一年（一九三六年）五月，為文官統治時期，歷任總督九名。昭和十一年（一九三六年）五月至昭和二十年（一九四五年）十月，中日戰爭一觸即發，因此，任用軍人身分的小林躋造擔任武官總督，迄日本結束臺灣統治，歷任總督三名。臺灣總督沒有任期，任期長短也不一，第五任的佐久間左馬太總督掌權長達九年，第十五任的南弘總督僅任職三個月。

表5-1　臺灣總督一覽表

總督背景	總督姓名	就職年	任職時間	出身
初期武官總督	一、樺山資紀	1895	一年二個月	海軍大將
	二、桂太郎	1896	四個月	陸軍中將
	三、乃木希典	1896	一年四個月	陸軍中將
	四、兒玉源太郎	1898	八年二個月	陸軍大將
	五、佐久間左馬太	1906	九年一個月	陸軍大將
	六、安東貞美	1915	三年一個月	陸軍大將
	七、明石元二郎	1918	一年四個月	陸軍大將
文官總督	八、田健治郎	1919	三年十一個月	上院議員
	九、內田嘉吉	1923	一年	上院議員
	十、伊澤多喜男	1924	一年十一個月	上院議員
	十一、上山滿之進	1926	一年十一個月	上院議員
	十二、川村竹治	1928	一年二個月	上院議員
	十三、石塚英藏	1929	一年六個月	上院議員
	十四、太田政弘	1931	一年二個月	上院議員
	十五、南弘	1932	三個月	上院議員
	十六、中川健藏	1932	四年三個月	上院議員
後期武官總督	十七、小林躋造	1936	四年三個月	海軍大將
	十八、長谷川清	1940	四年一個月	海軍大將
	十九、安藤利吉	1944	十個月	陸軍大將

軍政到民政

　　日本占領臺灣後，在武官總督下，雖實施民政，但由於臺灣民主國及抗日義軍激烈抵抗，所以，在「平定臺灣全島之前」的附帶期限內，實施軍政。明治二十九年（一八九六年）三月，撤廢軍政，復歸民政，設民政局。然當時臺灣抗日活動紛擾，總督府奔波於討伐抗日，並無餘力經營臺灣的開發，未有具體政績。日本占領臺灣三年後，臺灣社會仍紛擾不斷，日本未能自殖民地上得利，政壇上掀起「一億日圓賣卻臺灣論」，法國接手意願強烈，但國會以些微差距的票數持續日本對臺灣的統治。明治三十一年（一八九八年），第四任總督兒玉源太郎上任後，強調其任務為統治而非征討臺灣，故加強民政措施。將民政局提升為民政部，民政局長改稱為「民政長官」（大正八年改稱為「總務長官」）。啓用醫生背景的後藤新平出任民政長官，以「生物學原理」為統治原則，認定臺灣人怕死、愛錢、重面子的個性，軟硬兼施，奠定統治基礎。

統治法律

　　明治二十九年（一八九六年）三月，日本政府公布國會通過的法律第六十三號，以臺灣治安不靖，與日本風土迥異，臺灣總督在殖民地享有行政、司法、立法三權，且擁有緊急命令權，將臺灣屏棄於日本憲法保障之外，此即「六三法」。「六三法」是總督府統治臺灣的根本大法，讓臺灣總督獨攬大權，變成許多惡法的來源，總督府常發布嚴厲的法律，包括允許設立臨時法院，對抗日分子得逕行宣判死刑或重刑的「臨時法院條例」；抵抗官吏或軍隊者處死刑的「匪徒刑罰令」。其他如「鴉片吸食取締令」、「保甲連坐法」等皆造成臺灣的特殊化，保障在臺日本人與官吏的特權，臺灣人反而得不到日本憲法的保障。

　　「六三法」自明治二十九年（一八九六年）四月一日開始施行，期限三年，但每屆期限都一再延長。到了明治三十九年（一九〇六年），日本國會通過「法律第三十一號」，規定總督的命令或法律不得和日本本國的法律和敕令相牴觸外，總督仍然大權在握，稱為「三一法」。至大正十年（一九二一年），通過「法律第三號」，日本的法律可施行於臺灣，臺灣總

督在特殊必要情況時，才能制訂法律，稱爲「法三號」。以上背景下，歷任總督所發布的律令多達五百二十六件。

(二)地方行政制度的演變

日本統治五十年間，臺灣的地方行政組織主要有三次較大的變革。

置縣時期

自明治二十八年（一八九五年）六月至明治三十四年（一九〇一年）十一月改制爲止，約六年半，地方行政制度承襲清末舊制，唯在明治三十一年（一八九八年）前，縣的數目增減四次，行政制度每有調整。

置廳時期

自明治三十四年（一九〇一年）十一月到大正九年（一九二〇年），全臺地方行政以廳爲主。明治三十四年至明治四十二年（一九〇九年），全臺分爲二十個廳，明治四十二年（一九〇九年）改制合併爲十二個廳。

圖5-6　日治時期的臺北市街

圖5-7　日治時期的基隆市街

表5-2　地方行政區畫沿革表

置縣時期

明治二十八年

臺北縣				臺灣縣		臺南縣		臺南縣		
宜蘭支廳	基隆支廳	臺北縣下八個堡	新竹支廳	直轄原臺灣府苗栗、臺灣彰化雲林等縣及埔里社廳	嘉義支廳	鳳山支廳	恆春支廳	澎湖島廳	臺東支廳	三縣一廳（七支廳）

明治二十八年

臺北縣				臺灣民政支部					臺南民政支部			臺南縣		
宜蘭支廳	基隆支廳	淡水支廳	新竹支廳	苗栗出張所	彰化出張所	埔里社出張所	雲林出張所	嘉義出張所	安平出張所	鳳山出張所	恆春出張所	澎湖島廳	臺東出張所	一縣二民政支部一廳（四支廳九出張所）

明治二十九年

臺北縣				臺中縣					臺南縣			臺南縣		
宜蘭支廳	基隆支廳	淡水支廳	新竹支廳	苗栗支廳	鹿港支廳	埔里支廳	雲林支廳	嘉義支廳	（臺南縣直轄）	鳳山支廳	恆春支廳	澎湖島廳	臺東支廳	三縣一廳（十二支廳）

表5-2　地方行政區畫沿革表（續）

時期	年代	宜蘭	深坑	基隆	臺北	桃仔園	新竹	苗栗	臺中	彰化	南投	斗六	嘉義	鹽水港	臺南	鳳山	蕃薯寮	阿猴	恆春	澎湖	臺東	花蓮港	合計
置縣時期	明治三十年	宜蘭廳	臺北縣			新竹縣			臺中縣			嘉義縣		臺南縣		鳳山縣				澎湖廳	臺東廳		六縣三廳
置縣時期	明治三十一年	宜蘭廳	臺北縣						臺中縣					臺南縣						澎湖廳	臺東廳		三縣三廳
置廳時期	明治三十四年	宜蘭廳	深坑廳	基隆廳	臺北廳	桃仔園廳	新竹廳	苗栗廳	臺中廳	彰化廳	南投廳	斗六廳	嘉義廳	鹽水港廳	臺南廳	鳳山廳	蕃薯寮廳	阿猴廳	恆春廳	澎湖廳	臺東廳		二十廳
置廳時期	明治四十二年	宜蘭廳	臺北廳			桃園廳	新竹廳		臺中廳		南投廳		嘉義廳		臺南廳			阿猴廳		澎湖廳	臺東廳	花蓮港廳	十二廳
置州時期	大正九年		臺北州				新竹州		臺中州					臺南州		高雄州					臺東廳	花蓮港廳	五州二廳
置州時期	大正十五年		臺北州				新竹州		臺中州					臺南州		高雄州				澎湖廳	臺東廳	花蓮港廳	五州三廳

置州時期

　　自大正九年（一九二○年）到昭和二十年（一九四五年）日本敗戰撤離臺灣，前後二十五年，故日治時代的地方制度有一半是以州為主。此期全臺畫分為五州，惟昭和元年（一九二六年），從高雄州分離出澎湖廳，而有三個廳。州的下面設市（共五個市），州廳之下設街庄，州廳與街庄之間設郡。州置州知事、廳置廳長、市置市尹、郡置郡守、街庄各置街長和庄長，皆為官派。

三　警察與保甲

(一)警察

　　警察行政權力的來源應遠溯總督府治臺初期，為對付臺灣人民的反抗而配置大量人員。第三任總督乃木希典為了對付抗日活動，採用「三段警備制」，抗日分子出沒的山地，配以軍隊；介於山地和平地的中間地帶，由憲兵駐守；村落和都市較為平靜，由警察維持治安。三段警備制的官兵之間執法基準不一，頗為擾民，三種不同地域的區畫侵犯行政權，為行政官所不悅。兒玉源太郎總督上任後廢除三段警備制，建立臺灣特有的警察制度。

圖5-8　桃園大溪武德殿為日治時期警察練習柔道及劍道之場所

　　明治三十四年（一九〇一年）十一月，兒玉總督設置二十個廳的同時，在行政上給予適當的位置以發揮公權力。因此，除於總務、財務、通信、殖產、土木等五局之外，另組警察署為各局之首。地方上，廳長為文官，下設警務、總務、稅務三課，總務、稅務課之業務執行有賴警務之支援。支廳長通常由警部擔任，下面的官吏多為巡查。由於支廳是與人民接

觸的第一線，所以由其執行政策頗見功效。表面上「總督府——各廳、各課——人民」的系統，實際上是總督透過警察與人民接觸，人民耳所聞，目所見，往往即是警察。日治初期，警察大體上來自陸軍部雇員，水準不齊，龍蛇混雜，甚至有的是木匠，還攜帶工具上任。後藤新平為建立警察王國，另外招訓新人，鼓勵警察學習閩南語、客家話或原住民語，使其津貼高於日本國內，任用臺灣人當巡查補（低層警員，大正九年以後改稱乙種警察），設立警察養成機關。待社會秩序大致底定時，警察人數已超過文官總數兩倍以上，龐大警力的安頓反而是個問題。雖然反抗力量底定，地方行政上的租稅徵收、土地調查、鐵路建築等百廢待興。處理這些政務的下級輔助機關本屬街庄役場，但明治三十七年（一九〇四年）的街庄役場僅有四百九十個單位，警察派出所卻有九百五十七所，其數量不及警察派出所甚遠。每個街庄役場設街庄長一人，手下只有「書記」一至二人。「街庄役場」制度的發展非一朝一夕，因此，將人數眾多、組織嚴密的警力及保甲組織，因勢利導，形成一股很好的行政力量。

大正以後，受到世界民主思潮的影響，警察制度受到注目。大正九年（一九二〇年），田健治郎總督有意縮小警察機關的權力；但歷來民政均由警察機關負責，貿然放棄累積相當行政經驗的警察機制，統治效率將遭受考驗。因此將地方警察機關的直接指揮權移給州知事或廳長，警察權偏於監督，警察事務與一般民政區分開來。同時致力提高警察素質，調整待遇、完善其電訊等配備，得以貫徹勤務執行。由於郡守與警察權密切結合，以及警察權支配著保甲，故警察

圖5-9　明治末年來臺的日本警察

在一般行政上，仍有強大的影響力。鄉村每一庄各有警察派出所，管轄著各自的區域。警察的職務從治安、搜查盜匪、戶口調查、衛生、預防傳染

病、推廣農作技術、取締不良肥料、動員大掃除、催繳租稅、實施專賣、整理大租權等,無事不與。當時人們視警察爲政府代表、法律的象徵。他們的威權,可從母親騙哭鬧孩子說:「大人來啦!」情形窺知。在日本帝國所有領土中,臺灣警察密度最高,連被評爲「武斷政治」的朝鮮,從人口比例來看,警察數目大約只是臺灣的一半。

爲了因應日益遽增的左派活動,昭和三年(一九二八年),總督府另組「特別高等警察」祕密警察制度,嚴控臺灣人思想活動,防遏共產主義、以民族獨立或以廣泛自治爲目標的民族運動。昭和十六年(一九四一年),太平洋戰爭爆發後,高雄民間臆測日本戰敗而引起特高警察的關注。該年十一月至次年四月,特高警察大舉搜捕叛亂份子,起訴兩百多人,涉嫌者包括議員、律師、醫生、士紳及販夫走卒。

昭和十三年(一九三八年)十月,實施經濟警察制度,專門取締經濟違法事件,包括物資統制、貿易統制、監管物價、配給統制等。戰爭末期,一般警察均投入經濟統制之列,勢力滲透至增產徵糧、糧食分配及購物等私生活的每一個角落。爲了順利推動警政,日本統治後期,在各地成立消防協會、防犯協會、防諜協會、警察後援會等團體。總體而言,日治時期的警政令人愛恨交加,既是箝制人民的工具,亦是安定社會秩序的效能政治。

(二)保甲

日治時期的保甲制度,是總督府參考清代保甲再斟酌實情而加以改革的。總督府於明治三十一年(一八九八年)八月頒布「保甲條例」,正式實施保甲制度。辜顯榮等地方士紳向總督府申請成立「保甲局」,招募地方有力人士及壯丁,除幫助總督府安定社會秩序外,在總督府及臺灣民眾間扮演「上意下達,下意上疏」的角色。保甲局監督、指揮保正、甲長、壯丁等,上受警察官吏監督與指揮,宛如基層的行政中樞。明治三十六年(一九○三年)三月,「土匪」鎮壓工作大致完成後,總督府擔心舊勢力集團坐大,廢止保甲局。過去保正、甲長及役員,都是透過保甲局聽令於警察,改組之後,直接接受警察指揮監督。之前,壯丁團爲有給職,改組之

後，壯丁團和保甲役員皆是義務性無給制，只有在執行任務時，可支領餐費。因此，傳統「自治、自衛性」的保甲走入歷史，取而代之的是日本殖民政權統治下獨特的保甲制。十戶聯而為甲，十甲聯而為保，保置保正，甲設甲長，皆為榮譽職，不支薪，須地方上相當社經地位的人士方能擔任。保及甲的人民負有連坐的責任，形成行政末端細胞組織。明治四十二年（一九〇九年）之後，保甲人員必須輔助區長（後來改稱街、庄長）的職務，所以保甲不止於輔助執行警察事務，諸凡勸業、土木、納稅、衛生及戶口調查等行政，都在輔助執行之內。日治時期，雖有耀虎揚威的保甲，但有時亦能發揮民間與官廳溝通之橋梁，且其工作相當繁雜，常有自費捆注公務方得以交差的情形。總督府則以菸草、鴉片或產業投資之利權酬庸之。如將日治時期臺灣警察制度與日本本土及其他殖民地相較，將發現臺灣警察組織最大的特點，在善於利用中國舊有的社會組織——保甲制度，作為警察的輔助機關，迅速建立民間警網，使警察的控管由城鎮、鄉間到每一個人。

四 理蕃政策

(一)理蕃的目的

理論

　　日本占領臺灣時，有三萬五千名熟蕃完全漢化，或半漢化，但約有十二至十三萬原住民，八百多個部落棲居在山區。當時的理蕃思想，是模仿美國白人侵占美洲原住民「印地安人」的土地時，編造「文明人有權開發野蠻地」等西方對付殖民地原住民的概念與方法。肯定文明人對野蠻人的討伐，優勝劣敗的自然淘汰之權，為臺灣成為日本的寶庫合理化。

理蕃與開發臺灣利源

　　臺灣山地蘊含豐富資源，樟腦製造、山林經營、農產增殖、礦山開發與日人移居等，皆為山地資源的利用。佐久間左馬太初任職臺灣總督時，

天皇授命解決蕃人和糧食問題。而實際上這兩者間息息相關，蕃人問題如得解決，則得以全盤規劃嘉南平原、桃園大圳的大規模水利灌溉工程，推行糖、米和其他農產品增產，開發山地資源計畫。

理蕃與治安、國防

漢人、日人進入山區開採林木資源，帶來流行性感冒、瘧疾、麻疹、痢疾、傷寒等文明病，使沒有抗體的原住民毫無招架之力，每引起馘首報復行動。總督府在推動山地開發時，隨即面臨這種文化上的威脅。明治二十九年（一八九六年）至大正九年（一九二〇年）間，因馘首受害的臺灣、日本人有一萬七千七百多名；其中有六千八百二十三人死亡，一萬〇八百八十四人受傷。明治三十年（一八九七年）後半年開始，總督府開始派警察討伐北部「蕃害」嚴重的高山族。另一方面，軍方自明治四十一年（一九〇八年）敉平花蓮阿美族「七腳川社蕃變」後，對討伐「生蕃」頗感興趣，認為這是難得的地面偵查、部隊演習及軍事教育的好機會。

(二)初期鎮壓

兒玉源太郎總督因鎮壓漢人抗日運動已耗費過多力氣，而暫緩討伐蕃人的嚴厲攻勢，僅由日警指揮推進隘勇線包圍蕃地，此奠定了佐久間總督的理蕃事業基礎，而正式的理蕃事業要等到第五任總督佐久間左馬太才正式推展。佐久間左馬太是歷任總督中，年齡最高，任期最長者。同治十三年（一八七四年）日本出兵臺灣東部時，佐久間曾在石門與今排灣族「牡丹社蕃」戰鬥，殺死牡丹社頭目父子，以「生蕃的剋星」聞名，日本政府多少想藉佐久間的經驗，早日掃蕩生蕃。佐久間總督任內亦以「掃蕩生蕃」為重要施政。

佐久間總督的理蕃五年計畫，前後共有兩次。第一次從明治四十年（一九〇七年）起，以軟硬兼施、威脅利誘的方法，企圖侵占原住民的土地財產，遭受「蕃人」抗拒，也引起漢人的共憤，造成漢蕃聯合的抗日運動。所以又策劃大正九年（一九二〇年）開始的軍警圍剿五年理蕃計畫。第二次五年理蕃計畫正值臺灣財政充裕的黃金時期，又因明治天皇對佐久間

總督的理蕃計畫很有興趣，獲得山縣有朋等陸軍元老的支持，明治四十二年（一九○九年）議會很順利地通過理蕃五年經費。在民政部新設「蕃務本署」，將警察制度分爲平地普通警察和蕃地蕃務警察兩種，獎勵蕃地警察學習閩南語和原住民語言。地方十二廳的行政組織架構上，把蕃人蕃地事務從警務課獨立出來，新設蕃務課，主管「蕃人蕃地」事務及取締樟腦製造事務。

　　鎮壓任務上，佐久間總督從明治三十九年（一九○六年）到明治四十二年（一九○九年）之間，鎮壓原住民十八回，隘勇線往深山推進。在隘勇線上配置隘勇外，裝置通電流的鐵絲網，埋設觸發性及電氣地雷，將原住民困於隘勇線之內，漸漸縮小包圍網以利鎮壓控制。明治四十三年（一九一○年）至大正四年（一九一五年），在十二地方展開討伐行動，發動一千至兩千人規模的部隊，其中以大正三年（一九一四年）的「太魯閣泰雅族之役」最爲慘烈。佐久間總督親自督師此役，動員人力一萬一千多人，配備二百○五挺機關槍和五十九門大砲，戰況慘烈，傷亡無數。大正四年（一九一五年）後，高山族的抵抗漸趨緩和。截至大正三年（一九一四年），總督府共設立了十九個「蕃務官吏駐在所」，四十八個「隘勇監督所」及四百多個「分遣所」，近八百處「隘寮」，七座「礮臺」，隘勇線綿延四百三十六公里，幾乎圍繞整座中央山脈。

(三)撫育政策

　　大正四年（一九一五年），安東眞美就任總督，理蕃政策由「鎮壓」進入「撫育」時期，廢止「蕃務本署」，在警察本署內設立「理蕃課」，將「蕃務官吏駐在所」改爲「警察官史駐在所」。即由消極的隘勇防守，轉由警察官吏的部落積極管理，致力改善並普及適合原住民教育及醫療設施，鼓勵適合原住民的產業，安排頭目「都市觀光」，以濡沐現代化成果。

　　當總督府沾沾自喜山地建設成果，認爲原住民已臣服於其德化教育下，卻爆發「霧社事件」。之後，總督府重新理解原住民，徹底修正理蕃政策。昭和十六年（一九四一年），總督府公布「理蕃政策大綱」，理蕃

目的在教化蕃人，謀其生活安定，使受一視同仁之待遇。而蕃人教化之主要內容為矯正陋習，養成優良之習慣，注意國民思想之涵養，著重實科教育，教授生活智識。爭議性的蕃地，選用沉著厚重之有精神修養的警察，提高待遇，延長任期。蕃地教育的目的與任務在於將原住民改造為純然的日本人，所以由日本警察在蕃地以軟硬兼施的手段，推行國家主義同化教育。日本警察攜眷駐在蕃地派出所，推展日式生活文化及精神。所以，派出所也是教育所、醫療衛生所、交易所、懲罰裁判所、文教中心。日本年輕警察被鼓勵娶頭目的妹妹或女兒為妻，以深入掌握原住民事務。蕃童教育在同化政策中，被視為最根本的措施，培養原住民的菁英，補強警政系統，使得原住民的社會結構與價值觀徹底崩潰。其辦法為每年從蕃人中選拔數名十二歲以下的男女兒童，安排在為日本學童設立的小學校受教育。這些蕃童特別教育的青年，在原住民社會成為教化成果的模範。畢業後，大多被編入日本的警政體系，被任命為警手。警手在警政體系中官階最低，但穿著警察的制服，過著純日式生活，在部落中成為原住民嚮往日本的指標。

　　當平地實施工業化時，山地則實施農業化，因此，實行原住民集體移居，獎勵集約的固定地耕作，甚至鼓勵原住民集體遷居平地以促進教化、改善生活及節約理蕃經費。原來馳騁於高山空曠林野的原住民，因為集體移居低海拔的授產政策，漸漸失去原住民粗獷的體質。隨著山地的經濟開發與道路建設，原住民與平地往來頻繁，山地疾病更加複雜化。原住民對日本的教化並非全然接受，不斷以自殺或馘首的方式作無言的抗議，私自交易及購買槍械、狩獵等行為從不斷絕。此外，遷居平地的原住民則須面臨更多的文化適應與社會地位低落問題。

第四節　政治社會運動

　　西來庵事件後，臺灣漢人漸漸放棄武裝抗日模式，一方面是總督府的統治鞏固，而資本主義與近代國家發達後，民眾已不歡迎只有破壞而無建

設的暴力行為。但殖民社會中仍存在政治、種族差別待遇與經濟剝削的矛盾問題，有識之士採用漸進手段尋求體制內的抗爭活動。

一 政治運動

　　大正七年（一九一八年），日本出兵西伯利亞，米糧供應困窘，致使米價暴漲。富山縣的漁民、主婦及勞工發生搶米暴動，為日本史上赫赫有名的「米騷動」事件。該事件迫使寺內正毅內閣下臺，政友會的原敬組閣，展開大正的民主時代，鼓舞士紳與知識分子的熱情。臺灣同化會首倡臺灣人應享有與日本人平等的權利待遇，以民主自由之訴求為基調。其後，臺灣議會設置請願活動，逐漸轉向民族運動的路線發展。

(一)同化主義的民主運動

同化會

　　大正二年（一九一三年），林獻堂在東京與明治元勛板垣退助伯爵會晤。板垣主張日本應南進北守，日、中合作才能抗拒白種人的歧視，維護東亞和平，而臺灣可為兩國親善橋梁。大正三年（一九一四年）春天，板垣來臺訪問演說，呼籲在臺日人必須善待臺灣人。板垣的目的雖在藉同化遂行以日本人為本位的亞洲民族大團結，謀求日本勢力再擴張，但對臺灣人而言，實為旱地甘霖、雪中送炭。同年十二月於臺北成立日、臺人平等的同化會，主張臺灣人向日本人同化，提高臺灣人地位。該會雖然得到日本國內政要、名士支持，且為全島性的社團，會員三千多人，但在臺日人卻不以為然，總督府也頗為忌憚，大正四年（一九一五年），以其「妨害公安」為由，下令解散。

六三法撤廢運動

　　同化會雖被解散，但民族運動的種籽卻深植人心，成為日後政治運動的基礎。被殖民國家的政治反抗運動通常在海外發跡，臺灣民族運動的先驅者亦為一群留日學生。大正七年（一九一八年），林獻堂宴請留學東京的

臺灣學生，達成廢除「六三法」的共識。林獻堂繼而籌組「六三法撤廢期成同盟」，推動取消特別立法制度，廢除六三法，將臺灣納入日本憲法的治理下，以民主自由爲基調，但並未有實質行動。大正八年（一九一九年）末，林獻堂與蔡惠如在東京號召百名留學生成立「啓發會」，目的在爲臺灣應以何種形式爭平等找出一條道路，且仍然主張廢除六三法。啓發會因成員少、經費困紬種種困難，無疾而終。在蔡惠如的奔走下，大正九年（一九二〇年），部分啓發會會員重新組織「新民會」，並推薦林獻堂爲會長，達成三個具體方針：(1)進行臺灣統治之改革運動；(2)發刊機關雜誌；(3)圖謀與中國同志之聯絡。以上仍然認同同化主義的理念，持續廢除六三法運動，蔡惠如除捐獻一千五百圓外，並得到林獻堂、辜顯榮、林熊徵等人之捐款，於東京發行《臺灣青年》，以爲新民會的言論刊物，也是臺灣政治運動的第一個刊物；大正十一年（一九二二年）四月改名爲《臺灣》，大正十年（一九二四年）六月停刊。新民會維持至昭和五年（一九三〇年）才沉寂。

　　蔡惠如鍥而不捨地奔走於北京、上海、廣州各地，除接觸臺灣留學生外，並與中國國民黨左右派、朝鮮革命團體、第三國際代表等人士聯繫，聲援臺灣，獲得熱烈迴響。北京的臺灣學生邀請蔡元培、胡適及梁啓超爲榮譽會員，組織「北京臺灣青年會」，支持臺灣議會設置請願活動。蔡惠如與彭華英組織「上海臺灣青年會」，謝雪紅、蔡孝乾與張深切成立「臺灣自治協會」，張深切成立的「廣東臺灣革命青年團」，有部分黃埔軍校學生加入。「上海臺灣青年會」、「臺灣自治會」與韓國流亡政府人士組成「臺韓同志會」，主張臺韓互助，建設自由聯邦，堅持民族解放，呼籲中華民國支援臺韓獨立運動。這些在中國的臺灣人士，情感孺慕祖國，稱爲「祖國派」人士。

(二)自治主義的民族運動

臺灣議會設置請願運動

　　同化主義否定了臺灣的特殊性，其實並非時人共同的理想，臺灣政治運動因而走上強調臺灣特殊性的民族運動，由「撤廢六三法」運動轉爲

「臺灣議會設置請願運動」路線，邁向「自治主義」的理想。之後，留學東京的學生另組與新民會研究方向有別之政治活動團體「臺灣青年會」。大正十年（一九二一年）一月開始，林獻堂與一批日本臺灣留學生向日本貴族、眾議兩院請願，要求設立擁有特別立法權和預算審議權的民選「臺灣議會」，為「臺灣議會設置請願運動」。大正十年（一九二一年）十月，臺灣文化協會成立後，成為此運動的主要支持團體。該運動以楊肇嘉為首，到昭和九年（一九三四年），共請願十五次，年年請願，簽署人數最多一次達二千六百多人。大正十二年（一九二三年）二月，蔡培火、蔣渭水等人組織「臺灣議會期成同盟會」作為長期抗爭的社團。但此組織在臺灣未得到結社許可，違反「治安警察法」，該年十二月，總督府大肆逮捕議會請願活動積極人士，有四十九人被拘留，五十人被傳訊，其中二十九人移送法辦，多為臺灣文化協會幹部。最後，十二人判三至四個月的有期徒刑，史稱「治警事件」。「治警事件」採公開審理方式，每次審理，旁聽者擠滿法庭，抗議聲不斷。蔡惠如、蔡培火、陳逢源等人被關到臺中及臺南監獄。蔡惠如押解途中，沿路民眾鳴砲歡送，大呼「萬歲」。但臺灣議會設置請願換來日本國會不審議的冷漠回應，效果不能立現，被臺灣文化協會內的左派人士攻詰為，資產階級向帝國主義哀求妥協的叩頭式民主。

臺灣民眾黨

　　臺灣文化協會於昭和二年（一九二七年）分裂，右派以蔣渭水、林獻堂為首，另於臺中組「臺灣民黨」，為臺灣第一個合法政黨，後改為「臺灣民眾黨」。唯蔣渭水逐漸走向階級革命，與林獻堂、蔡培火等資產、中產階級漸行漸遠。「臺灣民眾黨」的黨綱分政治、經濟、社會三部分。政治方面，臺灣人應有自治參政權，要求實施地方自治，言論、集會、結社、出版自由，及廢除保甲、司法公正等。經濟方面，擺脫臺灣的經濟依附地位、提高農工階級生活、貧富平等、取消鴉片專賣。社會方面，破除社會陋習、實施男女平權。「臺灣民眾黨」為行動主義派，曾將反對「鴉片吸食特許」運動激化成國際運動，向日內瓦國際聯盟控訴日本政府違背國際條約及人道精神。國際聯盟為此特別派員到臺灣調查，令總督府格外難堪。此外，特別致力於勞工及農民組織的指導，與臺灣文化協會最大的

區別在於擴大民眾基礎，尤其是勞工階級。因此，蔣渭水與蔡培火左右兩股勢力漸漸對立。昭和四年（一九二九年）十月，通過以農工為中心，進行全民聯合的民族革命鬥爭，對外聯繫世界無產階級，參加國際解放陣線等左翼路線。左傾後，林獻堂與蔡培火等資產、中產階級紛紛脫黨。昭和六年（一九三一年）二月，「臺灣民眾黨」遭禁，蔣渭水等人被捕，八月蔣渭水去世，「臺灣民眾黨」勢力瓦解。

臺灣地方自治聯盟

昭和五年（一九三〇年）八月，楊肇嘉組織「臺灣地方自治聯盟」，聘林獻堂為顧問，民眾黨的穩建派也漸漸加入「臺灣地方自治聯盟」。因此，「臺灣地方自治聯盟」集結各地方的灰色紳士，要求總督府「立刻實行完全之地方自治」。臺灣地方自治聯盟以放棄議會設置請願活動的退讓方式，獲得總督府的回應，隔年舉行第一次地方選舉。

早在明治二十九年（一八九六年），總督府便設立「臺灣總督府評議會」，作為總督的諮詢機構。評議員全部限於總督府內的文武官員，不能代表民意。大正九年（一九二〇年）在州市街庄設置協議會，為州知事、市尹、街長、庄長的諮詢機關。但協議會議員皆由臺灣總督府及州知事任命，也非民選。

昭和十年（一九三五年）四月，臺灣總督府規定，州市街庄為法人及其公共事物的範圍。擴大自治立法權範圍，廢除州、市協議會，改設州、市會，作為議決機關，廳街庄仍設協議會，維持諮詢機關性質。確定選舉制度，規定市會議員、街庄協議會會員半數民選，半數由州知事派任。州會議員半數由市會議員及街庄協議員間接選舉產生，半數由臺灣總督府任命，任期四年。此外，州知事、市尹、街長、庄長仍舊官派，並且兼州會、市會、街庄協議會的議長。以上改革並非全然自治，但臺灣終於產生民選議員。當時選舉權有以下限制，需年滿二十五歲的男子，繳納市街庄稅年額五圓以上者方能投票，所以有些地方日本人的選舉權多於臺灣人。此次選舉，臺灣地方自治聯盟雖無法提名，但推薦名單有十一人當選。昭和十二年（一九三七年），中日戰爭爆發；八月，自治聯盟在戰時的政治情勢壓力下，自動宣布解散。

(三)臺灣共產黨的民族主義獨立運動

　　昭和三年（一九二八年）四月十五日，林木順、謝雪紅、翁澤生、林日高等九人在上海法租界霞飛路一家照相館舉行臺灣共產黨成立大會，屬於日本共產黨臺灣支部。組織綱領主張「臺灣民族概念」，臺灣革命性格界定為推翻日本帝國主義統治，實現臺灣獨立、建立臺灣共和國的民族革命。

　　昭和三年（一九二八年）六月，謝雪紅先接觸臺灣文化協會與農民組合，將非法的共產黨活動寄生在既存、合法的民族主義運動團體中，便利動員群眾，並於十月在臺北成立「臺灣共產黨臺灣支部」，將臺灣文化協會與農民組合納為臺灣共產黨的外圍組織。昭和六年（一九三一年）一月，臺灣共產黨中央分裂，十二月，總督府打擊臺灣共產黨，逮捕三百一十名共產黨相關人士。之後，雖然有一些左派文化界人士繼續努力不懈，但太平洋戰爭爆發後，臺灣共產黨活動轉入地下。

二 文化啟蒙運動

　　大正十年（一九二一年）十月十七日，臺灣文化協會在臺北大稻埕靜修女子學校召開成立大會。臺灣文化協會的宗旨在推行民族文化的啟蒙運動，創立時會員一千多名，但昭和二年（一九二七年）減到六百七十七名。文化協會的會員大多是地方上的領導者、士紳、知識分子，但領導群集中於中部。

　　臺灣文化協會標榜「鑄成臺灣文化發達為目標」，但最終目的在喚起臺灣人對異族統治下種種壓迫、經濟剝削、文化消滅的民族自覺，凝聚共識，最後脫離日本統治。在日本嚴厲統治下，並不能明白高揭「民族抗日運動」大纛，故以下面的活動進行：

(一)發行《臺灣民報》、設置讀報社、文化書局

　　《臺灣民報》創刊於東京，昭和二年（一九二七年）八月一日起遷入

臺灣發行，昭和五年（一九三〇年）三月改名爲《臺灣新民報》，從月刊、半月刊，進爲旬刊、週刊，一直到日刊。爲當時唯一臺灣人自辦的報紙，成爲島民言論先聲。內容從報導世界大事、臧否時政、藝文娛樂到衛生醫學，兼容並蓄，對中國的國共關係報導並不預設立場。早期的《臺灣青年》與《臺灣》是一群知識青年表達思想的刊物，並不具普遍性，而《臺灣民報》的刊行，影響力深入民間，在大眾傳播、啓迪民智上發揮功能。昭和十二年（一九三七年）盧溝橋事件後，《臺灣新民報》廢止中文版，昭和十六年（一九四一年）二月《臺灣新民報》被迫改名爲《興南新聞》，昭和十九年（一九四四年）三月，臺灣總督府強迫將全島六家報紙，《臺灣日日新報》、《臺灣日報》、《興南新聞》、《臺灣新聞》、《高雄新報》、《東臺灣新報》統合改爲《臺灣新報》。

此外，臺灣文化協會在大市鎮設置讀報社，社內備置臺灣、中國及日本各種新聞雜誌，並設文化書局，引進各種中、日書籍，使臺灣人的資訊能與世界接軌。

(二)舉辦演講、講習會、電影隊

演講、講習會的主題涵蓋政治、法律、文化理念、社會改造、農村、世界大勢及婦女問題。雖然目的爲文化啓蒙，但主題又以「議會政治」、「自由民主主義」、「民族自決」、「批判殖民政策」爲主，其主講者頗受當局壓迫。文化協會組織「美臺團」的電影巡迴隊，雖然放映一般情節的電影，但擔任「辯士」的解說員卻運用暗喻手法諷刺殖民統治的不公不義，得到相當迴響。當然，臨場監督的警察勒令「中止」的畫面頻頻上演。

(三)社區文化活動

霧峰林獻堂、林攀龍父子面對大和文化的強勢，認爲漢文化必要有所堅持。乃組織「一新會」，目的在促進農村文化向上，使漸及自治精神，以清新之氣再造臺灣。於霧峰林家花園成立夏季學校，男女兼收，在一新會的主導下，共舉辦兩百多場的演講會，還有一新義塾、讀書會、象棋

會、婦女親睦會、詩文研究會、霧峰管弦樂團、遠足、網球賽、音樂會、運動會、舞蹈會等。

　　臺灣文化協會有眾多的青年會員，有些主張較為激烈。昭和元年（一九二六年），文化協會內部分成三個派系：⑴以林獻堂為中心的地主、資產階級，主張溫和合法的民主運動；⑵蔣渭水派，以小資產階級聯合工農推進全民運動；⑶王敏川、連溫卿派，急進社會主義者與無產青年接近，主張工農無產階級與民族解放結合的「一次革命」。臺灣文化協會長期以來無法解決諸多實際政治問題，為左派人士詬病。昭和二年（一九二七年）年一月，臺灣文化協會在臺中召開具歷史性的臨時大會。與會代表一百三十三名中無產階級占多數，使中央委員的選舉結果，擁連派人馬占大多數席次。昭和五年（一九三〇年）十月，林獻堂、蔡培火、蔣渭水、林幼春等溫和派紛紛退出文化協會。原本主張民族主義的文化啟蒙團體轉向階級鬥爭的團體，成為臺灣共產黨的外圍團體。激進的「新文化協會」受到總督府的鎮壓，很快地在昭和五年（一九三〇年）後停止活動。

三 農工運動

(一)農民運動

　　明治三十一年（一八九八年）以來，總督府在新渡戶稻造的協助下，推行糖業保護政策，硬性規定「採收區域制度」。在規定區域內，未經許可不得自行設立糖廠，甘蔗也只能賣給區域內的糖廠。糖廠為了偷斤減兩，常在磅秤上動手腳，因此，民間有句俗諺：「第一憨，種甘蔗給會社磅。」大正十四年（一九二五年）六月，彰化二林李應章等人組織「二林蔗農組合」，向彰化的林本源糖業株式會社爭取蔗農權益，而爆發警民衝突的「二林蔗農事件」。同年十一月，簡吉在鳳山成立「鳳山農民組合」，發動百餘人示威，抗議新興製糖會社收回大寮庄土地的紛爭。繼而臺灣農民在各地展開對官方及資本家的抗爭，臺灣文化協會左派人士領導各地，反對總督府將農民耕種的官有地，拋售給因人事調整而提前退休官吏的

「官有地拂下運動」。日本勞農黨的麻生久、布施辰治來臺爲二林事件辯護，農民運動達到高潮。昭和元年（一九二六年）十月，全島性的「臺灣農民組合」成立，爲農民運動大整合。昭和二年（一九二七年）後，農民組合先後由新文化協會及臺灣共產黨主導，至昭和三年（一九二八年），臺灣共發生四百二十件的農民爭議，組合員人數也倍增。但農民組合日益左傾，成爲總督府關注的對象。

(二)工人運動

臺灣工礦業發展頗爲遲緩，即使一九二〇年代後期，大規模的礦場或工廠還很少，季節性流動勞工人口占多數，勞資紛爭進入僵局後，罷工人員往往回到農村，勞工階級意識並未成熟。所以臺灣的勞工運動並非自然產生，而是在民族主義下孕育出來。大正八年（一九一九年）的「臺北印刷從業員組合」是一個具有近代工會性質的組織，在文化協會及民眾黨的指導下，工人運動開始蓬勃發展。大正十年（一九二一年）至昭和六年（一九三一年）間，勞資爭議有五百多件，捲入人數三萬六千多人。臺灣文化協會在分裂左傾後，積極投入無產階級運動，連溫卿、王敏川等人於昭和二年（一九二七年）四月參與組織「臺灣機械工友會」，會員三百多人。高雄鐵工所罷工事件是新文化協會指導下最具規模的抗爭活動，該活動甚至與農民組合並肩作戰。由於新文化協會本身對於工會組織、名稱及工人運動綱領等問題上意見不一，無法形成有力的領導力量，工人運動的領導權轉移至民眾黨手中。昭和三年（一九二八年）創立的「臺灣工友總聯盟」，其群眾運動具有組織性及鬥爭性，政策也較爲明確，主要運動爲高雄淺野水泥會社罷工事件。隨著昭和六年（一九三一年）臺灣民眾黨被禁，「臺灣工友總聯盟」也漸衰微。臺灣共產黨員蘇新、王萬德等人則至林場、礦場與工人打成一片，組織赤色勞動組合，號召工人對抗資本主義。

四 屈從與抗爭

(一)有力者的矛盾

　　總督府對抗民主運動的方法是以辜顯榮、林熊徵等士紳於大正十二年（一九二三年）成立「臺灣公益會」，反對「臺灣文化協會」。「臺灣公益會」的主要目的在防堵民主社會思潮，肯定日本在臺舉措，主張內臺融合，作爲臺、日人間的橋梁，發達臺灣的產業，共有八百人參加，以《臺灣日日新報》爲宣傳媒體，但得不到迴響。雖然「臺灣公益會」在次年召開「全島有力者大會」，然立刻引起臺灣文化協會的同仇敵愾，另召開「無力者大會」，矛頭直指御用紳士阻擋人道思潮，給有力者大會致命打擊。「有力者大會」經此一擊，無法大有作爲而草草收場。公益會的參與者被指稱爲御用紳士，但因其經濟利益多必須與日本政權結合，所以在殖民統治之下常顯現政治配合殖民政府，建設臺灣本土不遺餘力，另又參與中國建設或支援大陸革命的雙重性格。例如，辜顯榮與林熊徵捐贈鉅款支持臺中中學；林熊徵曾捐款福建政府建設地方，參與漢冶萍煤鐵廠投資等。

(二)無力者的矛盾

　　臺灣反抗日本殖民統治是由一批進步資產階級與知識分子所展開。他們先要求改善待遇上的差別，接著才追求民主主義。因此，原則上先承認日本的統治體制，再尋求體制上的改革。資產階級較穩健的作風，的確讓日本人較爲放心，只能訓示，無法強力壓制。有時，則以經濟上的制裁，讓地主階層退卻，例如爲迫使林獻堂退出議會設置請願活動，臺灣銀行十萬火急催討林獻堂的十數萬圓貸款，而使林獻堂放棄第三次連署，致同志責難四起；其他如取消施學賢的食鹽批發權及楊吉臣的鴉片批發權等。

　　但整體而言，爲了安撫臺灣人，總督府逐漸在一九三〇年代開放民主，讓穩健派滿足自治的期望。這些民主運動人士往往與總督府及日本政要雙面交好，利用日本國會與總督府的矛盾，爭取日本議員同情。而日本

議員則在臺灣不要求獨立的前提下，支持臺灣的獨特性自治主義。另一方面，他們有的成了總督府的拉攏對象，後來成為皇民奉公會高階幹部的臺灣人。這批溫和派的民主人士，有心懷祖國者，但程度上接受日本的統治。即使如此，日本人未必全然認同臺灣人為日本人，而且民主人士在戰前、戰後都曾是日本人、臺灣人、來臺國府人士質疑的對象。例如，林獻堂雖經常與日本人周旋，卻從未使用日語交談，不穿和服，堅持不改日名，以延續漢文命脈為己任，支持以發揚漢文化為宗旨的「櫟社」。昭和十一年（一九三六年），林獻堂到上海旅遊，自稱「歸回祖國」，回臺後，在臺中公園園遊會場遭日本人賣間善兵衛打耳光，這是喧騰一時的「祖國事件」。當時的臺灣菁英在戰爭時期只能屈從於皇民化運動；戰後，皇民奉公會各級委員更處在忠、奸兩難的尷尬局面。而認同中國的祖國派臺灣人士，因為日本利用臺灣籍民在廈門、福州為非作歹，而使在中國的臺灣人感受到不被接納的矛盾。

第五節　戰爭下的臺灣

日本提倡「大東亞共榮圈」，使得戰火遍及中國、東南亞，甚至西南太平洋及南太平洋。在戰線不斷拉長、兵員分散及經濟枯竭的壓力下，身為殖民地的臺灣，亦成為戰雲密布的地區。臺灣進入戰時體制，臺灣人也以身體、資源投入「聖戰」。

一軍事動員

大平洋戰爭爆發後，美國對日本採取包圍突擊戰爭，以海軍為主力，包圍太平洋周邊地區，切斷日本物資補給線，伺機攻擊點線，最後發動總攻擊。臺灣被當作攻擊目標外，亦擔負人力、物力補給的要塞化角色。

(一)志願兵

　　太平洋戰爭爆發後，日本急需臺灣的正規軍力，昭和十七年（一九四二年）四月正式招募第一次陸軍特別志願兵，志願應募者四十二萬人，錄取一千多人，初期徵召反應熱烈。昭和十八年（一九四三年），日本陷入海洋戰爭的困境，當年八月一日開始實施海軍特別志願兵制，錄取三千人。昭和二十年（一九四五年）一月開始實施全島徵兵制，第一梯次受檢者共四萬七千多人，大部分以現役兵身分入伍，多被派到

圖5-10　志願兵

南洋作戰。據統計，臺籍日本兵的人數多達二十萬七千多人。日本在臺灣軍事動員，曾出現臺灣年輕人寫血書志願從軍的熱潮現象，除了是同儕、英雄主義鼓舞，亦有被重視及認同歸屬日本人的心理。然而，志願人數常和青年統計人數相差無幾。所以，造成志願熱的原因當不能忽視學校、役場、派出所、皇民奉公會及青年團的組織形式「集體動員」結果。戰後，據昭和四十八年（一九七三年）日本厚生省統計，當時因死亡而埋骨異域者有三萬多人，約占總人數之百分之十四。

(二)高砂義勇隊

　　霧社事件令總督府認識到原住民的戰鬥力，昭和十二年（一九三七年）之後，總督府運用刊物及影片大量灌輸原住民「皇民」觀念。日軍在進攻菲律賓受挫後，便想利用熟悉熱帶叢林的原住民為其作戰。在總督府尚未正式募集志願兵員之前，原住民部落的青年團即陸續提出志願書及血書，志願從事軍伕及看護婦等工作。昭和十七年（一九四二年）三月，軍方編組數百名「高砂族挺身報國隊」、「高砂義勇隊」，前往菲律賓、南洋等地。高砂義勇隊除了勇猛善戰外，由於叢林即家園的生活習慣，防衛與

糧食補給上皆能幫助日軍在陌生、惡劣的環境中存活，在攻擊巴丹島的戰役中立下汗馬功勞。高砂義勇隊的徵召共五次，迄昭和十九年（一九四四年），總督府共召募一千八百多名高砂義勇隊兵。戰後，民國六十三年（一九七四年）在印尼莫羅太（Morotai）島上被發現的史尼育唔（漢名李光輝），在叢林藏匿近三十年，正是高砂義勇隊員。原住民響應戰爭雖然是爲日本帝國與天皇出征，但亦是原住民對勇士的傳統觀念，將殺敵視爲取代「馘首」的方法。

(三)勞力動員

除了志願兵及徵兵制外，臺灣人又以軍屬、軍夫的名義到上海、華南和南洋戰場。當時軍隊的階級依次爲軍人、軍馬、馬犬、軍屬、軍夫，臺灣人的編制上稱爲軍夫，在軍中屬於低下階層，其工作主要爲運輸物資，或幫忙鋪路、種植農作物等雜役。

(四)拓南工業戰士

昭和十七年（一九四二年），日本在臺灣成立「拓南工業戰士訓練所」，爲工業技術人力專業訓練機構，以招募軍屬協助日本在南洋石油開採提煉工作。報考者需具備高等科以上學歷、體格甲等以上的青年。拓南戰士的待遇高於公務人員，只要服務一年便可免除兵役，吸引五百多位青年菁英以技術人員身分前往。但是，戰爭末期，南洋卻成爲日本死傷最慘重的戰區，這群二十歲上下的青年，雖然一身技術，卻不諳戰爭，僅兩百多人生還。

(五)臺灣少年工

美日開戰後，日本飛機大量折翼，機源補充迫在眉睫，但日本本土年滿十五歲之男子，大多已從軍或徵用爲軍需品製造工廠之工具，軍部開始動員日本國內及殖民地的青少年，赴日擔任機械製造修護工作。透過學校教師的募集，臺灣青少年認爲可以半工半讀，每月可支領薪俸，故公學校的畢業生紛紛響應。昭和十八（一九四三年）至十九年（一九四四年），有

八千多名臺灣少年，一批批被動員到日本受短期訓練後，再送到神奈川縣厚木海軍航空基地的高座海軍工廠建造飛機，他們被稱爲海軍工員。臺灣少年工大部分仍是成長的青少年，但軍工廠環境惡劣，除了必須躲避美軍空襲軍工廠的威脅外，還必須忍受糧食困絀的飢餓，有的少年工因爲營養不良而客死異鄉。

此外，還有被稱爲「鋤頭戰士」的農業義勇團，到華南及南洋戰場負責日軍的糧食生產。

(六)看護婦

昭和二十年（一九四五年）四月一日，美軍登陸沖繩島。總督府爲了擴大軍力動員範圍，廢止保甲制，代以「國民義勇兵役法」，規定十五至六十歲的男子及十七至四十歲之女性皆有服兵役及接受徵召的義務。臺灣赤十字軍看護婦被派遣赴華南、南洋前線，附屬在部隊之下。十字軍看護婦爲素質頗高的醫護人員，是戰時日軍的白衣天使，但其成員有限，因而多徵召無經驗的看護助手。大部分的陸、海軍看護婦是在愛國心或經濟因素（戰地看護婦薪水較高）的驅使下，志願前往戰區。看護婦除與士兵同樣面臨彈砲威脅外，還要搶救病患，日夜不得休息。

(七)慰安婦

臺籍慰安婦的動員始自中日戰爭時期。當日本發動太平洋戰爭之後，臺灣成爲日軍南進的跳板，駐在南洋各占領區的日軍就近向臺灣請求支援慰安婦。慰安婦的招募並不完全以風塵女子爲對象，雖然有些婦女確實被告知，且自願到海外從事慰安工作，但軍部也透過役場在各轄區從民家抽人頭，或以「奉公」名義抽調年輕女子，其中不乏欺騙以「軍部所開食堂之端茶服務生」、「賣面不賣身的藝旦」等名義送到海外去。

二、經濟整編

(一)資金動員

　　三〇年代中期，臺灣勃興的工業除了仰賴臺灣內部資金支撐，大部分仍靠日本財閥及日本國內投資。戰爭末期，爲了在短期內籌措足夠資金，實施金融統制政策，特別獎勵儲蓄及推行公債。昭和十三年（一九三八年），總督府推行「獎勵儲蓄運動」，在各機關、公司、工廠乃至保甲設立「國民儲蓄組合」。此儲蓄運動是強制性的，經濟警察的監視掌握著國民的組合參與情形，因此儲蓄運動幾乎推展到每一家庭，儲蓄的結果最終都流向政府指定用金，亦即臺灣的民間資金皆在國家機關的統制之下。

(二)物資動員

　　昭和十三年（一九三八年）日本設計了「物資動員計畫」，物資統制範圍包括鋼鐵、非鐵金屬、纖維、皮革、木材、米穀、食品等。由於美國對日實施鋼鐵禁運，所以鋼鐵被列爲統制重點，民間散置之廢鐵廢銅皆被迫繳回。

　　糧食方面，原本喧騰已久的米糖相剋問題，因爲太平洋戰爭爆發，戰線拖長，前線軍糧孔急而回復增糧。總督府頒布「臺灣糖業令」，由總督府統一糖價；又頒布「臺灣米穀移出管理令」，由總督府統一收購臺灣銷至日本的稻米，如此一來，嚴重衝擊地主及米商的利益。戰爭末期，臺灣被劃入戰場，動員政策重點由生產能量的擴充，轉爲對臺灣剩餘資源最大程度徵用，所有的物資多被納入統制。在糧食方面，生產者依規定繳納獻糧，由農業會及食糧營團負責徵糧及配給業務。民眾依照配給領取固定糧食。但因配給不足果腹，不堪飢饉民眾有藏匿糧食情事。無法照規定數量繳米者，或者罰跪，或晚上至夜校「交代原因」。而民間藏米有如貓抓老鼠，驚心動魄，甚至有人將米藏於墳墓凹處！

圖5-11　臺灣食糧營團出資證券

三 精神改造

　　昭和十一年（一九三六年）十月，小林躋造總督就任，積極推動皇民化、工業化、南進化，七七事變爆發後，近衛內閣發表「國民精神總動員計畫實施要綱」，臺灣總督府也設置國民精神總動員本部，加速皇民化運動。皇民化運動包括推行國語、神社信仰、改姓名運動、生活日化、提振社會風俗等，因此，廢止學校漢文科、報紙漢文版，撤廢本土寺廟信仰，讓「諸神升天」。透過生活規範塑造天皇的神格形象，讓人民頂禮崇拜、禁穿臺灣服裝。以上為使臺灣人與中國徹底畫清界限，企圖改造臺灣人成為真正的日本人，義無反顧對日本獻出戰爭的人力、物資。雖然昭和十五年（一九四○年）年底即取消諸神升天政策，但臺灣的寺廟及齋堂數目亦減少了三分之一。社會風俗方面，則有親切活動、微笑運動、禮貌運動等。

(一)國語運動

　　國語指的是日語，雖然總督府自明治三十二年（一八九九年）開

始推行日語教育，但全面積極推廣要從中日宣戰後開始。昭和十二年（一九三七年），總督府正式禁止臺灣報紙的中文欄，取消小學中的漢文課，成立兩千八百多個國語講習所，以推動社會人士的日語學習。昭和十八年（一九四三年），臺灣人中已有百分之八十的人能了解日語。為了獎勵日語，二十四小時都用日語交談的家庭，可被認定為「國語家庭」，享有較優渥的待遇，包括食物配給、小孩優先入學機會等。此外，將日語及具有大和精神之真實故事列入學校教育中，例如苗栗詹德坤是一位堅持不說臺灣話的十二歲少年，昭和十年（一九三五年）因中部大地震受重傷而死。彌留之際，堅持唱完「君之代」日本國歌。其事蹟在皇民化運動時被編入教科書，成為「國歌少年」被傳頌。雖然總督府勵行國語運動，但並未全面禁止閩南語的使用。

(二)改日姓

總督府鼓勵臺灣人將姓名日化，稱為改姓名運動。為了配合政策，但又不數典忘祖，許多人在改姓名同時，仍預留蛛絲馬跡供後代子孫辨識血統淵源。例如，「林」，改成「小林」、「若林」；「呂」改成「宮下」；「黃」變成「共田」；「陳」改成與地望有關的「潁川」。總督府則不鼓勵臺灣人使用「一條」、「三條」、「近衛」、「東鄉」、「東條」等國家元首或日本貴族的姓。

(三)皇民奉公會

小林躋造總督強力推行皇民化運動，在宗教問題上執行過火，長谷川清接任總督後，為促成內、臺一家，以社會動員，網羅民間各階層領導者，確立生活體制，達成皇民煉成，並藉臺人來為其兵力、人力動員敲邊鼓。以上需要統籌機關協助，皇民奉公會應運而生，其活動包括宣傳聖戰、拓南戰士、志願兵及建立分配的經濟體制。

昭和十六年（一九四一年）四月「皇民奉公會」成立，全臺灣的百姓都是奉公會的當然會員。中央本部下，設有支部、支會（州廳）、分會（市郡）、區會（街庄）、部落會、奉公班等，配合保甲系統及地方行政

組織以發揮功能，所以與總督府以下的各級行政組織完全重疊。地方上的菁英分子不論願意與否，皆被籠絡爲各層級的奉公會幹部，連民族社會運動先驅的林獻堂亦不例外。此外，另有因社會不同職業階層或因應動員需要所成立的愛國團體爲奉公會的外圍組織，例如中年婦女的「愛國婦人會」，年輕女子的「桔梗會」，其他有「產業奉公會」、「文學奉公隊」等。皇民奉公會除了替總督府改造臺灣人，驅使臺灣人心甘情願投入「聖戰」行列外，亦擔負戰時募兵、經濟動員工作，例如推動鼓勵儲蓄報國、獻金報國等。

　　在皇民化運動下，臺灣各角落感染了聖戰的高昂氣氛，熱心增糧的篤農被冠以「增產戰士」頭銜，因具備「農民道」、「農民魂」的精神受到州知事表彰。在街道的一隅可以看到小女生拿著據說可作爲軍人護身符的「千人針」布條，請過往路人縫製一針的畫面。昭和十三年（一九三八年），蘇澳南澳鄉澳花村利有亨社十八歲少女莎勇‧哈勇，在暴風雨中替出征的日籍老師運送行李，被湍急的河水沖走，其事蹟除了出現在教科書外，長谷川清總督特地頒贈一只像銅鈴的鐘給利有亨社，稱爲「莎勇之鐘」。旅臺日人畫家鹽月桃甫以此題材作畫，莎勇的事蹟並被當時享譽盛名的作詞作曲家譜成歌曲傳唱，且搬上銀幕，由紅極一時的李香蘭扮演莎勇。

　　志願兵、徵兵制都如計畫執行後，原街庄行政漸漸成爲皇民奉公會的附屬，有本末倒置之嫌。昭和二十年（一九四五年）六月，總督府取消皇民奉公會及保甲制度。

四 美軍轟炸

　　太平洋戰爭爆發後，美軍本欲攻取臺灣，以臺灣爲跳板直接攻取日本。但因麥克阿瑟堅持以反攻菲律賓爲己任，加上昭和十九年（一九四四年）中期以後，美軍已占領太平洋上多數島嶼，未從臺灣進攻日本。但從美軍占領呂宋島至日本投降爲止，臺灣遭受密集空襲行動。起初轟炸目標以機場、港口爲主，但隨之擴大到工業、交通，乃至比照日本本土，各城

鎮皆籠罩在空襲陰影下。昭和十九年（一九四四年）一月，臺灣開始遭受
美軍空襲，高雄、鹽水受創。十月，美軍登陸菲律賓，爲了掩護在雷地島
的登陸，美軍展開對沖繩和臺灣的空襲，以收牽制之效。十月十二日，千
架F6F、TBF飛機轟炸高雄、臺南、屏東、臺東、新竹等航空基地及港灣。
美、日軍機曾在臺海上空纏鬥；昭和二十年（一九四五年）一月二十一日，
有四百五十架軍機空襲，三月九日日月潭發電設施被炸。如此，一直到戰
爭結束，臺灣一共遭受美軍十五梯次的空襲。

　　依總督府估計，昭和十九年至二十年底，空襲造成約六千多人死亡，
九千多人受傷，房屋損壞近五萬棟。在這段「躲空襲」的日子中，學校關
閉，都市居民疏散到鄉下。臺灣在戰爭末期應付戰爭的經濟動員，實超出
臺灣的應付能力，再經美軍轟炸，殘破不堪。戰爭終了，各項工業或告停
頓，或萎縮不振，農業生產亦遽告減退，使戰後復原至爲不易。

圖5-12　臺北市第三高等女學校屋內避難室

研究與討論

1.「臺灣民主國」是否算是一個獨立事件？臺灣民主國企圖以外力干涉日本占
　領臺灣的策略是否周全？您的看法如何？

2.霧社事件時，花岡一郎與花岡二郎面臨日本的恩情與對族人的忠誠兩難。您
　對於他們的解決方式有何看法？

3.臺灣總督府對地方的控制與其他殖民地有何不同？

4.日治時期，臺灣知識份子爭取政治、經濟權益的理念和方式有何不同？

5.分析第二次世界大戰後期，臺灣人參與戰爭的心態及過程。

參考書目

林柏維，《臺灣文化協會滄桑》，臺北市：臺原出版社，1998年1月。

林繼文，《日本據臺末期（一九三○～一九四五）戰爭動員體系之研究》，臺
　　北市：稻鄉出版社，1996年3月。

高明士，〈蔡淑悔先生事蹟──並述與眾友會革命運動之關係〉，《臺灣文
　　獻》，第二十三卷，第二期，1972年6月，頁57-59。

黃秀政，《臺灣割讓與乙未抗日運動》，臺北市：臺灣商務印書館，1996年4
　　月。

黃昭堂著、黃英哲譯，《臺灣總督府》，臺北市：前衛出版社，1993年。

許極敦，《臺灣近代發展史》，臺北市：前衛出版社，1997年，初版，二刷。

陳俊宏編著，《禮密臣細說臺灣民主國》，臺北市：南天書局，2003年。

葉榮鐘等，《臺灣民族運動史》，臺北：自立晚報，1983、1987年。

鄧相揚，《霧社事件》，臺北：玉山社，1998年10月。

盧建榮，《入侵臺灣──烽火家國四百年》，臺北市：麥田出版社，2001年1
　　月。

第六章　日本殖民統治的社會經濟發展

第一節　導言

　　日本自明治維新後，擺脫封建社會，明治二十八年（一八九五年）以近代化國家之姿來治理臺灣，引進日本先進的制度、設施、產業，使臺灣在二十世紀初即打下穩固的基礎。為順利統治，日本統治初期施行林野、土地、人口、舊慣、蕃政等基礎調查，統一貨幣及度量衡、組織農業團體、水利灌溉、交通、金融、電力等基礎建設，使臺灣財政收入在十年間由虧轉盈，不再依賴日本補助。日本統治之初，在米、茶、糖、樟腦等產業中，對糖業情有獨鍾，傾全力引進日資，並將臺灣糖業現代化。因為日本國內米產不足，先從在來米改良入手，一九二〇年代中期，蓬萊米成功移植中部，低廉的價格風靡日本，因而掀起米糖相剋的問題。不過，總督府對米糖紛爭的態度總是站在維護日本資本的立場。臺灣的農業原本以米糖二元發展為主，南進政策實施後，改採獎勵特用作物的多角化經營。因為在「農業臺灣，工業日本」的前提，臺灣的工業始終以農產品加工為主。日月潭水力發電及其他發電工程之完成，使工業化加速實現；日本南進後，進一步實現「農業南洋，工業臺灣」的想法，到了日本統治臺灣末期，臺灣已半數工業化。日治時期的對外貿易中，對日占絕對優越地位，臺灣輸出種類是單純的農產品，輸入的是工業品，表現與日本經濟的隸屬關係。臺、日工商業的競爭下，臺灣商人紛紛成立與「郊」不同性質的工商會來捍衛權利，工商會也成就許多草根性商人的崛起。

　　總督府的殖民教育內涵以初等教育為重點，以日語教學為中心課程，終其統治，總督府以差別待遇的原則來設計教育制度。但因日語的使用，讓臺灣人可以吸收現代知識，臺灣也因此成為現代化的殖民社會。中等教育則為初級技術人員的養成教育單位，設施明顯不足。高等教育多從事與殖民政策密切配合的學術研究，而留學教育的發達顯現島內教育制度的不

公,卻也彌補了臺灣教育資源的不足。臺灣雖然無法享受平等的教育機會,但隨著語言教育日益普及,新知識新文化得以傳播開來。一九二○年代以後,文學、美術、戲劇、電影、音樂等文化活動漸漸普及,這些文化運動也激發出現代政治、新臺灣文化、藝術和傳統思想之間的衝突。

在社會方面,士紳集團的影響力和人數日漸衰微,富豪集團及總督府的協力者漸居社會領導的中堅地位。日本對臺灣的風土民情,初期秉持漸進主義的原則,相當尊重臺人的風俗習慣與社會組織。因此,臺灣民間的風尚習俗大致保留原來樣貌外,食衣住行漸添和風。近代西方式法律在此時引進臺灣,臺灣逐步接受來自西方的法律概念及制度,擺脫原來承襲自傳統中國的法律觀念。清代社會層出不窮的械鬥風氣完全消弭,雖然警察制度無所不在,但生活的法治化,卻也培養出臺灣人的守法觀念。大正九年(一九二○年)之後,總督府藉著教育灌輸臺灣人認識時鐘、計算時間,並在團體生活中養成守時的習慣,生活的現代化亦潛移默化地將臺灣人帶入時間的規範中。臺灣在大正九年之後就不再發生嚴重的瘟疫問題。總督府灌輸臺灣人公共衛生的觀念,在各地設立醫院,以臺北醫院規模最大。日本人栽培臺灣人學醫著力甚多,因此,出現許多優秀的臺籍醫師。

臺灣是日本第一個殖民地,隨著殖民圈的擴大,臺灣經驗也跟著移植至其他地區。日治時期,臺灣與中國已處於不同政治領域,臺灣人到中國須持有旅行券,諸多臺灣人赴大陸投資,對華南地區頗有建設。在中國有一批「臺灣籍民」的臺灣人享有特權,因而引起諸多爭論。而在臺灣的中國人稱為「華僑」,多從事低層勞動工作。總督府原本對華南地區抱持政治軍事占領企圖,所以華北義和團之亂時,曾發生總督府派兵占領福建的廈門事件插曲。明治年間,總督府積極經營華南的商權、航權、金融權;大正時期,則注重社會文化事業。日治時期,臺灣與中國民間保持熱絡的往來,有商業、旅行、求學、從政或赴大陸從事抗日活動者。國共內戰結束後,滯留中國大陸者,多半受到無情的整肅。

第二節 經濟發展

　　總督府經營臺灣首重基礎調查與建設，米、糖爲農業發展重點。初期的工業發展以農產品加工業爲主，日月潭水力發電完工後，工業發展急速成長，工業性質多所變化。日治時期的商業活動不管在貿易及資本方面皆有所調整，臺灣工商業者組織了與清代郊商不同的工商團體。

一基礎調查與工程

(一)基礎調查

土地與林野調查

　　清代臺灣土地隱田甚多，義務人不明確，阻礙臺灣開發與徵稅。明治三十一年（一八九八年），總督府設置「臺灣臨時土地調查局」，實施全面土地調查，掌握耕地田園面積，清出大量隱田。調查前，全臺田園約三十七萬甲，調查後，增加至六十三萬甲。制訂土地登記規則，除了繼承外，以登記爲權利轉移的有效條件。此外，廢止大租戶，確定小租戶的業主權，並以公債作爲大租權的補償，進一步廢止清國人的土地所有權。藉著調查，總督府亦明瞭了臺灣的地理形勢。

　　在林野方面，爲確定林野的官有及民有權，總督府於明治四十三年（一九一〇年）至大正三年（一九一四年）展開林野調查，將原爲臺灣人使用但提不出土地權狀的林野編入官有。除原住民住的「蕃界」外，近八十萬甲林野中，民有地只有三萬餘甲，百分之九十五以上林野地都透過調查而官有化。

人口調查

　　人口動態與人力資源的掌握爲執政的重要基礎。總督府於明治三十六年（　九〇三年）公布「戶籍調查令」，經兩年準備，於明治三十八年（一九〇五年）十月一日零時起，以三天時間，動員七千人力，進行全面的

人口普查。此次人口調查比日本內地第一次全面戶籍調查還早十五年，實歸功於警察制度之功能。之後總督府陸續進行了六次人口調查。

統一度量衡

臺灣原本流通的貨幣種類繁多，統治初期，總督府將日本貨幣運入臺灣使用，致使貨幣更加混亂。明治三十年（一八九七年），日本公布「貨幣法」，改行金本位制，採取漸進方式推動臺灣幣制改革。明治三十二年（一八九九年），總督府創立臺灣銀行，整理臺灣貨幣，安定金融，並發行金幣兌換券，取消銀幣流通。明治四十四年（一九一一年），貨幣法亦施行於臺灣，臺灣幣制完全納入日本體制。

明治三十三年（一九○○年）總督府頒布「臺灣度量衡條例」，翌年開始實施。整編貨幣及統一度量衡使臺灣與日本內地制度一致，不但促進日臺兩地貨物和資本流通，更加速臺灣企業經營的資本主義化，有助於日本資本在臺灣的投資。

此外，總督府尚成立「臨時臺灣舊慣調查會」，調查臺灣的風俗民情；另針對原住民進行蕃政調查。以上調查報告書除了成為總督府統治臺灣的基礎外，也為臺灣文化留下浩瀚的歷史紀錄。

二 基礎工程

(一)水利建設

為了發展米、糖事業，總督府積極建設水利。明治三十四年（一九○一年）公布「臺灣公共埤圳規則」，改良舊有埤圳。與清代消極的水利政策不同，總督府以官方力量興建灌溉工程，明治四十一年（一九○八年）公布「臺灣官設埤圳規則」，建設大規模官辦埤圳，其中，最重要的是桃園大圳與嘉南大圳。日治初期，桃園地區常缺乏灌溉用水，總督府以官民合資方式自石門開闢水道引大漢溪水至桃園、中壢一帶，作為灌溉之用；整條大圳以人工開鑿，大正五年（一九一六年）開始施工，大正十一年

（一九二二年）完工。嘉南平原水源不足，看天田居多，總督府請水利專家八田與一設計建造嘉南大圳，於曾文溪上游築壩，灌溉嘉南平原，再引濁水溪水源灌溉雲林平原；大正九年（一九二○年）施工，昭和五年（一九三○年）完成，是東南亞最大的水利設施。大圳完工後，改變原本嘉南地區看天田的耕作型態，米、糖、雜糧生產量增加。

(二)農業團體

臺灣第一個農會為成立於明治三十三年（一九○○年）的三角湧（三峽）農會，之後，在總督府、日本人及地主的催生下，各地紛紛成立任意團體的農會。待各地農會組織稍具雛形後，明治四十一年（一九○八年）總督府整編各地農會，將之公法人化。所有農林畜牧業者皆為當然會員，經費主要來自會費，輔以政府補助，為受總督府監督管理的半官方組織。農會具有試驗、推廣及農業教育功能，其業務隨總督府的農業政策彈性調整，但主要集中在米作改良。其領導核心完全是由地方政府官員原班人馬組成，加上警察的配置及保正、街庄長的運用，在農村社會倫理尚未瓦解前，農會得以成功地推廣農政。因之，農會、警察、農技官僚被喻為日治時期「綠色革命」的主要元素。當時農村中還有農業組合、業佃會、興農倡和會、畜產會等團體，接受農會經費補助及技術指導，農會在農村中扮演統籌指揮農業團體的角色。農村另一個龐大的農業組織——水利會，與農會之間存在人事重疊，人員流用關係；而總督府則藉這些關係緊密的農業團體，將農村動員起來。昭和十九年（一九四四年），總督府將當時的農會、

圖6-1　苗栗農會辦事處及成員

產業組合、山林會、青果同業組合及其他農業團體統合起來成為「農業會」，扮演總督府經濟統制政策代行機構的角色。

(三)金融制度

臺灣銀行是臺灣最重要的金融機構，其業務擴展至華南、南洋，共有十八家分行及十六家出張所，規模龐大。臺灣銀行除了整頓幣制、驅逐外國資本，也為日本人在臺灣投資事業鋪路。臺灣銀行的資本操在日本人手中，臺灣人投資的銀行主要為彰化銀行，但資本不高，無權過問銀行事務，所以留美的陳炘認為臺灣人必須發展工商資本方能與日本抗爭，於是排除萬難，昭和元年（一九二六年）於臺中設置「大東信託株式會社」，董監事清一色是臺灣人，故有「臺灣人最大的民族金融機構」之稱。但當時臺灣只有銀行法，而無信託法，所以被視為非法組織，要求解散，經社長林獻堂一再斡旋，昭和十九年（一九四四年）總督府通過信託法，大東取得合法資格，但大東信託被要求與其他公司合併，改名為「臺灣信託株式會社」，大東信託只擁有臺灣信託百分之二十五的股權而已。

因為臺灣的金融機關很少，少數工商業者才能利用上述金融機關，一般庶民在金融運用上仍捉襟見肘，必須仰賴高利貸機關救急。即使是日資的中小型工商業者亦面臨投資障礙。因此，大正二年（一九一三年），總督府公布「產業組合規則」，其精神在中小型業者基於互助精神，共同組織產業組合以融通產業資金。因其功能而有信用（金融融通）、販賣（促成產品的共同販賣）、利用（產品加工）、購買（生產資材與物資的共同購買）四種組合，促進經濟發展。迄昭和十五年（一九四〇年），臺灣有五百多個產業組合，為產業組合的全盛期。

(四)建立專賣制度

總督府的專賣事業有鴉片、鹽、酒、樟腦和菸草，初期以鴉片、樟腦為主，後期以菸、酒最重要。昭和十七年（一九四二年）以後，度量衡、火材、石油亦列專賣事業。專賣制度累積國家財源，其收入平均占歲入的百分之四十以上，販賣系統亦獨厚少數財團及總督府的協力者。其中，以鴉

片專賣最具爭議性。

　　臺灣居民習慣以鴉片混合砒霜和菸草吸食，以抵抗瘴氣。但咸豐十年（一八六〇年）臺灣開港後，鴉片成爲最大宗的進口商品。馬關條約簽訂時，伊藤博文原本對禁絕鴉片信心滿滿，但治臺後，抗日力量層出不窮，貿然禁絕鴉片恐遭致更多的反抗；後藤新平採用漸禁的鴉片專賣政策，除了提高鴉片價格，還規定須經過醫生診斷才可以吸食鴉片；而取得鴉片鑑札（吸食證）者，還得向鴉片特許商人購買。鴉片收入在明治三十一年（一八九八年）占總收入的百分之三十點九，也是總督府財政由赤字轉爲盈餘的最大功臣。

(五)交通建設

鐵公路

　　鐵路的營運方式有公營、民營、林業專用鐵路及私營的輕便道路四種。明治三十二年（一八九九年）總督府開始延長縱貫鐵路，聘請長谷川謹介技師主持工程，南北同時動工，明治四十一年（一九〇八年）完成基隆至高雄的縱貫鐵路，全長四百〇五公里，若包含大小幹線及支線總長一千五百公里。從臺北到高雄，快車十一小時，普通車十六小時，縮短南北距離。因爲票價低廉，吸引大量通勤族的利用。

　　公路方面，早期爲了軍事動員，利用工兵興築公路，但也因此發達了公路建設。總督府將道路分三級，規定寬度，公車有短程的市內公車和長途巴士。市內公車以臺北市最發達，重要路線每天清晨六點發車，晚上十一點收班。一九三〇年代，日人所有的汽車多爲自用，臺人大多專爲營利而購

圖6-2　高雄港一景

車，對傳統的牛車業造成極大衝擊。

海運與港口

　　明治二十九年（一八九六年），日本政府補助大阪商船公司開設基隆和日本神戶之間的航路，每月兩班次；旗下所屬船隻都是一千噸、時速十浬以上的輪船。明治三十年（一八九七年），日本郵船公司加入競爭，改用更大型的六千噸級輪船。昭和二年（一九二七年），世界海運朝向巨輪的發展趨勢，日本航運界亦不落人後，基隆港出現「蓬萊丸」號、「吉野丸」號、「太和丸」號及「瑞穗」號等八千噸以上的巨輪。

　　日治時期最重要的港口為基隆港與高雄港。基隆港水淺，所以稍具噸位之輪船無法進港。總督府於明治三十二年（一八九九年）開始整建，至大正八年（一九一九年），可讓一萬噸巨輪安全進出停泊。明治四十一年（一九〇八年）開始高雄港的築港工程，大正七年（一九一八年），進出高雄港的船隻總噸數達七十萬噸。基隆與高雄港內貨運設備現代化，且與陸路交通聯絡便利，在最盛時期的昭和十六年（一九四一年），對外貿易額多達一億六千萬圓，從容發揮了對外貿易吞吐功能，為當時南北兩個重要門戶。

航空運輸

　　昭和十年（一九三五年）十月，臺灣第一條國際航線——福岡至臺北正式通航，為每週往返一班之郵遞空運。次年，開始定期客運航線，每週往返三班。此外，陸續開闢臺北至曼谷、廣東、廈門；橫濱、淡水至曼谷；東京至臺北、西貢、曼谷等航線，多為連接日本與東南亞間的航線。當時開闢的機場有臺北、臺中、臺南、宜蘭、高雄、屏東、馬公、花蓮、臺東和淡水機場等十座，功能屬於軍用或軍民兩用。以臺北松山機場規模最大，為日本和外國進入臺灣的大門。

(六)電力設施

　　明治三十八年（一九〇五年），臺灣總督府完成龜山水力發電所，才供給民生用電，但供應範圍有限。大正八年（一九一九年）成立臺灣電力株

式會社，高木友枝擔任第一任社長，著手興建當時亞洲最大的日月潭水力發電所。因為所需資金過於龐大，工程遲緩，至昭和九年（一九三四年）才竣工，開始發電。日月潭發電所成立，使臺灣各地享受低廉而豐富的電力，不但助長了臺灣產業發展，也使民生用電更普遍。

　　綜合以上，土地調查與專賣事業為總督府開闢不少財源，總督府更發行興建鐵道、開闢港口、開發水利建設等長期性投資的事業公債，並徵收地方稅。待社會秩序安定，基礎工程完備後，吸引大批日本財閥來臺投資，明治三十八年（一九〇五年）後，臺灣財政開始轉虧為盈。

三 從米糖到特作

(一)米、糖二元發展

　　初占領臺灣的日本糖業，正處於使原有產業走向加工進口原料的產業轉換期，臺灣已有良好的糖業基礎，開發臺灣糖業，可以穩定日本材料進口貨源，並解決日本每年進口砂糖的外匯。明治三十四年（一九〇一年），總督府採用新渡戶稻造的「糖業改良意見書」，研究並改良甘蔗栽培及製糖法，實施「原料採取區域制」，以確保原料供應，補助擁有新型機械設備的大型糖廠。適值日俄戰爭後的好景氣，日本財閥在總督府的獎助下紛紛湧入臺灣製糖業。臺灣傳統糖廍無法與其分庭抗禮，紛紛被日資會社購併，臺灣糖業幾乎全為日資天下。第一次世界大戰，歐洲甜菜糖減產，給予臺糖發展良機，臺糖除了出口亞洲外，尚拓展貿易至歐洲、澳洲，為臺糖的黃金時代。

　　日本統治臺灣之初，認為臺灣米品種過於雜駁，且形狀長、色澤晦暗、不登大雅之堂，改良不易；加上黏性差，不適合做壽司，市場價值不高。加工及銷售單位的土礱間零細，日資並不屑於介入，因而專注投資於糖業上。但是，日本的工業化及資本主義化使糧食生產人口遞減，糧食消費人口增加，使其必須依賴外米進口。日俄戰爭時，臺灣米適時發揮軍糧救急功能，在日本米種一時無法順利移植臺灣前，明治四十三年（一九一

○年），總督府全面實施在來米改良。同時，以臺灣帝國大學磯永吉爲中心的日本米種試驗仍然進行不輟，大正十一年（一九二二年）在陽明山竹仔湖試植多年的日本米種終於成功地向低海拔、低緯度試探。昭和元年（一九二六年），「大日本米穀大會」在臺北召開時，臺灣總督伊澤多喜男將這些從東瀛飄洋過海而來的米種命名爲「蓬萊米」，從此聲名大噪，一開始就以商品作物姿態受到日本市場歡迎。

(二)米糖相剋

因蓬萊米的好價錢，臺灣農民紛紛種植稻米，使三井、三菱等日資製糖會社無法順利取得製糖原料，如此一來，蓬萊米變成甘蔗的剋星，漸漸形成「米糖相剋」。這種現象，以臺南、臺中爲中心，激烈地展開「米糖相剋」問題。

日本的米穀市場原本是自由經濟政策，但時常發生豐凶時節供需不均衡，米價暴漲、暴跌的弊病。日本米穀豐收時節，臺灣蓬萊米的輸日尤讓日本米價暴跌，農村收入銳減。每當日本資本利益受威脅時，殖民當局必介入保護，連帶犧牲臺灣資本，因此，日本常制訂一連串限制米穀輸出日本的法令政策。臺灣米傾銷日本後，也使米糖問題更複雜，臺灣島內的米穀產銷雖由本地米穀商操縱，但輸出日本的米則集中在日商手中，使得米穀問題充滿矛盾。在臺日本米商與日本農民利害相左；日本農林省與拓務省立場不同，都市資本家亦寄望臺米的輸日能壓低日本物價，減低成本。總督府面對米糖相剋與日本穀賤傷農，仍採取壓抑臺米、保障糖業資本措施，打擊米穀商（包括中日商人）及地主的利益，因此，臺灣的重要米商聯合發動「臺灣米移入制限反對運動」，昭和八年（一九三三年）赴日請願，成爲日治時期的最後一波反對運動。

(三)獎勵特作的多角農業

以米糖爲中心的雙元經濟進入一九三〇年代後期，因獎勵特用作物而進入多角經營的嶄新局面。昭和十二年（一九三七年）中日戰爭爆發，日本以此爲契機，將侵略矛頭轉向南洋，臺灣成爲前進基地，軍事地位增高。

臺灣經濟也從米糖爲本位的農業經濟，增加了承擔軍需品生產及南進基地的三重任務。臺灣總督府爲配合日本向海外侵略，除米糖外，獎勵油料及纖維特用作物的多角化經營；除緩和米糖相剋及調整臺灣重要產業結構外，主要目的是達成「工業臺灣，農業南洋」的更高一層目標。

　　昭和十六年（一九四一年）太平洋戰爭爆發後，向爲日本南洋外米最大供應區之泰國、緬甸、越南三國的供給力下降，自日本占領爪哇等地後，其甘蔗生產條件優於臺灣，臺灣糖業地位不復往昔重要，加上前線催糧，食糧作物已較甘蔗重要，農業政策重返米糧增產計畫。紛擾許久的「米糖相剋」終於畫下休止符。

四 工業化的開始

　　日治時期的工業分公營與民營兩種性質。公營工業是專賣局所屬菸、酒、樟腦及食鹽的製造，此外，均屬私營工業。大正三年（一九一四年）以來，各類工廠與工人人數不斷增加。該年僅有工廠一千三百○九家，工人二萬一千八百五十九人；到了大正十二年（一九二三年）已經有工廠三千○二十七家，工人四萬一千二百四十七人。但是，昭和九年（一九三四年）以前，臺灣的工業多屬農產加工業，如米穀加工、砂糖、鳳梨、樟腦、茶葉等。食品工業中又以製糖、鳳梨爲大宗，大正九年（一九二○年）占全部工業產值百分之八十。昭和九年（一九三四年）日月潭水力發電竣工，總督府始有計畫性地發展工業，利用海外原料建立重工業及國防工業，臺灣工業急速進展。因爲政策鼓舞，加上優惠的電價，若干新興工業如肥料、水泥、製鋁、製紙、造船工業應運而生。昭和十四年（一九三九年）臺灣工業生產開始凌駕農業，一直到戰爭末期，工業生產仍占優勢。

　　小林躋造總督上任後，標榜治臺「皇民化、工業化、南進化」原則。臺灣居日本轄地之最南端，若能利用臺灣地位之衝要，便能侵略南洋。南洋擁有豐富的農業資源，臺灣難與其競爭，如使臺灣社會轉變爲工業社會，則可吸收運用南洋及中國的工業原料，俾造成「工業臺灣、農業南洋」。太平洋戰爭爆發後，日本爲避免美軍轟炸而分散其國內的重工業據

點及南進補給基地等需要，昭和十六年（一九四一年）確定臺灣軍需工業發展政策。此後，重工業呈飛躍性的成長。

工業技術方面，當時雖已設有臺北帝國大學、工業職業學校、工業研究所等，然所造就的工業人才實尚不足，高深技術或發明更無足論。日本人無論訓練人才或工廠之高級技術人員偏重日人，所以工業界中，臺灣人僅任初級或無技術之工人，其他工程師、技工等均由日人擔任，使臺灣工業化所需之技術不得不仰求日本，吸引不少日本工業移民來臺。

五 商業活動與組織

清代臺灣的茶、糖、樟腦產業皆爲洋商所操縱，其對原料或成品之收購，採買辦制度。日本統治臺灣後，日資在臺灣成立銀行資本、實施專賣制、臺灣與日本零關稅等，均使日資獨占輸出入商權，明治四十年（一九〇七年），日資已取代英、美等國在臺灣的商業資本。日治時期的對外貿易中，對日貿易占絕對優越地位，臺灣輸出種類是單純的農產品，輸入的是工業品，表現經濟隸屬關係。臺灣對外貿易差額是出超，對日本貿易差額則是入超。輸日商品以米、糖爲大宗，上述兩項商品占百分之七十七·一。自日本輸入的商品則以金屬、肥料、棉織品、木材、藥材等工業品爲主。從日本以外國家輸入部分，以肥料、飼料、原材料等農業發展物資，多爲日本不能供給之商品。輸出部分，仍以茶、樟腦、米、糖、菸草等農產品爲主。

因爲大租權的整理及總督府拉攏大家族勢力，臺灣的大地主階層有機會向現代產業及金融業發展，林本源、林獻堂、辜顯榮、顏雲年、陳中和爲當時五大家族。大正十二年（一九二三年）以前，除非與日資合作，臺灣人不得組織會社，所以，除了林獻堂家族外，其他資本皆與日資保持密切，甚至爲從屬關係。

日本商人到臺灣發展，初期因爲語言、習慣及社會人脈不敵臺灣商人，在缺乏安全感下，日商組織商工會相互扶持，維護權益。臺日商人競爭激烈，臺商受日商排擠刺激下，臺灣商人亦懂自保，一九二〇年代後，

臺灣商人紛紛成立商工會，其性質與傳統「郊」不同。因為農業在臺灣大幅發展的結果，導致經營米商、肥料商的草根性商人崛起，他們較日本來臺的中小商人在臺灣基層更有勢力。總督府常利用臺人商工會領袖為基層政治領袖，以緩和臺灣商人的反日情緒。許多在日治時期活躍的商工會幹部，在

圖6-3　臺灣旅館組合勞軍活動

戰後的工商界依然活躍。由臺灣商工會的活動來看，日治時期臺灣人的企業精神有更大幅的提升，建立更精確的簿記技術。在銷售技術方面，有年終、祭典拍賣、特定主題商展、藝閣遊行廣告、薄利多銷策略、演講、海外市場調查等現代促銷手段。在商品陳列窗的比賽過程中，更建立了品牌的觀念。

第三節　文教發展

　　臺灣是日本第一個殖民地，對日本人來說，臺灣是一扇對世界展現殖民績效的窗口，總督府引進西式教育制度，但並未在臺灣實施日臺一視同仁的制度及內涵。同化政策前後的教育制度有相當差異，其教育體制可分為初等教育、中等教育、留學教育與社會教育。一九二○年代以後，文學、美術、戲劇、電影、音樂等文化活動勃興，使臺灣與世界文化接軌。

一教育制度的演變

　　為了將臺灣人民教育成優良國民，總督府將西式教育制度引入臺灣，

逐漸取代傳統書房教育。西式教育體系有以下重要特徵：國家權力的介入、編纂教材，以有組織、有系統的方式傳遞一套國家所認可的價值、知識體系，及按照學齡分組及一對多的集眾教育方式等。因此，總督府乃藉西式教育制度貫徹其殖民政策，使臺灣人認同殖民母國。日本對臺的教育政策及教育制度也有階段性的變化。

　　日本治臺之初實施「無方針主義」，大正八年（一九一九年）「臺灣教育令」頒布前，為臺灣教育的試驗期，總督府並未確立臺灣教育之根本政策，也不打算普及教育。基於臺灣人「不文明」的現狀，總督府首先設立以日語教學為重心的初等教育，包括國語傳習所及公學校，主要以中上層階級子弟為勸誘入學對象。雖有中等以上的教育設施，但極不完備。在臺日人和臺灣人唸的學校不同，初等教育方面，臺灣人唸的是公學校，日本人唸的是依照日本國內體制所設立的小學校。此外，對原住民則另設蕃人公學校，課程、教科書皆異於一般公學校。這個時期臺灣教育並未制訂一固定制度，而是因應需要發展，逐漸形成臺灣人、原住民及日本人等三個系統的差別待遇教育，教育內容僅有臺灣總督府為統治及開發殖民地所需的日語教育和初級技術教育。

　　總督府實施「同化主義」政策後，大正八年（一九一九年）根據差別待遇原則，頒布「臺灣教育令」，確定臺灣人的教育制度。這個時期學校的設置雖略有增加，卻仍無法滿足臺人的教育需求。此外，臺人和日人分學的狀況並未改變，嚴格的隔離政策依舊，臺人的教育機會大受限制，修業年限及程度均低於日本的同級學校，臺人未有平等的教育權。大正十一年（一九二二年）頒布新「臺灣教育令」，明定中等以上教育機關（師範學校除外）取消臺日人的差別待遇及隔離教育，開放共學。此後，臺灣中等以上教育機關比照日本國內制度設置，各地紛紛成立中等學校。表面上臺人的教育機會增多，事實上，差別待遇的本質不變，共學的結果強化臺人和日人就學的競爭力。此外，日本針對臺人子弟進入較高等教育機關的設限頗多，造成臺人子弟進入高等教育機關日益困難，到日本國內升學反較在臺容易，引發許多學者的抗議，紛紛要求總督府增設學校和改革不合理制度。

　　昭和十二年（一九三七年），中日戰爭爆發後，教育制度也隨之演變，進入「皇民化教育」階段。首先，斷然廢除公學校漢文科及傳統書房，昭和十六年（一九四一年）將臺灣的小學校、公學校一律改稱國民學校。課程內容仍與日本國內不同，將課程分為第一、二、三號表，第一號表比日本國內多實業科，第二、三號表較第一號表更重視日語、實業兩科，規定「過日語生活家庭」的子弟得以入「第一號表國民學校」（即原小學校），其餘家庭子弟則入「第二、三號表國民學校」（即原公學校、蕃人公學校）。昭和十八年（一九四三年）實施義務教育，但是學生的入學限制仍沒有改變。

　　綜觀日治全期，總督府的教育政策雖有階段性的變化，基本上乃是以漸進原則，採取逐步強化的同化主義方針來改變臺灣人的面貌。此外，教育制度之設計，長期籠罩在差別待遇和隔離政策，臺灣人始終無法真正和日本人共學。

二 教育內涵

(一)初等教育

　　「初等教育」設施為總督府貫徹同化政策的主要機關，亦是殖民教育之重心所在。日本治臺之初，即於各地設置「國語傳習所」，以教授日語為主，直至明治三十一年（一八九八年）始以公學校取代國語傳習所，施以日語、道德、實學等教育。根據當時的課表顯示，「國語」（日語）占每週教學總時數的十分之七，其餘修身、算數、唱歌、體操等科亦是用來強化日語教學效果的輔助科目。國語讀本的教學重點大致為修身、歷史、地理、理科及文學等教材，但介紹臺灣產業經濟的實學知識、道德教誨、愛鄉愛國主義，則為教育目標融滲至各領域教學中。值得注意的是日本在初等教育階段相當重視體操課，幾乎花了一整年的時間來訓練臺灣學生整隊、行進等基本動作，透過體操課的教育，日本政府是要訓練能服從號令的個人身體，以達到團體一致協調。

圖6-4　國防競技教育

(二)中等教育

　　「中等教育」以上的教育設施可分為中學教育和職業教育，前者課程偏重日語、漢文、實業等科目，後者則是以專業技術課程為主。中學教育為公學校畢業後即可報考，雖然大正十一年（一九二二年）後，中學體制與日本國內一致，且不斷擴增，但是臺人的入學過程還是備受限制。相較於此，總督府比較鼓勵臺人進入職業學校，雖然日治初期職業教育設施僅設有國語學校實業部、農事試驗場講習生、糖業及工業講習所，但是這些培養初級技術人員之教育單位，都是為因應殖民地經濟發展的需求，總督府特別重視。大正九年（一九二〇年），總督府根據「臺灣教育令」設立三年制的工業、商業及農林學校，同時在公學校附設修業兩年的公立簡易實業學校，為一速成的職業教育機關，根據昭和十八年（一九四三年）的統計，臺灣人畢業於職業學校的人數高於日本人，總督府的策略在於使臺灣人投入殖民經濟下迅速成長的工業部門，以因應技術及半技術勞工之需求，使得技術勞工不必完全仰賴於日本，因此，中等教育始終偏重初級技術人員的養成教育。

　　鑑於臺籍子弟常常無學校可讀，大正二年（一九一三年），林獻堂

號召臺中地區民眾捐款設立專爲臺人子弟辦學的私立臺中中學。當時臺
灣的望族，包括板橋林家、鹿港辜家都熱烈響應。總督府並不同意臺人
興辦中學，但被迫設立以招收臺人子弟爲主的公立臺中中學，大正四年
（一九一五年）開課招生，後改名爲臺中州立臺中第一中學校，爲今日之臺
中一中。

(三)高等教育

「高等教育」方面，日治前期總督府將重心放在擴充公學校，盡可能
防止臺灣人接受較高的教育，只希望公學校畢業生能務農或經商，或者成
爲新工業的半技術工人，只有少數極爲優秀的學子才能投考國語學校師範
部或醫學校，教師和醫師因此成爲臺灣人合法尋求上升流動的主要管道。
整個日治時期，公學校師範部的普通科臺籍生平均錄取率爲百分之五·
一，可見能夠進入師範學校的學子都相當優秀，這些人日後也扮演臺灣社
會領導階層之角色。當年進入醫學校的臺籍學生極爲少數。其他高等教育
機關尚有臺北帝國大學及農林、商業、工業等專門學校。總督府本著特殊
目的和任務設立高等學校，因此其師資、課程、學科及研究風氣各具特
色。譬如醫學校是爲了因應防治臺灣熱帶傳染病之需要而設置，總督府明
文規定校長可制訂有關熱帶醫學研究之規約。此外，臺北高等商業學校設
置的目的則是爲了培養在臺灣、華南、南洋從事商業的專業人才，因此規
定學生必須修習臺語、中國語、馬來語、荷蘭語等第二外語。至於臺北帝
國大學，總督府更將其定位爲華南、南洋研究中心，只要他們的研究能與
日本政府密切配合，總督府更不吝惜提供經費補助其學術研究，而他們的
研究成果頗具價值，有的成爲施政之參考。

(四)留學教育

臺灣教育長期欠缺完備制度以及公平的教育機會，因而「留學教育」
蓬勃發展，臺灣人到國外唸高等學校反而比在國內還容易。留學生前往日
本、中國大陸及歐美等，多數是修習醫、法、商及經濟學科。根據統計，
留日大專畢業生約六萬餘人，這個數目超過臺灣島內殖民高等教育設施所

培養的六倍以上，顯見殖民教育體制無法滿足臺灣社會菁英的教育需求。日治時期的留學教育曾塑造了數量可觀的高級知識分子。日治後期，這些留學返臺的社會菁英逐漸成為社會領導階層的主體，也帶動了社會發展。

(五)社會教育

「社會教育」是總督府推動日語的另一種教育機關，在公學校成為推動日語機關的同時，總督府規定公學校得依地方狀況另設速成科來推廣日語，因此，明治三十八年（一九○五年）至三十九年，各地公學校紛紛附設國語夜學校、國語普及會、國語練習會等社會教育設施，募集未入學民眾，義務實施日語教學，唯因效果不彰，不久即停辦。一九一○年代中期，臺灣社會掀起放足斷髮的風潮，總督府順水推舟，鼓勵全臺各地社會領導階層組織國語普及會、風俗改良會等社教團體，因此，具有社會教育性質的「國語普及」運動於焉展開。大正九年（一九二○年），日本人規定州、市街、庄協議會員宜以「國語」為會議用語，此時，「國語練習會」成為公共團體常設的或各社教團體經常開辦的事業之一。昭和六年（一九三一年），總督府頒布「關於臺灣公立特殊教育設施令」，正式確立在市、街、庄設立國語講習所作為簡易日語教學設施，之後為使日語更加普及，乃積極動員各地公學校及各州教化聯合會所屬部落會、鄰保會、部落振興會等部落教化團體以相配合。昭和十二年（一九三七年）皇民化運動後，總督府更積極推展「國語運動」，昭和十九年（一九四四年），日語普及率乃增加為百分之七十一。儘管如此，日語卻始終未能成為臺灣社會的生活用語，如此大費周章的推行日語，使臺灣變成雙語並用的社會，臺灣人並未因使用日語而被同化，然而日語卻是臺人吸收現代知識、現代西方的基本科技和文化，以及接受現代的衛生觀念、新觀念和新制度的主要工具。

三 文化活動

(一)近代學術研究

　　爲了有效經營臺灣，總督府曾邀請日本學者對臺灣進行學術調查及研究，日本學者也將臺灣視爲新的學術研究領域。其中，較重要的有東京帝國大學的學術調查研究及京都大學的舊慣調查，而札幌農學校畢業生來臺發展，則奠定臺灣近代農學基礎，此外，總督府尚成立中央研究所領導學界及地方試驗場的研究。上述科學研究，有諸多成果出版學刊、專書，進而成爲臺灣重要的知識寶庫。

(二)文學

傳統詩社

　　清代臺灣已有爲數眾多的詩人，總督府善於籠絡詩人，在各地舉行「擊缽吟」，向文人示好。因此，日治時期臺灣詩社發展可觀，昭和十一年（一九三六年）臺灣詩社有一百七十八所，其中，有藉由文化的堅持來彰顯民族精神者，以「櫟社」最具代表。「櫟社」成立於明治三十五年（一九〇二年），由林朝崧倡設，最初目的在致力保存漢文化、提倡漢學研究及詩學，之後藉讀漢書、作漢詩，進一步維繫臺灣人的民族認同。「櫟社」篩選成員甚嚴，除了考量文章學問造詣外，尤重品德，與臺北之瀛社、臺南之南社鼎足而三，爲日治時期聲譽頗隆的文化團體。

新文學運動

　　受到第一次世界大戰後的民族自決思潮影響，陳炘在《臺灣青年》創刊號發表〈文學與職務〉一文，批評傳統文學文字藻麗，內容空洞矯揉做作，無法善盡文學傳播文明思想的使命。受大陸五四運動影響，傳統文學漸受質疑，《臺灣》、《臺灣民報》對傳統舊文學撻伐之聲四起，新舊文學的爭論浮上檯面。此時總督府推動日文政策，臺灣文學仍以漢文維持書寫模式，蔡培火則提倡白話文，許多新文學作家在此時嘗試小說與新詩

的創作。日治時期重要新文學作家有張我軍、賴和、楊守愚、楊逵、呂赫若、龍瑛宗、楊雲萍等。其中，張我軍留學中國，不斷介紹大陸的文學革命。賴和為新文學之父，醫學校畢業後回到彰化，一面行醫、一面寫作，同時參與民族社會運動，兩度入獄；終其一生，賴和都用白話文寫作，堅持臺灣新文學反帝國主義、反階級的寫實主義風格。其處女作〈鬥鬧熱〉，完全用西方文學手法來敘述臺灣民眾現實生活，捕捉了迎神賽會前後的歡樂狀況，呈現庶民生活中的陋習、迷信和愚昧。楊逵的小說〈送報伕〉將臺灣新文學運動推至顛峰，大膽描寫了日本資本家在臺灣貪婪的掠奪姿態，傳達出農民、勞工的辛酸。這篇小說最大的貢獻在把臺灣新文學作品和被壓迫的農工階級運動連結，楊逵本身的人道主義關懷亦在小說中表露無遺。昭和七年（一九三二年），文藝雜誌《南音》問世後，新文學運動由報紙轉移至文藝雜誌，重要刊物有《福爾摩沙》、《先發部隊》、《臺灣文藝》等。

(三)美術

　　公學校或中學的美術課培育不少本土藝術家，任教於臺北國語學校的日籍美術家石川欽一郎是初期美術教育的啓蒙老師，倪蔣懷、陳澄波、廖繼春、李石樵、李梅樹、藍蔭鼎、楊啓東、葉火城、李澤藩、洪瑞麟、陳德旺、張萬傳等均出自於石川欽一郎門下。當時負笈日本學習美術風氣興盛，留學法國亦不少，例如顏水龍、楊三郎、陳清汾等。

　　日治時期有官方與民間的各種美術展覽，全面性的提倡美術風氣，不吝惜提拔藝術家。只要是經由權威性展覽評鑑出的人才或作品，立刻受到社會的接納與輿論表揚，成為受尊重的社會菁英。「帝國美術院展覽會」（簡稱「帝展」）是東京帝國美術院模仿法國美術沙龍所創設。帝展所召集的審查委員，均是日本畫壇的領導人物，象徵著大日本帝國的美術威望與最高權威。大正九年（一九二○年），臺灣雕塑家黃土水以「蕃童」（山童吹笛）入選第二屆帝展，經輿論熱烈報導頌揚，震撼鼓舞臺灣有志美術青年。幾年後，臺灣藝術家的作品相繼在「帝展」中出現。

　　昭和二年（一九二七年），畫壇權威石川欽一郎、鹽月桃甫主導的

「臺灣美術展覽會」（簡稱「臺展」）得到總督府的協助舉辦首展，展出作品共一百二十八件，爲臺灣有史以來集合各家作品於一堂的最大美展。昭和十一年（一九三六年），臺展由臺灣總督府主辦，從此改稱爲「府展」。以當時臺灣本島物質生活困窘及美術文化匱乏的社會而言，「帝展」及總督府的官辦展覽、評審制度，的確提供了當時畫家的實質贊助及立足社會的肯定。

昭和九年（一九三四年），廖繼春、顏水龍、陳澄波、陳清汾、李梅樹、李石樵、楊三郎、日籍畫家立石鐵臣聯合組織了「臺陽美術協會」（簡稱爲「臺陽美協」），爲日治時期由臺灣畫家主導的最大民間美術團體。「臺陽美協」共舉辦了十回展覽，作品大致上是以西洋畫爲主，東洋畫、雕刻爲副。「臺陽美協」網羅了當時島內第一流的畫家與雕刻家，匯成了臺灣民間新美術運動的主流。

當年藝文風氣的興盛程度，只要走一趟那個年代的咖啡館就可以發現。一九二〇年代末期，留日青年開始陸續歸臺，帶回來的除了西歐的新思潮，還有泡咖啡廳論文藝的習慣。至今仍在營業的「波麗路」咖啡廳是當年青年們討論文藝的重要據點，常客包括陳澄波、楊三郎、郭雪湖、洪瑞麟，還有文學家張文環、呂赫若等。

(四)音樂

臺灣並未設置音樂學校，傳教士所設置的教會學校，包括長榮中學、長榮女中、淡水中學等皆極重視音樂課，培養許多音樂家，例如林秋錦、高慈美等。教會學校教導的音樂帶有宗教色彩，或拿西方音樂曲調填入閩南歌詞，成爲聖歌吟唱，或以當地民歌改編，同時帶動合唱風氣。另外，國語學校設有音樂科，培養了張福興、柯政和、李金土等音樂家，張福興且創立臺灣第一個管弦樂團。熱愛音樂之士要在音樂造詣上精益求精仍需渡海東瀛，當時留學日本的音樂家有江文也、陳泗治、呂泉生、郭芝苑等，其創作風格皆是西式的，兼採本土音樂作爲創作素材。這些留日音樂人在昭和九年（一九二四年）組織的「鄉土音樂訪問團」，目的在喚起臺灣人民對音樂的興趣，進而提升臺灣的文化。他們在全臺舉辦三十七場演奏

會，內容以西洋音樂爲主，在各地受到民眾的熱烈歡迎。同年的「震災義捐音樂會」則是由蔡培火籌畫，活動目的除了募捐外，更希望藉由音樂安慰各地受災居民，因爲演奏會遍及山村僻地，對提升大眾音樂文化的水準也有莫大助益。

(五)戲劇

戲劇方面，日治初期民間仍流行傳承自中國戲劇形式的舊劇，包括大人戲、童子戲、查某戲、子弟戲、採茶戲、車鼓戲、皮影戲、布袋戲、傀儡戲、歌仔戲等。歌仔戲源自福建的「錦歌」，來臺後稱爲「歌仔」。曲調包括近於唸誦的「雜念仔」，悲調的「四空仔」、「五空仔」，及小調的四平、亂彈等。主要的曲目有「陳三五娘」、「梁山伯與祝英台」、「孟麗君」等。極盛時期，全臺最大規模的劇團爲「瀛洲賽牡丹俱樂團」，其舞臺能變化活動變景。

當時出現啓發民智、且具有反帝色彩的「新劇」。「新劇」乃以語言、動作爲主要的表現手段，採用分場分幕的近代編制方法以及寫實的化妝服裝、裝置、照明，是表現當代生活面貌和歷史故事的近代話劇。「新劇」之產生，乃因知識分子無法從舊劇表現新時代的生活與意識，隨著臺灣民族運動逐步升高，對舊劇的反動於焉形成。張維賢是新劇運動最重要的人物，他認爲藝術終極目標是如何諒解及關注整體人生問題，並揭露御用藝術的黑暗。他所組織的「星光演劇研究會」於大正十四年（一九二五年）在臺北新舞臺戲院首度公演，演出之後頗受好評，更在臺北引起一陣戲劇熱潮，促使劇團如雨後春筍般相繼出現。

世界的第一部電影於明治二十八年（一八九五年）問世，次年，愛迪生電影在臺北首映，然而一直要到一九二〇年代，臺灣電影事業才興起。當時電影採露天放映，現場搭配以伴奏的樂隊、放映師及辯士當解說員爲其特色。一九二〇年代臺灣人也分別投入電影的製作、發行、放映的領域經營，最有意義的是臺灣文化協會的「美臺團」，大正十五年（一九二六年）蔡培火購回社會教育洋片，並以低廉的票價吸引廣大庶民觀賞，映演活動走遍窮鄉僻壤，可說是臺灣電影教育事業的開始。不少臺灣人發現戲

院人氣旺盛，認爲其有利可圖，紛紛組成影片發行公司，自行向上海、東京等地購入影片，經營出租放映業，促進了臺灣電影事業的興盛。

第四節　社會發展

日本統治臺灣後，眞正離開臺灣的漢人不多。在總督府的有意改造下，社會的領導階層已與清代大大不同。日治時期臺灣社會吹起一陣和風，衛生、守法、守時與休閒觀念都是新鮮的經驗。

一 社會結構的變遷

(一)臺灣人的國籍選擇

馬關條約第五條規定，臺灣居民自條約批准之日起兩年內得自由選擇國籍。不願做日本國民的居民可以處理私產離開臺灣，如期滿未遷離者，原則上被視爲日本帝國的臣民。臺灣總督府規定欲撤離臺澎者，限於明治三十年（一八九七年）五月八日以前向地方官廳辦理申報手續，期滿未遷離者即按「臺灣人民國籍處分辦法」自動成爲日本國民。依規定於期限內辦理遷出手續者占臺灣總人口的百分之〇·一六，將近百分之九十九的人選擇日本國籍。不過，實際上，不想做日本臣民的居民不一定非要在期限內遷出，或在期限內向地方官廳辦理登錄手續，但必須把不動產所有權移轉給日本臣民。

(二)人口的變遷

明治二十九年（一八九六年）的人口調查結果，全臺共有二百六十萬人，明治三十七年（一九〇四年）人口增爲三百一十二萬人，至昭和十八年（一九四三年）全臺共有六百五十八萬多人。閩、粵系的臺灣人占百分之九十，原住民人口劇降，日本人比率不斷上升。就職業人口而言，臺灣

人雖以務農爲主，但商工人口漸漸成長，日本移民以無業者、商人、公務員、教師、軍警及技術人員爲主，農業移民雖然是移民事業的重點，但因爲農業移民大多失敗，移民人數並不多，現今花蓮的吉野、豐田即爲當時的農業移民村。

(三)領導階層的變化

　　日本治臺之初，對社會領導階層的功能有相當體認，對之採取籠絡政策，並納入基層行政及治安體制中。總督府於明治二十九年（一八九六年）頒布「臺灣紳章條規」，對有學識德望的人頒給「紳章」，俾能均霑「皇化」。明治四十年（一九〇七年）共發給五百六十九枚紳章。在制度施行的初期，受頒者均按規定佩戴，後來漸受輕視，遂於昭和元年（一九二六年）廢止。此外，常舉辦「饗老典」、「揚文會」籠絡社會名望。總督府用人較偏重財富、家世及其合作的程度，影響所及，士紳的社會主導地位漸被富豪及與總督府合作者所取代。「紳士」一詞不再專指科名出身者，而變成泛指社會領導人物之尊稱。由於殖民行政體系延伸至基層，街、庄、保甲只是從屬於縣廳的行政輔助機關，擔任參事、區街庄長、保正、甲長的社會領導者固然仍一如清代，扮演官民之間橋梁的角色，但已喪失其在清代鄉治中對地方事務的決策和影響力，成爲執行殖民行政任務的輔助工具。但因其有強勢的公權力作後盾，處理地方公共事務時反較清代更有效動員及利用社會資源。

　　日治後期留學出身的社會菁英成爲社會領導階層的主體之一。整體而言，新舊社會領導階層具相當延續性，舊社會領導階層子弟已具備專業知識和訓練，成爲繼承或取代父兄的社會地位的新角色，但其經濟發展較上一代多元且更具勢力。日治時期臺灣人能出任行政吏員者不多，他們雖與日本人具備相同的教育和任用資格，然任職部門和升遷均受限制。

二 風俗習慣的演變

(一)日常風俗的變遷

　　日本接收臺灣時，臺灣已是漢人為主的社會，整個社會的風尚與習俗都承襲自中國，在日本人看來是非常新奇的。日本面對臺灣的風土民情，初期秉持漸進主義的原則，對臺人不施以極端的同化主義或破壞主義，相當尊重臺人的風俗習慣與社會組織。當時總督府正全力鎮撫反抗勢力並建構殖民統治的基礎工事，對臺灣習俗的不干涉政策，實際上也是為了籠絡人心、消弭反抗勢力。明治二十九年（一八九六年）十二月，第三任總督乃木希典曾確立臺人風俗習慣的處理方針，指出有礙施政者應予以廢除，至於辮髮、纏足、衣帽等，須在一定的限制下漸收防遏之效，其他良美風俗則應繼續讓其保持。

　　日本殖民臺灣後，大批日本人移居臺灣，相關的民生用品也開始出現在臺灣。但是，日本人基本上不會強行要求臺灣人過日式生活，因此，臺灣民間的風尚習俗大致保留原來樣貌外，還增添些許日本風。食的方面，臺人所開設的商店、菜館頗為盛行，臺北大稻埕南街（今迪化街）的葉順吉、寶香齋兩糕餅店遠近馳名，梁啟超來臺，光顧的就是臺人開設的東薈芳。當時日本人的商品或是菜館也不遑多讓，新高製菓株式會社出品的牛奶糖風行一時，後來新高會社設立的喫茶店也引進了咖啡、西點、冰淇淋等西式食品。

　　服裝方面，日治初期臺灣的衣

圖6-5　日治時期的結婚照

料多來自上海、福建，雖然日本布匹已經出現在臺灣市場，但是臺人還是比較習慣使用中國衣料。當時一般人的衣服多由未經漂白染的粗布製成，臺北處處設有染房，多使用臺灣土產的藍色染料及烏色染料代客染衣料，而在農村，家家戶戶皆使用泥土自行染衣。然而，經過一段時日，日本的花洋布漸漸取代昔日儉樸粗糙的衣料。洋服（西裝）、皮鞋也漸次出現；當時日本未能製造優良的毛織料子，所以呢絨類西裝料多是英國貨。

　　葬俗、祭神方面，日本人未加干涉，因此大多保留原來的傳統樣貌。例如臺北艋舺的清水岩、青山宮、龍山寺，以及大稻埕的霞海城隍廟、大龍峒的保安宮，這些寺廟的祭典都有悠久的歷史，即使歷經日本統治，也能傳承至今少有變動。至於在日治前就受到臺人喜愛的傳統戲曲，也在日本人未加干涉的情況下持續盛行。當時每年都有自中國來臺表演的京劇，日本人更於某年天長節（日皇生辰）遊藝會節目中，加入一個京劇節目，顯現出總督府對於臺灣風土民情的尊重及其懷柔的統治策略，如此使得臺灣民間社會呈現出日益豐富多元的面貌。雖然如此，臺灣還是存在一些慣習是日本人無法接受，也是他們急欲破除的，就是辮髮、纏足與吸食鴉片。

(二)日人眼中的三大陋習

　　日人將吸食鴉片、辮髮與纏足視為臺灣的三大陋習，然而他們深知這是臺灣數百年積習的傳統，非一朝一夕所能改變。明治三十年（一八九七年），總督府基於財政收入、治安及人道考量，頒布「臺灣鴉片令」，禁止一般人民吸食鴉片，除非是經由醫生證明而領有牌照的菸癮者，才可以購買及吸食官製菸膏。總督府並不明令禁止纏足、辮髮，也未加以嚴格取締，只是透過學校教育或報章雜誌的宣導，鼓勵臺人放足斷髮。在漸禁政策下，總督府只強制犯罪者或所謂的「土匪」斷髮，一般臺人並不受到約束與限制，放足、斷髮純屬個人自發性的行為。

　　明治三十二年（一八九九年）末，臺北大稻埕中醫師黃玉階籌組臺北天然足會，開啟放足運動組織化的序幕。此時的放足運動僅以臺灣社會中、上階層為主要的勸導對象，此乃總督府希望由中、上階層率先變革，造成放足風氣，而收上行下效之成果。臺北廳及臺中地區由林獻堂等名流

倡組「風俗改良會」，革除辮髮、纏足等陋習，轄內各支廳長無不盡力促成。由於臺灣社會領導階層紛紛希望總督府以公權力介入，明令禁止纏足斷髮，因此，總督府乘勢利導，大正四年（一九一五年）通令各廳長將禁止纏足及解纏事項附加於保甲規約中，自此，總督府正式利用保甲制度全面推動放足、斷髮運動。總督府以公權力利用地方行政制度和規約相互輔助，並使社會領導階層積極且有效的扮演社會動員角色，大正初期，放足、斷髮運動達到大底革除之績效。

(三)宗教信仰的改造

日本佛教的傳入

　　日本派遣大批精銳軍隊接收臺灣時，隨軍而來的包括日本佛教各宗派僧侶。這些僧侶來臺有以下目的：第一、發揮宗教上的撫慰作用，以鎮定軍中不安情緒，適時料理葬儀法事。第二、調查臺、澎地區臺人宗教狀況，並拓展新的佛教據點。第三、與臺灣當地的傳統佛教聯結，一面建立宗教上的信仰關係，一面掌握臺灣教民的各種資訊，以提供官方施政上的參考。所以，日本佛教具有宗教傳播與政治任務的雙重性。之後，為數眾多的日本佛教各宗派包括曹洞宗、臨濟宗、天臺宗、本門法華宗、顯本法華宗、淨土宗、眞言宗、眞宗本願寺派、眞宗大古派、日蓮宗等，前仆後繼來臺布教，影響臺灣佛教甚深。這些日本佛教以現代的禪學觀念和現代的淨土思潮在臺進行佛教改造，闡揚淨土的社會化。日本佛教重視知識教育事業，因此創立不少學校，例如，曹洞宗創立臺北中學，為今泰北中學的前身，眞言宗創辦私立臺南家政女學院。經過日治時期臺灣佛教的變革運動，臺灣佛教無論在體質、義理或宗教內涵上都有顯著的變化。

神社信仰

　　神社為日本神道教信仰，分為政府神社、民間神社和特別神社三個層級。政府神社包括皇室神社（官幣社）和國家神社（國幣社）；民間神社包括縣、鄉、村、町級神社；特別神社主要指靖國神社和地方性的招魂神社（護國神社），奉祀效忠皇室、為國捐軀者。臺灣最早的神社建築是位於

圓山的「臺灣神社」，該神社為紀念北白川宮能久親王而建，為臺灣唯一的官幣大社。皇民化時期，神社取代傳統廟宇，遍及各地，所祭祀的神明很多，包括天照大神、大國魂命、大已貴命、少彥名命等。神社除了有

圖6-6　新竹神社

節慶祭祀功能以外，許多人亦至神社完婚。

(四)守時觀念的養成

大正九年（一九二〇年）以前，政府部門以午砲制度和電信正午報時系統，建立其內部組織運作的標準時間，但百姓並不了解。大正九年（一九二〇年）之後，總督府引進星期制度，藉著教育灌輸臺灣人認識時鐘、計算時間，並在團體生活中養成守時的習慣。生活的現代化亦潛移默化地將臺灣人帶入時間的規範中，例如學校的上課鐘必定準時響起，鐵道系統中要求的準時乘車。昭和三年（一九二八年）開播的廣播節目發揮對時功能，尤其是每天有數次準時的廣播體操時間，成為團體中固定的集會活動。以上種種，在社會生活中培養出對時間標準化的觀念與習慣。不過，衡量時間的工具仍保留在公共團體手中，日本進口鐘表的數量雖快速增加，擁有鐘錶的家庭應仍屬上流階層人士。

(五)休閒風氣與商業

大正五年（一九一六年），總督府舉行「始政二十年勸業共進會」，吸引日本的企業資本家及其他國家觀禮者。總督府藉著勸業共進會向日本

及世界證明，臺灣不但值得投資，且風光明媚，是個讓旅人駐足的美麗之島，成功破除原先臺灣給外人蠻荒險惡之地的印象。之後，總督府設置多個觀光機構推展休閒文化。在公園的規劃方面，臺灣首座公園為明治三十年（一八九七年）總督府因為裕仁皇太子訪臺而興建的圓山公園。明治四十一年（一九〇八年）後，重要都市陸續設立公園，包括臺北新公園、圓山動物園、植物園、臺中公園、臺南公園、屏東公

圖6-7　阿里山登山鐵道

園等。總督府引進星期制度後，星期例假日使大眾開始注意休閒活動，鐵道系統連結都市近郊風景區，皆提供新型態的休閒環境。

　　當時，臺灣上流社會也吹起旅行與讀書風氣，此與洪棄生、林獻堂的旅遊雜記的帶動有關。林獻堂於昭和二年（一九二七年）旅歐一年，在《臺灣新民報》連載〈環球遊記〉，詳細介紹歐洲民風，滿足臺灣人對異文化的好奇。相對於旅遊環境，閱讀資源較為貧乏，但當時仍有有識之士鼓吹讀書活動，例如蔣渭水開設「文化書局」引進各式各樣的圖書雜誌，謝雪紅開設「國際書局」，提供馬克斯主義書籍閱讀場所。此外，較受青睞的休閒活動有登山、跳舞、騎馬、音樂與球類活動，反之，自日本所引進的武士道及圍棋則未形成風潮。休閒風氣展開後，帶動旅遊產業、交通運輸、旅館、餐飲業、劇場的發達，諸多展覽安排在週末或星期日，總督府原本希冀達成教化功能的展覽，也成為新的商業活動。

三 法律與守法觀念

　　明治維新後，日本擺脫封建社會成為近代國家。明治二十八年

（一八九五年）日本以近代國家的姿態來治理臺灣，將日本內地的各種近代化施政實施於臺灣，近代西方式法律也在此時引進臺灣，臺灣逐步接受來自西方的法律概念或制度，擺脫原來承襲自傳統中國的法律觀念。日治初期的殖民地立法，主要是參考中國法律、臺灣舊慣以及殖民地法制來制訂。到了日治後期，為加速臺灣人同化，採行內地法延長主義，遂使大量日本西方法進入臺灣。因此，明治二十八年（一八九五年）至大正十一年（一九二二年）間，主要盛行的是殖民地特別法，及數量有限的日本法。自大正十二年（一九二三年）以後，大部分的日本西方式法律已將其效力延長至臺灣。

(一)脫中入西的法律改革

日治時期的法律制度大致可分為「殖民地特別法為主」（一八九五～一九二二年）及「日本內地法為主」（一九二三～一九四五年）兩個時期。治臺前期的殖民地特別法雖然與日本內地法有異，但仍以西方歐陸式法律為基調，已非大清律例一類的傳統中國法制。臺灣人的民、刑事訴訟案件依日本已西化的民刑事訴訟法實行之，但為有效統治，刑事方面，許多高壓的特別法同時採行，例如以律令實施日本西方式刑法典中所無的「匪徒刑罰令」、「保甲連坐」、「笞刑」等，其中「保甲連坐」沿用到日本統治結束。至於臺灣人之民事關係，除土地問題外，大多仍依照臺灣舊習慣規範之。總督府亦修改部分歐陸法律精神，擴張司法警察官、檢察官、法官、判官，在刑事、民事訴訟上的職權，減低有關保障人權之規定，削弱當事人在民事訴訟上的權益。大正八年（一九一九年），全球性民族自決思潮風起雲湧，在「內地法延長主義」的影響下，西方化的日本內地法律大量施行於臺灣，使西方式法律廣布於臺灣殖民地立法中。大正十二年（一九二三年）一月一日起，日本民法與民事訴訟法直接適用於臺灣，而日本刑事訴訟法則自大正十三年（一九二四年）一月一日起適用於臺灣。但是為了保持以律令所制訂的若干特別刑法，故日本刑法並未直接適用於臺灣。

日本引進西方法院制度的同時，也將西方的律師制度傳入臺灣。明治

三十三年（一九〇〇年）以律令公布「辯護士」規則，昭和十年（一九三五年）以律令公布「臺灣辯護士令」，進一步要求臺灣的辯護士須具備日本辯護士法所定之資格。一九二〇年代之前，在臺灣的辯護士皆為日本人，但大正十年（一九二一年）第一位臺灣人辯護士在臺北執業，至日本結束在臺統治前，一百〇九名辯護士中，有四十六名為臺籍人士。

在國家公權力的強力介入下，臺灣以欠缺人權保障為代價，清代臺灣社會的盜匪、械鬥及民變等亂象都受到控制。大正五年（一九一六年）起，「匪徒刑罰令」不再適用，因為臺灣社會的「土匪」幾乎都被日本政府消滅殆盡。

(二)守法觀念的養成

清領時期，漢人移民者對官府法令視若無睹，臺灣社會亂象叢生，然而，日本統治下的臺灣人，卻是公認具有守法精神者，為何會有如此轉變？一方面日本殖民初期即明定法律，且一切依法行事，讓人民有規則可循，臺灣社會遂逐漸「脫中入西」，邁入法治社會。在刑事制裁方面，日本依近代西方法律體制，由國家獨占刑罰權，不許私人自行刑罰，刑罰方式也擺脫傳統中國的五刑，不因行為人或被害人身分而有差別待遇，並以個人而非家族為處罰對象。至於在民事上，也異於傳統官府的放任態度，國家全面規範民事事項。商事方面，日治後期改依日本歐陸式民商法，商人的權益受到保障。臺灣人因此逐漸發現日本所帶來的近代化法律體制對他們本身有好處，最終能夠接受並服從之。

此外，臺灣的「警察保甲」制度，也是造成人民守法的原因之一。警察大多負責、盡職，天天梭巡街巷，對地方上不論大小的人與事，都瞭若指掌。警察政治加上保甲制度的嚴密控制系統，使臺灣由一個械鬥頻繁的土地，轉變成治安良好的社會，進而造成人民守法守規矩的態度。

傳統中國律法未設有監禁已決犯人的「監獄」。大正十年（一九二一年），為配合「笞刑」的廢止，總督府擴建監獄。日治時期，臺灣共有八座監獄，足以搭配全臺八個地方法院或分院。臺灣人即使不曾入獄，只要行經雄偉的監獄，就可感受到凜凜不可侵犯的國家威權。此外，總督府已

注意到監獄受刑人的教誨感化工作，於新竹設置少年監獄。明治三十八年（一九〇五年）至明治四十三年（一九一〇年）年之間，平均每一萬名臺灣人中有四十一‧六人犯罪，然而平均每一萬名在臺日本人中卻有九十八‧五人犯罪，為臺灣人兩倍多。一九二〇年代，臺灣人的犯罪率上升，在臺日本人則漸漸下降。一九三〇年代，臺灣人的犯罪率平穩，但仍高於一九二〇年代前期。犯罪人數增多較可能因為許多無涉於社會治安的政治事件關係人被判「有罪」。日治時期，統治者帶來西方式的法律體系，臺灣因此擁有一個可信賴的司法制度，且能在治安良好的情勢下營利謀生，這樣的環境使臺灣人樂意守法，並逐漸養成守法的觀念。

四 醫療與衛生

(一)疾病與防疫

　　日本治臺初期常見的傳染病有鼠疫、傷寒、赤痢、霍亂、天花、流行性腦脊髓膜炎、瘧疾、結核病、癩病、梅毒等。瘧疾是日治初期最猖獗的傳染病，感染者症狀為高燒、惡寒和昏死現象。明治四十二年（一九〇九年）臺灣總督府制訂大規模撲滅瘧疾方案，對民眾驗血，強制帶菌者服藥，同時輔以定期血液檢查追蹤疫情。明治二十九年（一八九六年），臺灣鼠疫蔓延，之後的二十二年間在臺灣各地不斷流行，患者三萬餘人，死者二萬四千餘人，到大正六年（一九一七年）才完全肅清。總督府為了捕鼠，曾動員警察拆除民宅，運用保甲，命令住戶義務捕鼠或獎賞收買老鼠，每年進行春秋大掃除，實施患者隔離消毒，在港口及各地廣設檢疫站。霍亂不似鼠疫嚴重，但大正七年（一九一八年）中國大陸來的船客帶進病源，造成大正八年（一九一九年）及大正九年（一九二〇年）在臺北、臺南、澎湖各島等地大流行，死亡兩千六百多人，大正十年（一九二一年）之後大體完成防遏體制。天花因強迫種牛痘，自明治三十六年（一九〇三年）後呈銳減情形。大體上，臺灣在一九二〇年代之後就不再發生嚴重的瘟疫問題。

(二)設立醫療機關

　　明治三十一年（一八九八年）開始，總督府在臺北、基隆、宜蘭、新竹、臺中、嘉義、臺南、高雄、屏東、臺東、花蓮及澎湖設立醫院。以臺北醫院（今臺大醫院）規模最大，院內設有內科、外科、小兒科、眼科、耳鼻喉科、婦科、齒科、理學治療科和皮膚科等。昭和二年（一九二七年），上山滿之進總督在臺北州新莊郡新莊街成立「臺灣總督府癩病療養所樂生院」，樂生院病患達七百餘人，收容痲瘋病患，並以強制隔離方式治療，至昭和十四年（一九三九年）；戰後，改為「臺灣省立樂生療養院」。

(三)醫生養成

　　日治初期在第一線直接為民眾診療的醫師很少，臺灣雖有漢醫，但其資格和診療能力並未受規範。明治三十年（一八九七年），臺北醫院院長山口秀高爭取設置醫學校，日本國會以「土人醫師養成所」名義通過預算，在臺北醫院設立醫學講習所，為臺灣第一所官辦醫學教育機構。山口秀高極力爭取培養臺籍醫師，以便輔助日籍醫師。明治三十二年（一八九九年），醫學校正式成立，昭和十一年（一九三六年）併入臺北帝國大學醫學部，也就是後來的臺大醫學院。總督府於明治三十四年（一九○一年）制訂執照制度，第二年開始停止發給新醫師執照，以嚴格管理醫師品質，同時重新培養臺灣醫師。日治時期有公醫制度，將受過特別教育的醫師分散到指定區域，成立診療所從事醫療工作。這些醫師領公費，具有向地方長官報告及提出建議的義務，負責傳播衛生觀念、防疫、檢疫、蕃界衛生和治療工作。大正五年（一九一六年），頒布「臺灣醫師令」，嚴格把關醫生資格，除具一般資格外，尚須通過檢定考試，限定期間地區開業。

　　日治時期培養了許多優秀的臺籍醫生，杜聰明是其中一位。大正三年（一九一四年），他以第一名成績畢業於醫學校，考上京都大學，但因不願受契約束縛而放棄公費機會。大正十一年（一九二二年），杜聰明出任總督府醫學校教授，同時獲得京都大學醫學博士學位，成為臺灣史上第　位獲得博士頭銜的人。杜聰明曾發明「漸減法」的鴉片新戒毒法，及從尿液得

知患者是否有吸毒習慣的「定性定量檢查方法」。杜聰明曾任職臺北更生院，治療一萬多名吸毒者；蛇毒研究中，發現蛇毒可以做成注射液，治療神經痛。

婦產科方面，明治四十年（一九○七年）制訂「助產士講習規則」，以公費方式召集女子，教導助產知識，召開講習所，培養助產士。大正十二年（一九二三年）以後，制訂「臺灣產婆規則」，幫人接生的婦女必須通過考試，取得產婆執照。

(四)衛生習慣的養成

日本統治初期的衛生措施大部分出自後藤新平的構想，終其統治，總督府皆將衛生附於警政實施。日治時期的臺灣人開始注重公共及個人衛生，總督府從飲水衛生著手。英國籍的工程師巴爾頓（Willam Kinninmond Burton，1856～1899）提出飲用水（上水道）和排水溝（下水道）分開的衛生觀念，以改善因飲水和排水不分所造成的汙染。總督府進而規定在特定地區建造新建築物時，須依官廳指示建造下水道。巴爾頓從山上直接引水源到城鎮來，水源由總督府統一分配管理，改善水井由富人掌控的缺點。

臺灣民間往往在交通要衝進行日常交易，總督府為此建立「市場」與屠宰場。鑑於土葬、濫葬成習，而規劃公定墓地、設立火葬場。明治四十三年（一九一○年）組市區計畫委員會，各地舊城牆紛紛被拆除，規劃道路、公園、綠地等，以避免疾病蔓延擴散。此外，總督府強制人民施打預防針、改善便所設備，警察強制執行檢疫、打掃竹林、晴天晒棉被、取締隨地便溺、吐痰等。

第五節　對外關係

總督府早期的對岸政策由政治、軍事到社會文教，頗為積極。因為對外貿易與軍事占領，「臺灣經驗」便隨之對中國及南洋輸出。日治時期，臺灣人在中國有極精采的歷史經驗，在臺灣亦有少數「華僑」從事勞動工作。

一兩岸關係

(一)廈門事件

　　明治三十三年（一九〇〇年），臺灣總督府利用中國華北發生義和團之亂，和東京中央相關單位取得相當合作默契後，自導自演廈門本願寺火災，以保護僑民爲藉口，派軍艦運送海軍陸戰隊爲先遣部隊進入廈門，再由臺灣調派陸軍，企圖占領廈門、福州，將福建省納入控制。但因日本中央政府態度轉變而中終止軍事行動。

(二)經濟關係

　　日本統治臺灣後，大郊商返回中國，小郊商或因解散，或被改稱「組合」而受日本嚴密控制，臺灣的大陸資本衰退，不過，兩岸貿易仍然不絕如縷。總督府考量到，如果斷然隔絕兩岸貿易，民眾可能經由走私管道取得日常生活物資，加上地方紳商及人民奔走請願，遂於一八九七年公布「特別輸出入港」制度，一八九九年指定舊港、後壠、塗葛窟（今梧棲）、鹿港、北港溪（今下湖口）、東石港、東港、媽宮（今馬公）爲特別輸出入港，限定中國型船隻進出。從此，此八個港口在日治時期維持與中國之間的貿易關係。臺灣出口大陸的主要商品以農產品爲主，由大陸進口之商品以木材、紙、布帛、菸草等爲主。臺灣與中國大陸的貿易須繳

圖6-8　茶店一景

納關稅，但臺灣與日本在中國的占領區則免除關稅壁壘，因此，臺灣與華南、滿州國間的貿易熱絡，臺灣茶甚至取代中國茶在滿州國的地位。日本透過臺灣輸出中國的日貨也較由日本直接輸出中國爲多，顯示臺灣爲日本對中國貿易的中介站。

廈門事件後，日本擴張華南之企圖受到清廷及列強注意，臺灣總督府爲避開國際視聽，以結合華南、南洋華商及經濟補助方式，透過日資的大阪商船、三五公司及臺灣銀行等國策會社，與英商道格拉斯船運公司、怡和洋行及匯豐銀行競爭臺灣海峽航權、福建樟腦商權、潮汕鐵道路權及廈門的金融權。大阪商船最終打敗道格拉斯公司，取得臺灣海峽及華南沿岸航權的優勢地位。三五公司在明治年間擁有福建樟腦商權，爲總督府取得潮汕鐵道的一半股權及工程承包權。臺灣銀行則成功地將臺茶的外匯中心由廈門移到臺北。

大正時期，總督府漸漸放棄在華南的航權、金融權及商權，將之移往南洋持續發展。對華南的經營改弦更張，以建設醫院、籍民學校、辦報紙等慈善性或文化性事業爲主。

(三)海盜問題

清代臺灣海域海盜事件頻傳，日治初期沿海仍有海盜出沒，尤其是大正元年（一九一二年）至大正二年（一九一三年）間，海盜肆虐臺灣近海最爲嚴重。這些海盜的根據地多爲福建的興化及廣東的大亞灣及南澳島。海盜善僞裝，船速快，火力強，船的吃水線下大致漆成白色。海盜基本上不貿然殺害被搶船員，但有時亦有擄人勒索情形，其行爲影響兩岸正常貿易與交通，引發外交談判，成爲中日兩國棘手問題。清廷及後來的中華民國政府皆嚴厲取締海盜，臺灣自明治四十一年（一九〇八年）以後，西海岸南北縱貫鐵路完工，島內貨物改由鐵路運輸，風險較小，沿海貨運船隻減少，海盜無利可圖，海盜之患漸歇，至大正年間，臺灣沿海鮮見海盜蹤跡。

二臺灣經驗的輸出

(一)對中國的輸出

　　明治二十八年（一八九五年）之前，臺灣商人極少有直接對外貿易的經驗，他們的對外貿易絕大部分由西洋人經手。日治時期臺灣商人在和華南、東南亞或滿洲國的貿易中，得到了向外國直接投資和行銷的經驗，亦倒轉了兩世紀以來資金和技術由中國大陸流向臺灣的歷史傳統。日治時期臺灣人到大陸投資使得技術回流中國，例如，臺灣藤器、大甲蓆、大甲帽技術進入泉州。在大陸從事大規模投資者以板橋林家與霧峰林家最著，他們的大型投資將現代工程技術引入中國。如板橋林家投資廈門電話公司、泉州電氣公司；霧峰林家的林季商投資福建泉州、安海間的輕便鐵道，龍岩到華封的運河。

　　昭和十四年（一九三九年），日軍占領海南島後，臺灣殖民經驗派上用場，其特務部的官員過半數是臺灣總督府關係者，民間事業以臺灣銀行、臺灣拓殖株式會社爲首，等於建設第二個臺灣；以米糖爲中心的農政，也發揮臺灣經驗。

(二)對東亞的輸出

　　雖然歷代臺灣總督以推動「南支南洋」政策爲主要政略，但因日本內閣對「北進」、「南進」政策舉棋不定，臺灣總督府的南進政策並未獲日本內閣、財閥、軍閥的全力支持。九一八事變後，北進政策告一段落，日本與英美關係日益惡化，日本開始重視南方問題。昭和十一年（一九三六年）成立「臺灣拓殖株式會社」，臺灣總督府出資一半，餘股除以日本財團企業股份爲主外，另向民間募股，是代理總督府推行南進的半官方「國策公司」，與日本政府、軍部互動密切。本店設在臺北，臺中、臺南、高雄設置分店，東京、臺東設有辦事處。太平洋戰爭爆發後，臺灣拓殖株式會社爲了配合日本帝國南進需要，以臺灣爲基地，迅速將其事業地點擴展至華南、東南亞、西南太平洋群島，積極扮演協助日軍侵略亞洲之經濟戰

士角色。另一方面，臺灣
拓殖株式會社在上述地點
積極開發農林、畜牧、礦
產、自來水、電力等事業
的同時，亦輸出臺灣殖民
經驗。

三 僑民問題

圖6-9　臺灣拓殖株式會社在海南島的苗圃

(一)在中國的臺灣人

　　臺灣和日本屬於不同法域，臺灣人到大陸需要旅券。明治三十年
（一八九七年）五月八日之後，留在臺灣的住民直接改為日本籍，但後來因
各種原因暫住中國時，則稱「臺灣籍民」。原來在外工作的臺灣人民及其
子孫，或明治二十八年（一八九五年）以後由臺灣移住外地的人，也可取
得日本國籍，並編入「臺灣籍」。籍民一方面可以因入日本籍而得到日本
領事館的保護，享有治外法權並免於被課徵釐金；一方面因為血統是中國
人，在以血統為國籍認定基礎的中國，他們可以持有中國籍，從事各種職
業，並享有土地所有權，而與其他外國人只能租用土地不同。這種雙重國
籍身分是明治二十八年（一八九五年）以後，臺灣人移往大陸投資的重要基
礎。很多大陸人民為享受特權，千方百計以各種手段取得臺灣籍民身分，
因此，冒充臺灣籍民者不在少數。明治四十年（一九〇七年），華南的臺灣
籍民只有三百多人，昭和十一年（一九三六年）已增至一萬二千人。在福建
的臺灣人頗眾，雖然臺灣人為福建地區帶來繁榮，但經營不少特種行業，
包括菸館、娼館、賭館，福建大半鴉片商為臺灣籍民，這些人不見得全為
臺灣人，但是仍為臺灣在福建的活動留下不良紀錄。

　　此外，亦有因為求學、經商、仰慕中國文化、加入國民政府抗日、從
事共產黨活動，或其他原因追隨日本人腳步至滿州國或維新政府服務等。
新竹州的謝介石為早期活躍於東北地區的臺灣人，由於後來擔任滿洲國第

一任外交部總長，起了指標性的作用，臺灣人子弟陸續前往滿洲。長期在日本發展，昭和十一年（一九三六年）以「臺灣舞曲」於柏林獲得第十一屆奧林匹克運動會國際音樂特別獎的江文也，也在昭和十三年（一九三八年）赴北京發展。

圖6-10　昭和十年，謝介石一行人遊阿里山，右邊第六位為謝介石。

　　抗戰時期亦有臺籍人士赴重慶活動，任職中國國民黨部的有柯台山、林忠。亦有在外交崗位為祖國權益奔走者，黃朝琴是戰時重慶唯一曾派駐海外的臺籍高階外交官。其他有任職國民政府軍事委員會的劉啓光，任職國際問題研究所的李萬居、謝南光、連震東、蔡培火。此外，財政部、警察局、中央工業試驗所、中國電影製片廠等都有臺籍人士，蘆洲的李友邦甚至赴中國組織「臺灣義勇隊」抗日。重慶的臺籍人士組織復臺團體，先後有臺灣青年革命黨、臺灣國民革命黨及臺灣革命同盟會，其成立宗旨為打倒日本帝國主義，光復臺灣。這些在中國的臺灣人戰後際遇迥然不同，滿洲國是傀儡政權，戰後諸多滿洲、維新政權經驗的臺灣人必須面對漢奸審判的威脅。國共內戰後，或因經濟、交通因素，或因政治立場滯留中國大陸者，因為臺灣的堅定反共政策，多數臺灣人遭無情批鬥。另一方面，為國民政府抗日的李友邦，回臺後卻因左派問題而被槍斃。

(二)在臺灣的中國人

　　日本占領臺灣後，舉家內渡中國大陸且未申報願為日本臣民者，及其後自中國大陸來臺者，被視為外國人，日人以「清國人」、「支那人」稱之，一般稱之為「華僑」。日治時期的在臺華僑被總督府納入特殊制度管理，所受的待遇異於其他外國人，亦與其他地區的華僑處境不同。日治初期，總督府限制漢人入境及在臺活動，最初只准茶工來臺，繼而試行「契

約華工」制度。明治三十七年（一九○四年）建立特許華工經紀商制度，由經紀商南國公司獨攬華工進出臺灣的業務。至於一般漢人來臺則需持中國政府核發的護照或國籍證明書，獲准入境後不得從事勞力工作。所以，漢人無法自由來臺。但是，臺灣勞動力長期不足，工資遠高於中國大陸，華工成爲在臺華僑主體，約占華僑總數百分之八十，其他則大部分是商人。日治時期在臺華僑始終在總督府有效掌握和支配之中，缺乏自主和自由權，在臺灣社會的地位待遇低於臺人。明治三十三年（一九○○年）有五千人，到昭和十年（一九三五年）增到五萬人。一九二○年代，臺灣僑社有識之士開始醞釀組織團體，大正十二年（一九二三年）十月成立「臺灣中華會館」，但會館內部長期存在派系鬥爭，影響會館運作。會館較有作爲的是慈善募款、救濟華僑，舉行各種紀念活動，喚起華僑關心祖國情懷，推動華僑文教事業，代表華僑謀求與總督府建立良好關係等。

研究與討論 ■

1.蓬萊米問世後，引起哪些經濟問題？
2.日治時期的教育制度有哪些特色？
3.何謂「臺灣籍民」？有什麼爭議？
4.日治時期，臺灣人的習慣有哪些重大改變？
5.試對日本統治臺灣作一歷史評價。

參考書目 ■

川野重任著，林英彥譯，《日據時代臺灣米穀經濟論》，臺北：臺灣銀行經濟研究室，1969年。

小田俊郎著，洪有錫譯，《臺灣醫學五十年》，臺北：前衛出版社，1995年。

王泰升，《臺灣日治時期的法律改革》，臺北：聯經出版社，1999年。

呂紹理，《水螺響起——日治時期臺灣社會的生活作息》，臺北：遠流出版社，1998年。

林滿紅，《晚近史學與兩岸思維》，臺北：麥田出版社，2002年。

吳文星，《日據時期臺灣社會領導階層之研究》，臺北：正中書局，1992年。

黃富三、翁佳音主編，《臺灣商業傳統論文集》，南港：中央研究院臺灣史研
　　究所籌備處，1999年。

張宗漢，《光復前臺灣的工業化》，臺北：聯經出版事業公司，1985年。

陳紹馨，《臺灣的人口變遷與社會變遷》，臺北：聯經出版社，1979年。

臺灣銀行經濟研究室主編，《日據時代臺灣經濟之特徵》，臺北：臺灣銀行經
　　濟研究室，1957年。

第七章 戰後臺灣政治及經濟的變遷

第一節 導言

　　本章主要介紹第二次世界大戰之後，臺灣在中華民國政府統治下的政治變遷，以及經濟發展的概況。在政治上，從威權政治朝向民主化，從遷占式政權轉變為本土政權，和中國的關係從敵對到尋求對等談判，至今仍面臨重重考驗。在經濟上，由農業社會躍進為工業社會，成為貿易王國，維持高度且穩定的成長，人稱「臺灣奇蹟」。但是過度發展也帶來破壞自然生態和環境惡化等問題，是否能建立「可續性發展」，是當前的重要課題。

　　臺灣在戰後由中華民國接收，民國三十四年（一九四五年）十月至民國三十八年（一九四九年）十二月間，是為中華民國的一省。從日本統治過渡到中國統治初期，臺灣人民原本歡欣鼓舞歡迎祖國，但是接收人員充滿征服者心態，施政宛如日治時代總督獨裁政治再現，加上經濟蕭條和失業等問題，不幸爆發官民衝突的「二二八事件」。政府血腥鎮壓「二二八」，臺灣人的菁英階層因而弱化，加深對政治的恐懼感，有利於政府進一步控制，但也擴大了外來統治集團和本地社會的矛盾與衝突。

　　民國三十八年（一九四九年）中華民國的中央政府遷到臺北，以臺灣、澎湖、金門、馬祖為實際統治區域，宣稱仍是中國唯一合法政權，以反共復國為國策，欲建立臺灣為對抗中華人民共和國的基地。中華民國政府在臺灣重建後，形成以蔣中正為首的獨裁威權體制，凍結憲法而以「動員戡亂時期臨時條款」為基本法，長期實施戒嚴，並以維護國家安全為理由，實行「白色恐怖」來鎮壓所有反政府傾向的思想和行動，製造了相當多的政治冤案。另一方面，為有效掌控臺灣本地社會，乃透過地方選舉培植依賴國民黨的地方派系，形成臺灣特殊的「威權侍從體系」，又積極擴大黨和外圍團體的組織，吸納年輕人加入，徹底「黨化」整個國家社會。

　　中國國民黨在臺灣的威權統治並非完全沒有阻力。臺灣社會在日本統治時期即有民主政治的概念和社會運動的經驗，即使經過「二二八事件」的打擊，一九五〇年代仍有少數菁英和來自中國大陸的自由主義分子合作，推動成立反對黨，但未成功。一九六〇年代臺灣獨立運動在海外興起，國內也有「臺灣自救宣言」事件，顯示臺灣本地社會期望政府本土化與民主化的呼聲。一九七〇年代中期「黨外運動」成形，在民意壓力下，政府進一步開放中央民意代表名額。民國六十八年（一九七九年）年在「黨外運動」高峰期爆發「美麗島事件」，政府逮捕多位「黨外運動」領袖，但民主運動卻未因此而停下腳步，反而迫使政府更快速走向民主化。終於在民國七十五年（一九八六年）年「民主進步黨」成立，隔年蔣經國總統解除長達三十八年（一九四九～一九八七年）的戒嚴令。解嚴後，臺灣的政治繼續由威權逐步過渡到真正的民主，其過程包括國會全面改選、終止「動員戡亂時期」、修憲、總統直選、第一次中央政府政黨輪替等。

　　中華民國和中華人民共和國呈現分立國家的狀態，在戰後的冷戰世界中並非特例，民國三十九年（一九五〇年）美國繼續支持中華民國乃是為了防堵共產國家的擴張。但隨著世界局勢的變化及中共的打壓，中華民國的國際處境越來越困難。民國六十年（一九七一年）中華民國喪失聯合國席位，邦交國也紛紛轉而和中共建交，臺灣只能盡力發展和非邦交國的實質外交。

　　中華民國和中華人民共和國的關係，雖然一直處於敵對狀態，但是民國四十七年（一九五八年）「八二三砲戰」後不再有軍事衝突。民國七十六年（一九八七年）後雙方開始民間接觸和貿易往來，臺灣對中國的經濟依賴也日漸加深。但中共並未放棄對臺灣使用武力，始終以飛彈對準臺灣，並矮化臺灣的國際地位，不肯在對等原則下和臺灣進行談判。中國併吞臺灣的企圖旺盛，為臺灣的前途投下一道難以閃躲的陰影。

　　戰後初期，臺灣面臨嚴重的通貨膨脹，後來進行幣制改革，加上美國的經濟援助，才使臺灣社會安定、政府財政健全、經濟得以發展。不過美援也造成了臺灣經濟上依賴美國的結構。中華民國政府在臺灣推動土地改革，實施「計畫式自由經濟」，早期國營企業掌控許多重要產業。一九六

○年代中期以後開始出現出口導向的產業發展，臺灣由農業社會快速邁入工業社會，並躍居為亞洲四小龍之一，被喻為「經濟奇蹟」，其主要的功臣乃是活潑的民間企業。隨著經濟高度成長，和威權政治相配合的「黨國資本主義」遭到挑戰，不得不走向經濟自由化，並透過制度化、國際化，提供更完善的投資環境。不過另一方面，高度依賴國際貿易體系的「經濟奇蹟」，近年受到新興經濟區域（中國）的競爭與吸收，遭到很大的挑戰，一九八○年代以來的經濟高度成長已經趨緩。

經濟的成長雖為臺灣人民帶來富裕的生活，但是工業化的代價是環境破壞日益嚴重、自然資源逐漸枯竭。臺灣的河川大部分都遭到汙染，水資源不足，過度開發使生態環境遭受嚴重壓力。一九八○年代以來環保意識逐漸抬頭，反公害的抗爭時有所聞，而針對核能發電廠的長期政策辯論與反對行動，持續至今。兼顧環保與經濟的平衡發展，已是當今共識。

第二節　政權轉移與國府遷臺

一戰後世局變化與臺灣主權的轉移

(一)日本戰敗失臺灣

臺灣在日本統治五十一年後，再度面臨政權的更替。日本自一九三一年「九一八事變」起侵略中國，一九三七年「七七事變」和中國爆發全面戰爭，後又進攻東南亞，占領歐美國家的殖民地，一九四一年年底偷襲美國海軍基地珍珠港掀起太平洋戰爭。侵略戰爭不斷擴大，日本國力耗盡，一步步走上帝國主義敗亡之路。

當日本在亞洲侵略鄰國之際，義大利和德國也在歐洲與非洲展開軍事擴張，二個國家結盟，自稱「軸心國」，另一方面則有英國、美國、中國與蘇俄結成同盟，與軸心國對抗，雙方在歐非戰場和亞洲戰場激烈交鋒，

這就是第二次世界大戰，最後軸心國戰敗。根據波茨坦宣言，日本投降後，全國成為盟軍占領區。臺灣的日軍受命向盟軍中國戰區總司令蔣中正將軍投降，並由中國軍接管。

(二)權力真空期

一九四五年八月十五日，日本宣布無條件投降，直到十月二十五日，中國所派的臺灣行政長官陳儀才正式接收臺灣。在此權力真空期的兩個月，臺灣內部暗潮洶湧、危機重重。

有部分臺灣人擔心以腐敗聞名的中國政府接管臺灣後，將帶來社會混亂，欲和部分不能接受敗戰事實的日本軍人合作，宣布臺灣獨立，尋求聯合國託管。但是日本最後一任總督安藤利吉阻止日本軍人的行動，居於領導地位的臺灣士紳亦以和平為要而未予支持，遂不了了之。日後國民黨政府懲罰了幾位有嫌疑參加此事件的臺灣人。

這段期間，原本應該負責維持秩序的日本行政機關已經失去拘束力，臺灣許多地方都發生日本警察遭到襲擊報復的事件；官有林地、公共造產面臨不法之徒的侵占破壞；戰爭末期的物資不足和分配不公等問題，繼續困擾社會大眾。雖然有這些問題，但並未發生嚴重社會動亂，治安大致良好、人心平靜。這全賴社會菁英自動自發在各地組織「治安維持會」、「三民主義青年團」等團體，負起維持地方秩序的責任，使得公物不被盜賣侵毀、水電照常供給、鐵路交通如常。

在此政治權力真空期，臺灣的民間領袖盡力做好鋪路工作，奠定中華民國政府接收臺灣的基礎，使得政權得以順利地和平轉移。這是臺灣人具備高度自治能力的表現。此外，在社會菁英的領導下，成立「歡迎國民政府籌備會」，到處豎立牌樓，營造歡迎祖國的新氣象。人民更自動自發學習國語、學唱國歌、懸掛國旗。

(三)在臺日本人的遣送

戰爭結束後，日本政府和日籍人士在臺灣的大部分財產都必須交給接收者，日籍人士則撤退回國。當時在臺灣的日本人，包括軍隊在內，約有

五十萬人。

在中國政府的命令下，除了少數專業人士、教師等「留用」協助接收工作外，從軍人開始遣送回國，絕大多數的日本人在八個月內陸續離開臺灣。日本人回國時，每人只允許攜帶現金一千日圓與旅途所需糧食、兩袋必需品。

(四)臺灣主權轉移

第二次世界大戰中，盟軍領袖多次會晤討論戰局並擘劃戰後事宜。一九四三年，中、美、英三國領袖蔣中正、羅斯福和邱吉爾在埃及的首都開羅集會，共同決定日本和臺灣的未來。會中的共識是：日本奪自中國的領土必須歸還中國，韓國應成為獨立國家。但這個共識並未形諸正式的法律文件。戰爭近結束的波茨坦會議中，美、英、蘇三國領袖宣示日本必須無條件投降，並再度重申開羅會議的共識必須付諸實施。

開羅會議後，中華民國政府開始規劃接收臺灣的工作。一九四五年八月戰爭結束，陳儀被任命為臺灣省行政長官。中國的接收計畫中將臺灣當作中國的一個省，但是臺灣的體制卻和中國各省不同，以行政長官公署代替了省政府，行政長官甚至還可以制訂臺灣單行法規。此外，陳儀還兼臺灣省警備總司令，掌握了臺灣軍政大權。這種集行政、立法、軍事大權於一身的統治方式，讓臺灣人民不能不想起日本總督的獨裁政治，感覺臺灣仍未脫離殖民地處境。

民國三十四年（一九四五年）十月初，由葛敬恩為代表的前進指揮所抵達臺北，展開行政接管工作，隨後陸軍七十軍抵達基隆。十月二十五日，正式在臺北公會堂（今臺北中山堂）舉行受降典禮，臺灣從此歸屬中華民國。隔年一月，行政長官公署公告，臺灣省民溯自光復日起，自動成為中華民國國民，喪失日本國籍。

戰後中國隨即爆發內戰，一九四九年十月一日中國共產黨宣布成立中華人民共和國，中華民國政府於同年十二月遷到臺灣，形成兩個各自宣稱代表中國的政府互相為敵的分裂局面。

由於中國的內戰與分裂，第二次世界大戰各參戰國於一九五一年九月

召開的對日和談會議（舊金山會議）中，沒有中國代表參加，會議後各國簽署《舊金山和約》，除規定日本得放棄臺灣等地區外，並未明確表明臺灣的主權歸屬。隔年中華民國與日本簽署《中日和平條約》，再度申明按照《舊金山和約》的規定，日本放棄對臺灣、澎湖等地的權利。由於這項條約沒有說明日本向「誰」放棄權利，於是衍生出「臺灣地位未定論」：在法理上臺灣並不歸屬任何國家，臺灣人民應和戰後其他前殖民地的人民一樣，透過公民投票自決歸屬某國或獨立。不過在現實上，臺灣戰後乃由中華民國政府統治。中華民國領有臺灣的根據是：蔣中正戰後正式代表盟軍接管臺灣，波茨坦宣言接納了開羅會議的共識，根據「歷史主義」，臺灣乃日本自清國取得的，歸還清的主權繼承者中華民國乃理所當然。關於臺灣主權問題上法理與現實的衝突，凸顯臺灣處境之特殊。一九四五年十月之後統治臺灣的政府，並非由當地人民組成，而是由中華民國政府直接取代日本政府成為新統治者，這也是事實。

韓戰爆發後，美國的政策從「放棄臺灣」改為「防衛臺灣」，並進一步將臺灣編入防堵共產主義擴散的防線中。民國四十三年（一九五四年）底《中美共同防禦條約》簽訂，確定以中華民國統治下的臺灣澎湖為共同防禦範圍，等於承認中華民國占領臺灣的事實，並限定中華民國的統治範圍。「中華民國在臺灣」就此成立。

二 國民政府接收臺灣與二二八事件

(一)接收工作的諸問題

戰後臺灣人民原本對未來抱持相當樂觀的看法，對來自中國的新統治者也表示歡迎。但是集權式的「行政長官公署」制，卻未能贏得臺灣人的支持，接收過程和施政屢傳弊端，加上併入中國經濟圈後臺灣通貨膨脹，人民生活陷入困境，終於引發一九四七年的「二二八事件」。「二二八事件」之後，政府修正了部分治臺政策，增強統治效能。

以下分幾個方面來看國府接收臺灣時，所產生的諸多問題。

行政措施不當

　　人事任用上不平等，以臺灣人不懂國語爲藉口，將臺灣民間領袖排除在高層政治職位之外。長官公署的高層官員當中，只有一位臺籍人士；十七位縣市長當中，有三位是戰前就到中國參加抗戰的臺灣人，其餘都是大陸人。政府機關內，充斥著任用私人、牽親引戚的狀況，重視籍貫，於是重要職位往往由大陸人壟斷，臺灣人升遷困難，失業者衆多。此外，同樣職位的臺灣人薪水要比大陸人少，甚至有相差一倍的例子，讓臺灣人感到比日治時代的差別待遇更糟。

　　民國三十五年（一九四六年）行政長官公署公布臺灣省漢奸總檢舉相關規程，令人民感到政府對臺灣人充滿敵意。臺灣被日本統治時，尤其在戰爭期間，臺灣人多少都曾被迫協助日本政府，陳儀政府以中國抗日的立場來審查臺灣人戰前的行爲，實在不公平。甚至連日治時期著名的抗日領袖林獻堂都差一點被列爲漢奸，一般人民更是惶然。

　　延遲實施地方自治，讓臺灣社會菁英相當失望。當時臺灣有識之士對長官公署的無能和腐敗甚感憤怒，常有批評，並鼓吹行政改革和盡早實行在日治時代未完成的地方自治。但是在民國三十五年（一九四六年）中華民國憲法制訂完成後，陳儀卻聲明必須延後兩、三年始適用於臺灣，阻止臺灣人行使憲法所賦予的自治權。

官僚貪腐、軍紀蕩然

　　行政上缺乏效率，官員愛擺架子、收紅包與回扣。當時的記者形容接收已經變成「劫收」，負責接收的人員中飽私囊者甚多。貪汙的案件除了公務員，連法院院長、檢察官、教師都有涉入。許多貪汙案件規模很大，牽扯的層次很高，如嘉義化學工廠的貪汙案就高達兩億元以上，貿易局盜賣白糖案獲利者包括孔祥熙、宋子文、蔣中正和陳果夫等人。

　　來臺的七十軍部隊軍紀欠佳，和本地人言語不通難溝通，常發生士兵不守法、乘車購物不給錢，甚至有公然搶劫者。軍隊擾民時有所聞，士兵無理兼無禮，軍人形象極差。這和臺灣人以往所見守紀律、重儀表、威風凜凜的日本軍人實在相差太遠，人民對中華民國軍人的反感日漸加深。

經濟統制造成民生凋蔽及高失業率

陳儀政府接收日本官方及民間在臺灣的龐大資產，國家資本發達，又以政治力節制私人資本的發展，維持戰時的經濟統制政策，將菸、酒、樟腦、火柴、度量衡等物品列爲專賣。此外，民生物資當中的糖、鹽、石炭等，也都有專職單位進行統制。又設貿易局壟斷全島工農產品的購銷與輸出。臺灣人的企業家沒有發展餘地，形同少數中國官員獨占臺灣經濟。

陳儀爲減少中國大陸惡化的財經體制對臺灣的衝擊，在中央政府支持下，一九四五年十一月正式通告嚴禁中央政府法幣在臺灣流通，臺灣使用的是臺灣銀行發行的臺幣。但是這種區隔效果有限，臺灣仍然受到中國經濟影響而造成嚴重通貨膨脹。而大陸的經濟恐慌更爲猛烈，因此在臺灣的大陸人不斷搜括臺灣物資運往大陸。這樣一來，臺灣物價飛漲，物資缺乏，特別是米糧出現連戰爭期間都沒有的嚴重短缺，造成民生凋蔽，社會極端不安。

因爲統制經濟的緣故，工商業發展受到很大的限制，加上經濟不景氣，因此百業蕭條。市況如此，加上大陸人和留用日人占據了公家機關和原日產企業的各種職位，在戰爭中流落海外的原日本兵、軍夫、軍屬、臺僑紛紛回到臺灣，造成覓職不易，失業人口激增。

文化差異造成社會不安

日治時期臺灣治安相當良好，在戰爭結束後兩個月的政治眞空期，也大抵平安無事。但是在中國軍隊、官員來臺之後，卻產生許多嚴重治安事件。軍人涉入的案件包括：偷竊、恐嚇、詐欺、調戲婦女、搶劫、殺人等。在臺灣人眼中應當要維持社會秩序的軍警，卻成了魚肉人民的強盜，所受衝擊可想而知。此外，失業人口增加、經濟蕭條，也使得盜賊四起。

戰後初期來臺的中國人都承認臺灣的生活水準高於大陸。臺灣工業化程度較高，且在日本統治下已養成守時、守法、重衛生的習慣。自來水、電器用品、大眾運輸等現代化的設施，已是臺灣人日常生活的一部分。臺灣人對大陸人欠缺現代知識的生活習慣，難免產生鄙視；對官員收受賄賂、貪汙、講關係等不法行徑，更是無法接受。從生活品質和價值觀的落

差，以及生命、人權無保障，臺灣人對「祖國」從熱切歡迎轉變爲失望。

　　臺灣人經過戰爭期間的皇民化運動，從思想到行動和外貌已經相當日本化，接受新知也都得透過日文。雖然戰後立刻掀起學習國語的風潮，但是語言使用的轉化無法一蹴可幾。可是中華民國政府卻把「去除日本奴化教育遺毒」當成重要的施政準則，在很短的時間內就禁止日語廣播節目、日語報刊。此外，中國人難免把對日本的反感轉嫁到臺灣人身上，而以「奴化」等語加以歧視、排擠，造成族群對立。

(二)「二二八事件」的經過

　　民國三十六年（一九四七年）初，隨著中國的經濟惡化，臺灣米價暴漲，糧食供應短缺，政治貪汙腐敗，人心惶惶。陳儀無法有效解決危機，於是以當年二月二十七日專賣局官員在臺北查緝私菸的事件爲導火線，爆發「二二八事件」。這個事件主要可分爲兩個階段：二月二十七日至三月八日全島蔓延的官民衝突和「處理委員會」解決爭端的努力；三月八日至五月十六日政府的鎮壓、屠殺。以下分別從民眾抗爭、「處理委員會」的努力，以及最後政府的鎮壓來做進一步說明。

民眾抗爭事件

　　二月二十七日專賣局查緝員和小販林江邁發生爭執，在路人圍觀下查緝員誤殺市民陳文溪，引發群眾抗議。

　　隔日早上，群眾前往專賣局抗議，臺北出現罷工、罷課和休市。下午準備前往行政長官公署的群眾遭到士兵開槍阻擋，三人死亡，多人受傷。事件於是更爲擴大。群眾占領臺灣廣播電臺，號召全臺灣人民起來反抗政府。行政長官陳儀則立刻宣布戒嚴。

　　三月一日起，全島各大市鎮皆發生騷動，憤怒的民眾攻擊官署、警察局，也遷怒大陸籍人士而加以毆打。政府官員和軍警棄職逃躲，形同無政府狀態。各地都有臺灣人組成臨時組織，試圖管理軍隊或警察保有的武器彈藥，維持地方秩序。武裝衝突並不多，較嚴重的對抗發生在嘉義、高雄等地。較有組織的民軍，可以臺中的「二七部隊」爲例。

　　嘉義市的官民衝突發生於三月二日，國軍和官員離開市區而躲到位於水上的空軍基地，嘉義市的民眾害怕軍隊以強大火力攻入市區，透過廣播請求各地民軍協助，於是除了嘉義市民之外，附近鄉鎮的志願軍，甚至阿里山鄉的鄒族原住民、臺南工學院的學生，都前來包圍飛機場、保衛嘉義市，雙方零星砲擊，並無大規模戰鬥。市民代表數次前往飛機場內和市長談判，但是代表們最後一次去時，因中央援軍已到，遂遭到逮捕，包括名畫家陳澄波等市參議員，數日後被槍殺於嘉義火車站前。國軍衝出飛機場時發生激戰，部分民軍逃往梅山方向，欲成立武裝基地長期抗戰，卻遭快速攻破。

　　臺中市的市民大會在臺灣共產黨領袖謝雪紅的領導下，確立了武裝抗爭的路線，成立「作戰本部」，後因處理委員會中許多人不認同武裝抗爭，謝雪紅遂與青年學生爲主的「二七部隊」合作，一度打算成立「人民政府」，爲爭取臺灣自治而長期抗爭。在中央鎮壓事變的軍隊來到臺灣後，「二七部隊」退入埔里，曾和國軍發生激戰，後來就地解散。

「二二八事件」處理委員會

　　三月一日事件擴大後，由國民參政員、省參議員等民意代表組成「緝菸血案調查委員會」，與陳儀見面商議解決之道，請求解除戒嚴、釋放被逮捕的市民、官民共同組織處理委員會。陳儀不願解嚴，但同意由官民聯合組織「二二八事件處理委員會」，成員陣容擴大，除原先的中央級和省級民意代表外，加入商會、工會、學生及民眾代表，行政長官公署亦派官員參加。此項決定使「二二八事件處理委員會」在運作上陷入漫長而無效率的爭論中，難以發揮迅速解決問題的功能。

　　「二二八事件處理委員會」於三月五日正式通過組織大綱，明白揭示「改革臺灣省政」爲宗旨，各地以各縣市參議會爲主體成立分會，針對各地施政情況提出政治改革的要求、維持社會秩序。

　　七日，在臺北的省級處理委員會通過王添燈所提三十二條「處理大綱」，後來又追加十條要求。除了要求政府勿以武力解決當下危機之外，最主要提出省政改革建議，包括：制訂省自治法、縣市長民選、保障言論集會結社自由、撤銷專賣局等，還有反對在臺灣增兵、要求撤銷警備司令

部等關於軍事方面的要求。這四十二條根據基本人權和三民主義提出的要求，卻被政府視為「反抗中央背叛國家的陰謀」罪證，以此為藉口展開血腥鎮壓。

軍事鎮壓與整肅

陳儀在事件發生後，表面上答應和民眾協商，但是另一方面早已向中央求援。情治人員誇大共產黨在事件中的角色，使中央政府認為這是一場共產黨唆使的叛亂。蔣中正於三月五日決定要派兵鎮壓。整編二十一師於三月八日在基隆登陸，開始大肆掃蕩，進行報復性屠殺，九日至十三日間的「綏靖」，無辜民眾傷亡慘重，財物受軍隊劫掠的情況也很普遍。

軍隊鎮壓過程中，受害最嚴重的是基隆、臺北、嘉義和高雄等地。

三月十日，行政長官公署再度宣布戒嚴，宣布「二二八事件處理委員會」、「臺灣省政治建設協會」為非法團體，並查封十多家報社。

許多處理委員會的成員、報社主管、社會名流被列名叛亂首犯，紛紛遭到逮捕，未經任何審判逕行殺害。如嘉義市參議員陳澄波等擔任和平使到飛機場和軍隊談判，卻被逮捕，並於嘉義火車站前公開槍決；臺大文學院代理院長林茂生被情治人員帶走，一去不回；「二二八事件處理委員會」宣傳組長王添燈被憲兵抓走，遭淋汽油活活燒死……。這些被殺的人大部分根本不曾參與任何武裝暴動，而且在官民衝突期間試圖以和平的方式解決問題。

鎮壓告一段落後，隨即展開「清鄉」，以肅清事件參與分子並收繳槍枝彈藥，許多人被羅織入罪、遭陷害，恐嚇勒索的情況不斷發生。「清鄉」工作在五月十六日告一段落，但是之後仍有人因「二二八事件」而被政府懲治。

「二二八事件」中的死亡人數，據行政院研究小組估計為一萬八千人到二萬八千人之間，其中大多數受害者為遭軍隊屠殺的臺灣人，大陸籍人士在群眾事件中受害死亡者一百多人。

二二八事件後的政策調整

二二八事件處理告一段落後，三月十七日國防部長白崇禧奉命到臺灣

宣撫，提出治臺政策調整，包括：

　　⑴廢除行政長官公署，改設臺灣省政府，並提前舉行縣市長選舉。

　　⑵臺灣省政府人事先選用本省籍人士，同一職等的本省籍公務員與外省籍公務員待遇平等。

　　⑶縮小原有的公營事業範圍，使私人經濟活動的範圍得以擴大。

　　四月，陳儀遭到撤換，文人出身的魏道明奉派為臺灣省政府主席。十四位省政府委員當中，有七位臺籍人士。

(三)「二二八事件」的影響

　　「二二八事件」對臺灣社會在許多方面產生深刻影響。

在政治參與方面

　　臺灣人從此對政治產生恐懼、灰心、失望的心理，使得知識分子參政的熱潮大大減退。社會菁英被捕殺眾多，也造成民間領袖的斷層。再配合緊接而來的土地改革及白色恐怖政治，臺灣的地方領導階層幾乎瓦解，使得臺灣正式實施地方自治選舉後，地方政壇素質欠佳。政壇及軍公教人員此後為鞏固領導，以加入國民黨與忠貞為優先考量，造成官場奉承與冷漠的極端現象。

反抗運動的激進化

　　「二二八事件」的鎮壓讓許多臺灣人痛恨國民黨政府，有些人於是出走海外，從事推翻國民政府的運動，例如廖文毅等提出臺灣獨立的構想，也有如蘇新、謝雪紅投奔中國共產黨者。島內的知識分子在「二二八事件」之後對政府的普遍不滿，讓共產主義者得以藉機運作。許多青年走向左傾之路，而在白色恐怖時代中遭難。

族群鴻溝的擴大

　　戰後來自大陸的中國人多在政府機構供職，因臺灣人普遍對陳儀政府失望，連帶仇視「外省人」；另一方面，當時不少位居要津的「外省人」以征服者自居，瞧不起臺灣人。「二二八事件」之後，政府的殘酷鎮壓，更加深臺灣人對外省人的不信任感。「二二八事件」的主要性質是官民衝

突而非族群衝突，但是因爲這個政權具備了外來者的性質，人民對統治集團的疑慮就擴大到整個代表外來統治者的族群。而事件後在政策上繼續打壓臺灣本土文化、壓制臺灣人社會力的浮現，使得「中國意識」和「臺灣意識」的對立矛盾長久存在，影響所及如臺灣人與外省人通婚意願普遍不高，族群鴻溝日益擴大。

三 中央政府遷臺與威權體制的建立

(一)中央政府遷臺之因及遷臺前的準備

第二次世界大戰後，中國國內國民黨與共產黨的鬥爭越來越激烈，國民政府軍隊剿共戰爭節節失利，中央政府不得不撤離南京，輾轉遷都廣州、重慶、成都，最後決定把政府遷到臺北。

民國三十八年（一九四九年）蔣中正總統引退之前，任命其心腹陳誠爲臺灣省主席。陳誠在臺灣只有不到一年，但掌握黨、政、軍大權，他的施政爲日後中華民國政府遷臺後的統治奠下基礎。影響重大的幾項措施包括：實施戒嚴、幣制改革、土地改革等。

(二)威權體制的建立

實施戒嚴

臺灣的戒嚴法自民國三十八年（一九四九年）五月二十日起實施，直到民國七十六年（一九八七年）七月十五日才宣布結束，創下世界少見的長期戒嚴案例。通常戒嚴是基於軍事安全的需要而暫時剝奪人民的部分自由，只有在情況十分緊急的戰地才短暫實施。

由臺灣省政府及臺灣省警備司令部所宣布的戒嚴令，內容包括：(1)封鎖港口，港市宵禁；(2)禁止群眾集會、罷工、罷課、遊行、貼標語、散布謠言；(3)居民外出必須攜帶身分證備查，無證者一律拘捕；(4)聚眾、造謠、搶劫、罷工罷市、鼓動學潮、破壞交通者皆處死刑。除此之外，政府各機關也相繼制訂許多輔助法規，嚴格限制人民的言論、集會、結社、請

願等基本人權。戒嚴體制使臺灣進入「白色恐怖」時代，許多人因被懷疑「通匪」、「藏匿匪諜」、「企圖顛覆政府」、「煽惑叛亂」等而被逮捕、處刑。

幣制改革

「二二八事件」後，惡性通貨膨脹變本加厲。主要造成通膨的原因包括：為墊付中央政府的支出和公營事業資金，臺幣發行量持續增加；中國大陸的惡性通膨透過匯兌轉給臺灣。當時物價上漲的速度和幅度都非常驚人，有「一日三市」的說法（一天之內就有三次價格浮動）。自大戰結束到一九四九年間，物價竟然漲了七千多倍。薪水階級拿的薪水是用一布袋一布袋裝的鈔票，一拿到錢必須趕快拿去換成白米等民生物資，否則馬上就貶值到無以維生。

面對這嚴重的問題，臺灣省政府在一九四九年六月實施幣制改革，宣布以舊臺幣四萬元兌換新臺幣一元，並停止與中國大陸貨幣的匯兌，使臺幣終於漸趨穩定。新臺幣發行半年後，國民政府遷到臺灣，臺灣的經濟體系和中國大陸完全隔絕，總算真正擺脫中國惡性通膨的影響。

土地改革

國民政府遷臺前後持續進行的另一項重要政策，就是土地改革，包括：三七五減租、公地放領、耕者有其田等。

在土地改革之前，臺灣農業人口超過總人口的一半，農業人口中佃農占近六成。因田少人多，佃租高漲，佃農耕作權益難保。廣大的無土地農民掙扎於苛刻的生存條件下，成為社會不安定的因素。

此時國民政府在國共內戰中吃盡苦頭，而共產黨因實施土地改革而得到廣大農民的支持，國民政府怕臺灣也被共產黨影響，因此由省政府趕緊推動土地改革。在中國，國民政府的政權基礎本來就是地主階級和資產階級，因此不可能進行土地改革；但在臺灣，國民政府是外來政權，自可以強大的威權令地主屈服，特別在經過二二八事件的鎮壓後，臺灣的地主階層不敢有所反抗。

土地改革經過幾個步驟：民國三十八年（一九四九年）先實施三七五

減租，把通常超過百分之五十的佃租限制不得超過百分之三十七・五；兩年後年宣布公地放領，讓現耕農民可以成為自耕農；民國四十二年（一九五三年）實施耕者有其田，強制徵收地主所擁有的土地，再將這些土地放領給現耕佃農，地主則獲得七成實物債券、三成公營公司股票。經由此種過程，農民的佃租減輕甚至解除，稍有資本者可以取得土地，部分地主則轉移成為工商業資本家。不過農民雖然不再背負佃租，卻必須繳納國家土地代償金和「軍糧」，負擔仍重。

土地改革對臺灣的經濟、社會、政治的發展產生了巨大的影響。國民政府認為這是很大的成功，不但解決了廣大佃農的痛苦、緩和社會壓力，且成功使過去投資在土地上的資本轉換成工商資本，有助於臺灣日後的工商發展。但另一方面，土地改革也使得地主階層沒落，地主失去土地後就失去原先在鄉村地區的政治領導權。有人認為土地改革的效應和「二二八事件」後的菁英屠殺類似，瓦解了臺灣社會菁英組織動員的可能性，讓國民黨得以順利控制社會基層。土地改革最大的作用是政府得以直接掌控糧食生產與供應，加上農會系統的運用，長期支配農村社會、農業生產規模及糧食價格，如此一來，軍食民食皆有保障，但農民則苦於低糧價、繳穀政策等造成的貧窮。

中華民國在臺灣

民國三十八年（一九四九年）中國共產黨宣布成立中華人民共和國。該年年底，中華民國政府正式遷到臺北；翌年三月，由先前已下野的蔣中正總統恢復總統職權。

中華民國政府遷臺之後所宣稱的施政方針，是要把臺灣建設成反共復國的基地。因應此目標，在臺灣進行各項軍事、經濟建設，並以「動員戡亂時期臨時條款」取代憲法作為根本大法，繼續實施戒嚴，建立嚴格的社會控制機制，以確保臺灣人民的合作。

大批中國大陸的軍民隨著國民政府遷到臺灣，一時人口驟增，給臺灣社會帶來不小的壓力。政府機關要職皆由大陸人出任，加上眷區、眷村的設置，造成大陸人和臺灣人社區的隔閡，讓原本存在的族群矛盾更加深化。

中華民國政府遷臺對臺灣影響最大的，是以新移民爲主所形成的外來統治集團長期執政，建立威權統治。蔣中正在中國時就已經集「黨」、「政」、「軍」、「特」（情報特務）大權於一身，並且以黨領政、以黨治軍。遷到臺灣後，更加強黨國一體的體制，使國民黨成爲特權集團，而特權集團之上的就是握有絕對統治權力的蔣主席。這個體制，是透賦予總統緊急處分權的「動員戡亂時期臨時條款」作爲國家基本法來完成。這個取代憲法、原本期限僅二年的臨時條款，卻在中央政府遷臺後一再延長，直到一九九一年五月李登輝總統宣布

圖7-1　威權陰影籠罩臺灣很長一段時間。蔣中正的影響力在其死後仍然持續，至今臺灣處處可見蔣中正銅像。

動員戡亂時期結束，才回歸憲法。動員戡亂時期臨時條款和戒嚴法，都是國民黨政權以反共爲藉口，使威權統治正當化的手段。

　　動員戡亂時期臨時條款經過多次修改，使蔣中正得以一再連任總統，國民大會和立法院成了「萬年國會」。禁止新政黨的成立，造成一黨專政的局面。國民黨內部實施改造，清除所有反蔣勢力，建立蔣中正的絕對權威。又透過政戰系統的設立，進行軍隊的黨化改造。以「中國青年反共救國團」掌握青年學生。改造後，國民黨的組織和其對手共產黨非常類似，都屬列寧式政黨，以黨領政、以黨治軍的模式也相當類似。

　　中央政府架構維持統治整個中國的格局，仍設有行政、立法、司法、監察、考試五院。行政院下再設臺灣省，後來又設行政院直轄的臺北市、高雄市。事實上，中央政府統治的範圍，和臺灣省絕大部分重疊。這種行政機關的設計，是因爲國民政府堅持本身仍是代表全中國的政府。

　　一九四九年之後，在臺灣所出現的國家型態，有人認爲類似「遷占者政權」，由新移民來支配原居民，而這些遷占者所建立的政治系統，對於

原遷出的母國，實際上或法理上均已經獨立，這個政治系統的目的是為了保有遷占者的政治優勢地位，也有人稱之為「寄生式殖民政權」、「沒有母國的殖民王朝」。

四　白色恐怖

(一)什麼是「白色恐怖」？

　　「白色恐怖」一詞一般認為源自法國大革命，是指保守反動勢力對付革命分子所採用的種種恐怖手段。到了二十世紀，「白色恐怖」轉變成保守、右派的政權，針對反抗現有體制的個人或團體，利用情治單位所進行的的暴力行為，這是「國家恐怖主義的暴力行徑」。國民黨在臺灣超過四十年的威權統治，被認為是典型的「白色恐怖」統治。

　　「白色恐怖」和前述動員戡亂時期臨時條款、戒嚴令的實施，以及威權政治有密切關係。臺灣的「白色恐怖」從宣布戒嚴開始，至民國八十年（一九九一年）《刑法》一百條的修正（廢除思想叛亂條款）才真正落幕。

　　最明顯而嚴厲的「白色恐怖」時期是一九五〇年代。反共國策使白色恐怖的政治手段取得某種正當性，在維護國家安全的理由下，政府可以各種方式來防堵共產黨的滲透，於是有各種情治特務系統成立。最初以「政治行動委員會」為主要肅清共黨的機構，後來又成立國家安全局，統攝各情報機關，包括警備總部、調查局、情報局。這些特務機關除了肅清匪諜之外，也整肅異己、鎮壓和政府不同調的異議分子。此外，還有許多法令為特務系統的工作鋪路。如「檢肅匪諜條例」，不但共產黨員有罪，和有共產黨員嫌疑者來往、知匪不報，都可能惹上殺身之禍。「懲治叛亂條例」，罷課、罷工或聚眾遊行，甚至只是開統治者玩笑，都可能變成叛亂罪。

(二)白色恐怖下的政治案件

　　在國民政府以反共為理由進行的白色恐怖政治下，許多人成為冤、

錯、假案的犧牲者。據估計，民國三十八年至五十九年間，牽涉政治案件者，約有兩千人被處決，八千人被判重刑而長期被監禁，其中只有不到九百人真正具有共產黨地下黨員身分。更詳盡的統計指出，整個戒嚴時期，共出現近三萬件政治獄，十四萬人牽涉在內，三千至四千人被處決。

　　造成如此多冤獄的原因，很可能是因爲當權者在失去中國大陸之後，認爲必須採取寧可誤殺一萬也不漏過一個的原則，才能有效防堵共產黨的滲透，也可能是臺灣身爲外來政權的不安全感所致。

　　綜觀白色恐怖下的政治案件，可區分爲幾種性質：

1. 對共黨組織嫌疑者的鎮壓。如鹿窟事件，一些左派青年在鹿窟建立武裝基地，當地不識字的農民也被當成共黨分子而逮捕判刑；基隆中學案，名作家鍾理和的哥哥鍾浩東校長等人被槍決；蔡孝乾案，中共幹部蔡孝乾和情治單位交換條件，供出了許多地下黨員，牽連範圍極廣。

2. 對臺灣獨立運動者及臺獨主張者的整肅。如黃紀男、廖史豪案、陳智雄案、蘇東啓案等。

3. 打壓山地原住民自治運動。泰雅族菁英樂信瓦旦（林瑞昌）、鄒族領袖吾雍雅達烏猶卡那（高一生）等被害。

4. 對民主運動的壓制。如雷震案，使籌組中的中國民主黨胎死腹中。

5. 政治權力鬥爭。如製造孫立人案，使原本聲望極高、獲得美國人支持的孫立人將軍失去兵權。

6. 情治特務單位間的鬥爭。如設計誘降臺灣共和國大統領廖文毅的李世傑，自己也因政治案件入獄。

7. 文字獄。如柏楊、李敖等作家的下獄。

8. 特務人員爲了爭功領賞而製造的冤案假案，案件多不勝枚舉。

　　除了政治案件所牽連的人，白色恐怖政治也影響到所有國民的日常生活。國家安全局掌握著每一個國民的「安全資料」，監視系統如天羅地網般，時時提醒人民「匪諜就在你身邊」。人民不得不時時小心自己的言行，以免上了黑名單。也有人專向情治系統打小報告，來賺取津貼或乘機報私怨。

五 地方自治的實施

「二二八事件」前後，臺灣社會領導階層不斷提出實施自治的訴求。事件之後，來臺灣宣撫的國防部長白崇禧宣示，將提前舉行縣市長民選，臺灣地方自治似乎頗有實現的可能。但是臺灣的地方自治始終並未按照憲法體制來推動。

中央政府遷臺後，擱置了省縣自治通則草案，地方自治的母法始終未能完成立法。不過中央政府仍然以行政命令在臺灣推動地方自治。

憲法中地方自治團體只有省縣二級，但是臺灣所實施的地方自治，則以行政命令賦予鄉、鎮、縣轄市法人地位，同時列舉其自治權限。而在這缺乏法制基礎的自治制度中，從省、縣市到鄉鎮市，本質上都受到上級行政命令的監督，地方自治的推動必須視上級機關的意志而轉移。這是臺灣地方自治的特色。

民國三十九年（一九五〇年）調整地方行政區域之後，臺灣省下轄十六縣五省轄市，後來又將臺北市和高雄市升格為和臺灣省平行的院轄市。省主席和院轄市長在民國八十三年（一九九四年）之前採任命制，縣市以下的層級才由人民選舉產生。省市、縣市、鄉鎮市各級議會則由選舉產生。

在威權統治時代，雖有地方自治型態，但是地方政府的權力非常有限，也欠缺自治體的財源，稅收大部分繳回中央政府，地方施政與建設一切仰賴中央補助。因此雖實施地方自治，卻是極度中央集權的國家。

實施地方自治後，地方選舉成為唯一能夠定期舉行，並達成行政機關、議會改組的選舉，也在新移民盤據的政府之外提供了本地菁英參與政治的場域。國民黨政府也藉由地方自治的實施，達成進一步對臺灣社會的滲透與控制。土地改革使原先的社區領袖失去權力基礎，必須藉由參加公職人員選舉才得以獲得新的領袖地位；「二二八事件」的鎮壓，讓許多原本名望高、熱心公益的人士對政治失望，退出這新的政治權力角逐場域，於是一批新的、願意和國民黨合作的地方領袖就在此時出現。依照國民黨「黨政合一」的經營模式與組織，參政者大多必須加入國民黨才能順利發

展，實施地方自治後，臺灣人入黨者大增。

透過以上幾個趨勢，國民黨政府建立起「威權侍從體系」。國民黨有如封建時代的領主，需要有如侍從的本土政治新貴效忠，以供驅使，而本土政治新貴則依賴國民黨這個權力中心賞賜權力、分享利益。在國民黨的扶植與操弄下，透過分布在各地的「民衆服務站」之運作，於是各地都產生壟斷地方政治權力、社會資源、經濟利益的政治勢力，也就是大家熟知的地方派系。不過另一方面，有民主政治意識的人也可藉由參與地方選舉，而逐漸凝聚團結，形成反威權的力量。早期的民主運動就是藉此而起。

第三節　民主化的歷程

臺灣人在日本統治時期便有民主運動和社會運動，結社爭取平等、民主、自由，如議會設置運動、臺灣文化協會、臺灣民衆黨、地方自治聯盟、農民組合、工友聯盟等。這些民主運動和社會運動，在大戰期間被壓制而沉寂，但是戰後臺灣人菁英很快重新組織起來，成爲戰後混亂時期的安定力量。由於國民政府對臺灣人自發的政治勢力感到不安，藉二二八事件的機會給予嚴厲打擊，隨之而來的白色恐怖統治更使原先參與民主運動的臺灣人大部分選擇遠離政治。

但是國民黨威權政體形成的過程中，並非完全沒有阻力。來自中國大陸的自由主義知識分子，和傳承日治時期以來民主運動的臺灣菁英，在一九五〇年代仍然嘗試爭取眞正的民主自由在臺灣實現，而推動成立反對黨，可惜在政治鎮壓下失敗。民國六十年（一九七一年）前後開始出現「黨外人士」在選戰中嶄露頭角，後來又以政論雜誌爲中心而進行聯繫、合作，民國六十七年（一九七八年）之後「黨外政團」形成，雖經「美麗島事件」的打擊，仍繼續茁壯，並於民國七十五年（一九八六年）正式成立「民主進步黨」。反對黨的出現，是臺灣民主的一大進步。

自民國七十六年（一九八七年）開始的十年間，透過解嚴、開放報禁、停止動員戡亂時期、修憲、國會全面改選、總統直選等步驟，臺灣政

治進行了一場「寧靜革命」，由威權政治轉變爲眞正的民主政治。

一 《自由中國》雜誌與組黨運動

(一)雷震與《自由中國》

　　《自由中國》雜誌創辦於民國三十八年，時值國共內戰對國民黨轉爲不利，一部分國民黨人和自由主義知識分子有感於反共需要進行理智的思想鬥爭，因而創辦了該雜誌，用來宣傳民主自由的概念。雜誌的核心人物是雷震。這份刊物創設之初曾經得到官方的資助，因爲當局認爲可以藉此雜誌改善一般人對國民政府的印象，甚至在國際上也可塑造自由民主國家的形象，所以早期《自由中國》是以「反共擁蔣」爲主要內容。隨著韓戰爆發後美國政策轉向支持蔣政權，臺灣政局趨於穩定，《自由中國》的自由主義知識分子開始關切臺灣內政問題，政論的方向從原本對中共、蘇聯的批判，轉移到對臺灣內部問題的反省與檢討。

　　民國四十年（一九五一年）一篇題爲〈政府不可誘民入罪〉的社論攻擊情治機關，遭到黨政軍各方的壓力，從此《自由中國》和執政當局的關係有了很大的轉變。原本是國民黨內核心分子的雷震，在民國四十四年（一九五五年）被開除黨籍。

　　雷震和《自由中國》的基本主張，是落實中華民國憲法，在臺灣實施眞正的民主政治。強調必須推動地方自治、落實省長民選，又反對強人威權體制，特別是總統擴權的行爲。蔣中正七十歲生日時，《自由中國》推出「祝壽專號」，胡適、徐復觀、陶百川、雷震等著名知識分子分別撰文對總統和國民黨提出建言，內容包括主張言論自由、軍隊國家化、建立自由教育，以及勸總統不要太專斷。後來這些言論被特務機關指爲「毒素思想」，透過黨組織及軍隊系統嚴厲批判。推出「祝壽專號」之後，《自由中國》對時政的批評越來越激烈，特別是臺大哲學系教授殷海光執筆的「今日問題」系列社論，深入檢討「黨國體制」、「反攻大陸問題」及財政、經濟、政府組織、新聞、教育等各層面的實況，並提出成立反對黨的

可能性。

民國四十九年（一九六○年），蔣中正授意國民大會修改動員戡亂時期臨時條款後，順利第三次連任總統。《自由中國》反對這種破壞憲政常軌的做法，不顧險惡的時勢提出對總統的忠告，和當權者的衝突達到白熱化。此時，雷震也熱心介入「中國民主黨」組黨運動，擔任該黨祕書長。該年九月，警備總部逮捕了雷震及《自由中國》的編輯傅正等人，查扣所有中國民主黨的資料，《自由中國》也遭停刊。後來雷震以「為匪宣傳」、「知匪不報」的罪名被判刑十年。

(二)「中國民主黨」組黨運動與影響

一 組黨運動

民國四十六年（一九五七年），臺灣舉行第三屆縣市長及省議員選舉，此次選舉出現不少非國民黨籍的候選人。彰化縣長參選人石錫勳的選舉班底為日治時期文化協會成員，計畫籌組「黨外候選人聯誼會」，研究選務，並仿日治時代的文化巡迴演講舉辦民眾座談會。這是二二八事件後臺灣民主運動人士首次的跨地域串聯。這次選舉的結果，產生了六位非國民黨籍的省議員：郭國基、吳三連、李源棧、郭雨新、李萬居、許世賢，他們被稱為省議會的「五龍一鳳」，後來更成為組黨運動的核心人物，並在往後民主政治發展中扮演重要角色。

選舉後，李萬居召集了非國民黨人士舉辦選舉檢討會，雷震參加了該會，並在會中演說。會中，李萬居、石錫勳、吳三連等人發起籌設「中國地方自治研究會」，但是未能獲准成立。雖然如此，但是這些人仍保持互相聯繫。

自該次地方選舉開始，《自由中國》就更積極討論地方自治問題，並和臺灣民主運動人士密切聯繫。胡適此時到臺灣就任中央研究院院長，主張應該由知識分子組織一個忠誠的反對黨。胡適的主張，正是大多數自由主義者的看法，也是臺灣民主人士的渴望。民國四十九年（一九六○年）的

省議員、縣市長選舉之前，黨外的省議員們召開選舉問題座談會，《自由中國》社長雷震和幾位作者也參加了，會中決定籌組新政黨，先以「地方選舉改進座談會」名義在全臺灣進行活動。《自由中國》配合鼓吹呼籲成立新政黨，雷震則擔任「中國民主黨」的祕書長。

　　組黨運動緊鑼密鼓進行著，統治當局則利用媒體批判民主人士，又透過情治系統來干擾在各地舉行的選舉改進座談會。在重重困難中，雷震宣布「中國民主黨」將在九月中成立，但隨即發生「雷震案」。雷震被捕後，中國民主黨組黨運動遭到很大的打擊，核心成員意興闌珊，雖然籌備會繼續運作，並在民國五十年（一九六一年）的縣市議員選舉中，得到百分之二十的席次，隨後這個籌備會未有任何活動，組黨運動就此沉寂。

二　組黨運動的影響

　　「中國民主黨」組黨運動的失敗，代表著統治當局建構威權黨國政體的成功。此後反對運動的空間遭到壓縮，幾乎沒有發展的餘地。一直到一九七〇年代後期才因新興中產階級的支持，而出現新一波的民主運動。

　　這雖然是一場失敗的反對黨運動，然對日後的民主運動有著深遠的影響。從思想上和精神上來看，代表著戰後臺灣反對黨思想的高度發展，且對日後的民主運動產生鼓舞作用。就政治主張而言，日後民主運動的基本主張也多相似。就組織模式而言，日後「黨外」人士也是藉選舉而逐漸凝聚。這場組黨運動可說已經為臺灣的民主政治播了種，少數有強烈民主意識的人，不因政治迫害而改變初衷，堅強地活了下來，延續民主運動，傳承民主思想。

三　黨外運動與解嚴

(一)《文星》和《大學》

　　「中國民主黨」的組黨運動失敗後的十幾年，不再出現大規模的政治

運動。一些代表性的在野人士繼續藉著地方選舉鼓吹民主理念，追求地方自治的進一步落實。自由派的知識分子則轉而在《文星》雜誌上傳播民主、法治、人權的觀念，殷海光、李敖為重要作者，在出刊九十八期後被禁。

一九七〇年代則出現改組後的《大學》雜誌，成為鼓吹自由民主的重要言論園地。《大學》是國民黨中央黨部催化的一本知識青年雜誌，因應臺灣退出聯合國、海外興起保釣運動、蔣經國即將接班等情勢，國民黨藉「青年國是會議」來爭取青年的認同，後來又促成有志青年辦了這份雜誌。隨著蔣經國地位的鞏固，《大學》內部也產生了分裂，影響力逐漸衰退。不過《大學》提出的社會分析和政治改革構想，包括「中央民意代表全面改選」等的主張，日後黨外運動幾乎全盤接收。

(二)黨外運動的興起

地方選舉一直是本土政治菁英參政的重要管道，也是維繫民主運動香火的途徑，卻因地方選舉將本土政治人物限制在小區域內，很難產生全國性的影響力。進入國會參與國政，是民主運動的重要訴求之一。在社會轉型及民意的壓力下，政府開始舉辦立委和國代的增補選舉。民國六十一年（一九七二年），開始有增額中央民意代表的定期改選。這樣一來，臺灣本土菁英可透過選舉進入中央民意機構，而中央民意機構也因此而補強了正當性。

一九七〇年代，黃信介、康寧祥由臺北市議員轉換跑道競選立法委員，先後高票當選。《大學》集團的張俊宏、許信良也投入政界。黃信介、康寧祥、張俊宏、姚嘉文等共同創辦了《臺灣政論》雜誌，結合了崛起民間的在野政治運動家和自由主義知識分子，培養出黨外運動的胚胎。

(三)美麗島事件及其影響

民國六十六年（一九七七年）之後，「黨外」政團隱然成形。這一年的五項公職人員選舉，是臺灣實施地方自治以來規模最大的選舉。開票當天，桃園縣長選舉發生舞弊嫌疑，群眾包圍中壢警分局抗議，與警察發生激烈衝突。這是二二八事件以來最大規模的警民衝突事件。這次選舉，

「黨外」人士頗有斬獲,包括省議員二十一人、臺北市議員六人。黨外聲勢大漲,藉機全臺串聯。

民國六十七年(一九七八年)的中央民意代表選舉,更多高學歷的黨外人士投入選戰,並進一步組織「黨外人士助選團」,提出包括回歸憲法、解除戒嚴等十二項共同政見。可惜因美國宣布與北京政權建交,蔣經國總統動用緊急處分權,中止了該項選舉。選舉雖然取消,部分黨外菁英卻改採群眾集會的方式,以《美麗島》雜誌作為基地,繼續進行爭取民主的運動。群眾集會和街頭抗爭挑戰著戒嚴令,朝野對抗的局勢更為緊張,終於在民國六十八年(一九七九年)釀成了「美麗島事件」。

「美麗島事件」起因於黨外人士準備於國際人權日(十二月十日)在高雄舉行演講會及遊行,群眾在軍警重重包圍下情緒一發不可收拾,產生激烈的衝突。事後,《美麗島》雜誌相關人士多人被捕,其中黃信介、施明德、林義雄、姚嘉文、陳菊、呂秀蓮、張俊宏、林弘宣八人被以叛亂罪起訴。

「美麗島事件」並未像「雷震案」那樣,造成民主運動的短暫沉寂,反而是黨外運動進一步發展的契機。其理由如下:

1. 全島大逮捕引起人民的恐慌,也引起人民的憤怒。

2. 林義雄家在審判期間發生滅門血案,其母親及兩位幼女慘遭殺害,長女重傷。這起案件至今仍未找到兇手,民間多認為和政治謀殺脫不了關係。林家滅門血案震驚國際,對國民黨政府的形象極為不利。

3. 美麗島事件受到各界高度關注,在國內外壓力下政府不得不將軍事審判公開,涉案人的政治主張透過法庭陳述而在媒體上呈現,爭取到更多的支持者和同情者,也讓許多人發現政府的宣傳和事實有很大差距。

4. 涉嫌協助藏匿施明德的長老教會總幹事高俊明牧師,在國際間有很高的聲望以及「義人」形象,因他的涉案也引起國際對臺灣人權問題的高度關注。政府在此壓力下,對付反對派人士的方式必須有所調整。

5. 美麗島事件後,受難者家屬和辯護律師繼續投入選戰,延續民主運

動的理想，民國七十二年（一九八三年）以後的選舉，黨外人士許多
人高票當選，影響力持續擴大。

(四)反對黨的組成與解嚴

　　民國七十五年（一九八六年）起，臺灣社會許多禁忌漸被突破，一時
之間各種社會力湧現，各種主題的群眾抗議、示威、請願、自力救濟、街
頭遊行等層出不窮。原本被嚴厲禁止的社會運動：勞工運動、學生運動、
環保運動、婦女運動、消費者權益運動、老兵返鄉運動等，紛紛動了起
來。其中，政治訴求的群眾運動最主要的議題就是：平反二二八、解除戒
嚴。其中，鄭南榕所發起的「五一九綠色行動」開啟長達半年的黨外街頭
運動，最主要的訴求就是解嚴。

圖7-2　美麗島事件審判期間，林義雄的母親和兩位女兒遭殺害，畫家陳義仁以林家祖孫
　　　　為主角創作版畫，「麥子落地」的標題意指她們無辜的死帶給許多人衝擊，最後
　　　　結出臺灣民主化果實。

　　黨外勢力的持續擴大，以及來自美國的壓力，讓國民黨政權不得不正
視整個社會民主化的需求。蔣經國確定政治自由化的基本政策，設立政治

革新小組，其中一個重要的工作就是和黨外人士溝通，對黨外不再採取斷然鎮壓的手段。

　　黨外陣營在民國七十三年（一九八四年）已成立「黨外公政會」，為政黨組織的雛形。在黨禁和戒嚴解除之前，黨外人士搶先在民國七十五年（一九八六年）九月宣布成立「民主進步黨」。蔣經國政府對此違反戒嚴令的政黨採取既不承認也不取締的態度。事實上，此時戒嚴令已經開始解凍。

　　民國七十六年（一九八七年）九月，蔣經國總統正式發布解除戒嚴的命令。之後，開放大陸探親、解除報禁等措施也跟著展開。解嚴，讓臺灣向民主化邁入關鍵性的一步，不過，代替「戒嚴法」的「國家安全法」仍然嚴格限制思想及言論的自由，待一九九〇年代才一步步開放。

四 從威權到民主

(一)國會全面改選

　　中央民意代表全面改選，是黨外運動以來民主人士的主要訴求之一，因為唯有全面改選的國會才能夠真正代表臺灣的民意。

　　蔣經國主政時期，想要一方面增加中央民代席次、一方面讓資深民代退職的方式來解決國會的根本問題。在蔣經國去世後，李登輝總統繼續這樣的方針。但是即使有條件優厚的中央民意代表退職條例，願意退職的中央民代卻人數非常少。民國七十八年（一九八九年）增額立委選舉之後，資深委員仍然掌控半數以上席位；國民大會的情況更為嚴重，為此引發全國人民的強烈不滿。翌年三月，超過六千名以上的大學生連續幾天在中正紀念堂廣場靜坐，要求國會全面改選，獲得李登輝總統承諾後才解散。最後是透過大法官會議釋憲，以民國八十年（一九九一年）年底為第一屆中央民意代表退職的最後期限，這才完成中央民意代表的改革工程。

(二)動員戡亂時期的終止與廢除刑法一百條

民國七十九年（一九九〇年）六月，李登輝總統召開「國是會議」，邀請朝野一百三十多位人士與會，雖然朝野歧見仍深，但達成了資深中央民代全面退職、國會改革、修憲、直選總統等重大政改共識。

翌年國民大會展開修憲工程，李登輝總統宣布終止動員戡亂時期，廢除「臨時條款」，同時公布憲法增修條文。隨後在兩年間完成國民大會、立法院的全面改選。臺灣進一步民主化，而中華民國政府的體質也有了很大的改變。

動員戡亂時期雖然結束，但是威脅人民生命自由的惡法「懲治叛亂條例」、「刑法一百條」內的「預備或陰謀內亂罪」仍存在。在行政院長郝柏村執政期間，民國八十年（一九九一年）五月仍然以此罪名逮捕了被懷疑和「獨立臺灣會」有所接觸的青年學生，此事引起社會各界和學生、大學教授的強烈抗議，衍生「廢除刑法一百條」運動。李登輝總統在「獨臺會案」之後宣布廢除「懲治叛亂條例」，隔年立法院通過修正刑法一百條，刪去有關預備、陰謀犯的規定，臺灣的人權狀況獲得一大進步。

(三)總統直選

民國七十九年（一九九〇年）的國是會議中，總統直選是重要共識。在民國八十三年（一九九四年）第三階段修憲後，賦予了總統直選法源。民國八十五年（一九九六年）第一次由選民直接投票的選舉正式展開。一共有四組候選人參選，國民黨的李登輝、連戰順利當選總統、副總統。

民國八十九年（二〇〇〇年）的總統大選，則出現首次政黨輪替。民進黨的候選人陳水扁當選總統。他的競爭對手包括當時的副總統連戰及曾經是民選第一任省長宋楚瑜。民進黨由長期的在野黨躍居執政黨，同時也出現臺灣歷史上第一位女性副總統呂秀蓮。透過和平的選舉完成政黨輪替，政權的交接過程未出現嚴重衝突，這在臺灣民主化的歷程中，實在有極為重大的意義，至此可說臺灣已邁向成熟的民主社會，也被認為是完全自由的國家。但在國會席次上，民進黨仍未能取得過半，而國民黨長期一

黨專政所留下來的種種問題、威權陰影，也不是新政府一時之間所能解決。

　　四年後的總統選舉，昔日對手連戰與宋楚瑜合作，仍未能阻撓陳水扁連任之路。但是因雙方票數差距不大，加上選前一天發生陳水扁、呂秀蓮遭槍擊的事件，連、宋因此而不服選舉結果，掀起選舉無效訴訟、發動群眾抗議、利用國會優勢而通過成立明顯違憲的「真相調查委員會」。朝野持續的對決，對臺灣社會的安定、民主政治的法制化、穩定化，畫下一道陰影。

(四)政黨政治的形成

　　解除戒嚴、開放黨禁之後，人民得以自由組織各種政黨。向內政部登記的政黨現已超過百個，但是真正有影響力的政黨不多。至今臺灣政治權力的競爭者，仍可區分成舊國民黨勢力與舊黨外勢力兩大對立陣營。其流變簡述如下：

　　黨外人士所成立的民主進步黨，後來因為對勞工問題、臺獨議題有不同意見，而另外有人成立「工黨」、「社民黨」，但是這兩個小黨很快式微。後來又有堅持建立臺灣共和國的人士成立「建國黨」。

　　國民黨在李登輝執政後，黨內分裂為主流派和非主流派。非主流派的部分成員成立「新國民黨連線」，後於民國八十二年（一九九三年）自立門戶成立「中華新黨」。新黨起先聲勢不錯，然而五年之後立委席次大幅減少，逐漸沒落。因應民國八十九年（二○○○年）的總統大選，國民黨再次分裂，宋楚瑜出走而組成「親民黨」。該黨頗有政治實力，在立委的選舉上表現亮眼，在政治議題的立場上則和國民黨相去不遠。民國九十三年（二○○四年）大選，國民黨和親民黨從敵對的政黨轉為合作，並討論合併的可能性。民國八十九年（二○○○年）國民黨失去政權後，李登輝辭去黨主席身分，並遭到國民黨內部分人士的嚴厲批判。贊成李登輝路線的人士，則成立了「臺灣團結聯盟」，簡稱「臺聯」，並取得國會席次。臺聯在政治立場上和民進黨較接近，在國會中常聯手合作。

　　近年來的臺灣政黨政治，媒體上常用「泛藍」、「泛綠」來指稱兩個

陣營。「泛藍」包括：國民黨、親民黨、新黨；「泛綠」包括：民進黨、臺聯。換句話說，臺灣雖是多黨林立，但是在實際運作上仍很接近兩黨政治的模式。

第四節 臺灣的國際舞臺

一 美國與臺灣

第二次世界大戰後，中國陷於國共內戰，世界也逐漸形成美國、蘇聯為首的兩大陣營對抗局面。在這後來稱之為「冷戰結構」的局勢下，在臺灣的中華民國政權獲得重新出發的機會。而其中最關鍵的，就是美國對這個政權的支持。

中華民國政府播遷臺灣之後，許多國家承認中共政權，美國也一度考慮放棄對蔣政權的支持。韓戰爆發，北韓在蘇聯的支持下大舉進攻南韓，共產主義的勢力似將進一步擴張。因為臺灣位於圍堵共產世界擴張的東亞防線（包括韓、日、臺、菲諸國）上，具有重要戰略地位，美國因此決定再支持國民黨政府、穩固臺灣，以對抗中共，於是美國派第七艦隊巡防臺灣海峽，並強調臺灣的地位必須等諸國太平洋的安全恢復、即對日本的和平條約成立後，或者聯合國予以考慮，才能確定，也就是防止中華人民共和國要求對臺灣行使主權。民國四十三年（一九五四年），《中美共同防禦條約》成立，美國並支持中華民國固守聯合國中的席位。

在經濟上，一九五〇年代到六〇年代初，美國給予臺灣大量經濟援助，協助臺灣從事基本建設、穩定物價。在軍事上，美軍曾經駐紮臺灣，後來又以顧問團的形式輔助臺灣的國防、軍事建設。美國也是臺灣最主要的國防武器供應者。

一九六〇年代後期，飽受越戰困擾的美國開始調整政策，欲藉中國來制衡蘇聯，因此逐漸與中共政權親近，同時對中華民國的支持也不若從

前。終於在民國六十年（一九七一年），中華民國失去在聯合國的席位。

　　美國總統尼克森首次訪問北京之後六年，民國六十八年（一九七九年）美國承認中共政權，和中國建交，終止《中美共同防禦條約》，但同時美國國會通過「臺灣關係法」，將臺灣視為實質國家，維持與臺灣大部分的條約與關係，表明對臺灣「和平與穩定」的高度關切，並繼續輸出武器給臺灣。美國依然是臺灣最主要的國際貿易夥伴。

　　美國和臺灣的關係，一直是美國和中國來往間重要的爭執點。中共不斷抗議美國繼續出售臺灣武器的舉動。雷根總統曾多次發表「不放棄臺灣」的言論。美國政府目前在臺灣問題上的主張，仍以「臺灣關係法」為主軸，傾向主張兩岸問題透過談判和平解決，但當臺灣遭到武力威脅時，美國不會坐視不管。例如首次全民直選總統時，中共以多枚飛彈瞄準臺灣，美國艦隊便出現在臺灣海峽，防止戰爭的發生。近來美國與中國關係日漸緊密，對臺灣造成不小的壓力。美國表示，希望兩岸之間的問題能夠和平解決，不樂見臺灣或中國出現片面改變現狀的情況，對臺灣尋求國際地位正常化的努力已造成打擊。

二　聯合國與臺灣

　　聯合國是第二次世界大戰後成立的國際組織，以維護世界和平為目的，也成為戰後國際社會解決糾紛的討論會場。在組織上，大戰中戰勝的聯盟國（美、蘇、英、法、中）成為安全理事會的常任理事國。中華民國是聯合國的創建者之一，但是在退守臺灣之後，臺北政府是否能代表中國，問題逐漸浮現。中共政權成立後就開始向聯合國要求取代中華民國的席位，但在冷戰結構和美國的大力支持下，中華民國仍保有在聯合國的席位。此後二十多年，中華民國始終為了維護中國代表權而奮戰不懈。

　　然而隨著世界局勢的改變，冷戰的鬆懈，中共政權加入聯合國已經勢不可擋。民國六十年（一九七一年）十月二十五日，聯合國大會通過「恢復中華人民共和國的所有權利」，同時將蔣介石的代表逐出所有聯合國及附屬組織的席位。當這個議案正式成立之時，中華民國的聯合國大使就先宣

布中華民國退出聯合國，因此是中華民國先宣布退出，聯合國才決議將其逐出。

在聯合國席位之爭的過程中，美國曾試圖斡旋，以「雙重代表權」的方式保住中華民國的席次，勸蔣中正放棄安理會席次以換取留在聯合國，但是蔣中正、蔣經國基於「漢賊不兩立」和維護法統的原則，寧願退出聯合國。

退出聯合國後，造成斷交骨牌效應。民國五十八年（一九六九年）原有六十七個邦交國，到民國六十七年（一九七八年）只剩二十一個邦交國。後來透過種種努力，增加了幾個邦交國。中華民國在國際社會上陷於孤立，不斷遭受中共的圍堵打壓。

近年來，主張臺灣獨立建國的人士推動「以臺灣之名加入聯合國」運動，希望藉此爭取臺灣的國際地位，並透過聯合國機制來防止中共對臺灣的侵略。李登輝主政時期也開始推動「重返聯合國」，以反制中共在所有的國際組織中對我國的排擠打壓。再度取得聯合國會籍並非易事，但這類活動已讓臺灣的特殊處境更廣為人知，並逐漸爭取國際社會的認同。

三 外交關係的演變

中華民國政府作為一個奇特的「遷占者政權」，喪失了原先的領土，卻仍在國際社會中和中共政權競爭中國代表權，一開始就陷入極端的外交難局中。

中華民國退出聯合國之前，在冷戰結構下，雖與歐洲國家逐漸斷交，但還能保有美國及亞非新興國家的正式外交關係。為爭取新興國家的支持，臺灣派遣許多農技團、醫療團前往這些國家，得到很好的效果。

退出聯合國之後，在一連串的斷交事件重挫下，政府調整外交策略如下：

1.盡力鞏固原有邦交國，但不為維持邦交而放棄我國的基本國策。

2.致力發展與無邦交國的實質關係。

3.盡力維持我國在國際組織的會籍和權利。

　　4.積極參與或主辦各種國際會議。

　　此時的外交政策，被稱之爲「彈性外交原則」。在此政策發展下，臺灣雖然邦交國非常少，但在國際上並非眞正孤立。有許多和臺灣沒有邦交的國家，卻維持著經濟、文化的密切來往，並且互設代表機構，如「美國在臺協會」及「駐美國臺北經濟文化代表處」，日本在臺灣設的「交流協會」、臺灣在日本設「亞東關係協會」。此原則下，對外關係也常取下「中華民國」的招牌。例如爲了繼續參加國際奧林匹克運動會，就改以「中華臺北」（Chinese Taipei）爲會員名。而在許多民間性的國際組織中，則以不同的名稱被留了下來。

　　彈性外交原則在李登輝主政後，又進一步調整爲「務實外交」，不再堅持中華民國是代表中國的唯一合法政權，承認中國處於分立狀態，中共政權和中華民國政權是兩個對等的政治實體，不再強調「漢賊不兩立」，而堅持中華民國是一個主權獨立的國家。

　　務實外交的基本策略是「功能主義」，先簽訂經濟、文化交流、航權等議題的協定，再漸進提升外交層級。具體的作法包括：提供友邦經濟援助、鼓勵臺商前往投資、簽署貿易協定、軍事採購、推動高層官員互訪、爭取無邦交國建交或復交、積極參與國際組織等。重返聯合國也是此時所推出的政策之一。

　　務實外交的確有收到成果，我邦交國在民國八十五年（一九九六年）達到三十一國，又在六十多個無邦交國內設立代表處或辦事處，並參加八百多個國際組織。但是由於邦交國多是中南美洲的小國，在國際上力量並不大，且距離臺灣遙遠。而許多邦交是結由經濟援助而建交，關係並不穩固，在中共的操弄下時常面臨斷交危機。有人批評這種作法是「金錢外交」，徒然浪費臺灣納稅人的錢，而無法建立眞正的邦誼。

四 兩岸問題的發展

　　中華民國政府與中共政權的長久對峙至今尚未解決，爲臺灣的前途投下不確定的因素。自民國三十八年（一九四九年）至今，雙方的對應模式歷

經軍事衝突、冷戰對峙、開放民間交流和開啓對話等，目前兩岸都主張和平解決兩岸問題，但是尚未達成雙方都可接受的方式，中共方面也始終未放棄武力犯臺的準備。

(一)中國的臺灣政策轉變

中國共產黨在第二次世界大戰之前，是支持臺灣獨立的，他們全力支援主張臺灣民族獨立的臺灣共產黨。但在大戰後，中共的臺灣政策改變，視中華民國的存在爲分裂中國的行爲，而以收復臺灣爲革命眞正完成的指標。

中共政權在民國四十四年（一九五五年）攻占浙江外海的一江山島、大陳群島，這是最後一次以武力占據原先由國民黨統治的地區。民國四十七年（一九五八年）的「八二三砲戰」，共軍原本想拿下金門、馬祖，卻因美國第七艦隊的介入而遭受挫折。後來共軍持續對金馬實施隔日砲擊（單打雙不打），然雙方不再有大規模的軍事衝突。

一九六〇年代末，中國開始改善和西方國家的關係，並在一九七一年成功進入聯合國，自此以後臺灣和中國的國際地位產生逆轉。美、中、臺的新三角關係出現。美國和中國建交後，放棄和臺灣的共同防禦協定，但同時也促成中國放棄「武力解放臺灣」的口號。中國政府開始用「臺灣回歸祖國」與「祖國統一」這類說辭。鄧小平開始走經濟改革路線，民國七十年（一九八一年）中國政府提出「和平統一方針」，向國民黨喊話，呼籲第三次國共合作，提議三通和發展民間交流，並提出統一後臺灣設立特別行政區的構想。臺灣政府對此提議仍以「不接觸、不談判、不妥協」的「三不政策」回應，但是民間透過第三地的小額貿易早已出現。一九八〇年代後半，雙方的民間接觸，包括間接貿易、通訊來往已經很頻繁。

民國七十八年（一九八九年）之後，中國再度表明要以「和平解決、一國兩制」作爲解決臺灣問題的方針。但是另一方面，卻也一再強調並未放棄對臺灣動武的決心。一九九五年，中共總書記江澤民提出有關兩岸問題的「江八點」，仍然兼備和平談判的呼籲及武力的威脅。民國八十五年（一九九六年）和八十九年（二〇〇〇年）總統大選前後，共軍在沿海布置

飛彈對準臺灣，企圖以武力來影響臺灣大選。

中國對臺灣一方面文攻武嚇，一方面在國際上持續孤立、打壓臺灣，意圖造成「臺灣是中國的一部分」的印象，完全沒有意願要透過對等談判來解決問題，很難獲得臺灣民心。

(二)中華民國政府的兩岸政策變遷

中華民國政府遷到臺灣之後，誓言「反攻大陸、消滅共匪」，中共則堅持要以武力解放臺灣。不過「八二三砲戰」後，雙方已經沒有大規模的軍事衝突。美國雖然支持蔣政權作為防共陣線的一環，卻不支持「反攻大陸」。一九六○年代之後，「反攻大陸」的口號被「實行三民主義、建設復興基地臺灣」取代。退出聯合國後，國際局勢對臺灣更為不利，反攻大業已經不可能完成。

民國七十年（一九八一年），國民黨政府推出「三民主義統一中國」的新口號，另一方面對中共政權採取「三不」立場：不接觸、不談判、不妥協，以化解其統戰攻勢。不過在民間的國際活動場合，臺灣政府鼓勵民間團體採取「不退讓、不迴避」的原則。

中國在國際場合上將臺灣放在附屬地位，總是要求「北京代表全中國、臺灣代表地方」的型態。臺灣方面在此不利的處境下，不得不作某程度的妥協，例如奧會模式。在各種政府所參與的組織中，臺灣努力爭取和中國同等的參與權，例如不得不以「臺澎金馬關稅領域」加入關稅暨貿易總協定（GATT）。

民國七十六年（一九八七年），因應日漸暢旺的民間來往，中華民國政府開放臺灣人民赴大陸探親。在這之前，已有數萬人透過香港或其他國家訪問中國，特別是隨著蔣政權來臺的外省老兵，急切想要回故鄉。但是開放探親的同時，政府仍強調反共國策不變。之後，各種民間交流越來越擴大，包括文化、體育活動的交流，以及越來越多的臺商赴中國投資。中國迅速成為臺灣經濟的重要夥伴。

民國八十年（一九九一年），李登輝總統頒布「國家統一綱領」，並宣布停止動員戡亂時期，在政策上和實質上確立了兩岸政策的新局，終止

了長期的內戰狀態，為和平解決兩岸問題立下法制基礎。該綱領精神是：
「一國、兩政治實體、三階段、四原則」。一個中國，並非是指目前的中
共政權或中華民國政權，而是一個概念上的中國：政治民主化、經濟自由
化、社會多元化的文化中國。兩個政治實體，是承認海峽兩岸政權同時並
存，是兩個對等的政治實體，任何一方都不能聲稱自己的治權及於另外一
地區。三階段則是包括近程——互惠交流；中程——互信合作，遠程——
協商統一。四原則是：理性、和平、對等、互惠。

　　「國家統一綱領」頒布前，以民間團體名義成立「海峽交流基金
會」，成為和中共當局接觸的對口單位，中共也成立了「海峽兩岸關係協
會」，共同推動兩岸民間交流。一九九二年兩會進行交流原則的談判，達
成「一個中國各自表述」的共識，但是進一步的談判仍然困難重重，因為
中國方面始終不接受對等原則。

第五節　戰後的經濟發展

一 戰後初期的經濟重建與美援

　　第二次大戰期間，臺灣的經濟在日本帝國戰爭需求下全面受軍方控
制，大量物資投入戰場，加上戰爭末期的美軍轟炸，對臺灣的生產力產生
極大的破壞。日本投降後，臺灣的經濟呈現戰後的蕭條，亟待重建。但是
在中華民國政府接收臺灣後，和殘破的中國內地相比，臺灣仍屬經濟先進
區域，必須扮演支持中國大陸經濟發展，以及國民黨政府戡亂戰爭的後援
力量，臺灣的經濟建設與復甦因此而遲緩。

　　「二二八事件」之前，陳儀政府的臺灣接收和復建工作有不少缺失，
尤其是將日本人留下的產業轉為公營事業，且繼續實施「統制經濟」，以
貿易局和專賣局壟斷主要的經濟活動，扼殺了臺灣人投資經營的機會。而
為了支應內戰，將臺灣大量的民生物資運往中國，導致出現物資缺乏的現

象。之後又因政府不斷增加貨幣發行額而導致通貨膨脹，人民生活叫苦連天。戰爭期間到海外工作或作戰的臺灣人也在此時陸續返臺，一時謀職困難，失業問題嚴重。「二二八事件」之後，官方對私人資本的抑制稍微放鬆，經濟統治政策也有所改善。通貨膨脹的嚴重性，迫使政府在民國三十八年（一九四九年）發行新臺幣，以抑制日趨惡化的臺灣經濟。但是四萬元兌換一元的幣制改革，也讓許多人一輩子的積蓄一夕之間消融，面臨極大生活困境。

中華民國遷臺前，將中央銀行所有的黃金準備與外匯遷至臺灣，某種程度穩住了新臺幣。但是為了安頓隨政府來臺的上百萬軍人及公教人員，財政支出不斷增加。新臺幣的發行限額很快超過，通貨膨脹的壓力始終存在。

(一)美援對臺灣經濟安定的貢獻

一九五〇年代到六〇年代，美國對臺灣的經濟援助，有效地促進臺灣經濟安定。美援可說是此時臺灣社會的救命丹。

美國在此時經援臺灣，是因為韓戰後美國需要臺灣作為防堵共產主義擴張的戰略夥伴。美援並非單純的經濟事件，而是政經一體的策略。透過美援，臺灣的經濟得以發展，同時促成臺灣對美國產生了經濟和軍事上的依賴，也影響到政治權力的運作。美國宣稱透過美援將可促成受援國的民主改革，但事實上美援的作用常常是扶植親美的保守安定政權，以確保美國本身的利益，臺灣就是明顯的例子。美援的運用操縱在國民黨政府手中，在美援的協助下，國民黨政府建立了威權統治的型態，黨政軍合一的統治集團壓制了所有追求自由民主的行動。

美國的援助自民國四十年（一九五一年）開始，到民國五十四年（一九六五年）為止，十五年間總共提供臺灣約十五億美元的援助，約等於臺灣人每人每年得到十美元的補助。從一九五一年至一九六〇年，美援占臺灣進口金額的百分之四十七‧九，相當於國民生產毛額的百分之五至百分之十。在美援期間，臺灣總財政赤字是十一億美元，也就是說，美援彌補了臺灣這期間的財政赤字還有餘。美援也包含了技術轉移、人員訓練，

部分臺灣的製造業在此時奠定了基礎，特別是國營事業得到的協助最多。

美援都用在哪些地方？以軍事方面的援助最多，至少占百分之六十。美援後期軍援的比例相對降低，因爲美國的政策轉向以經濟爲主的援助。美國對臺灣的援助並非計畫型援助，而是以大量農產品及石油、機械、藥品爲主的物資援助。這種援助方式讓國民政府得以全權支配這些資源，並藉此來鞏固本身的政權。此外，美援包括了大量的消費品，初期確實彌補了臺灣農工原料的不足，晚期則加重臺灣進口消費品的壓力，結果因爲大量進口美國農產品，直接打擊到臺灣的農業。

美國援外政策在甘迺迪總統當政後也有所轉變，改以獎勵民間投資的方式來減輕美國政府的負擔。臺灣被視爲美援相當成功的區域，因此在這波轉型中率先改變，由中華民國政府制訂有利出口及引進外資的財經政策。如此一來美國政府不必再援助臺灣，但臺灣也已經成爲美國資本良好的投資環境和重要市場，臺灣對美國的依賴也由軍事依賴擴展到經濟依賴，此種結構一直持續到今。

二 出口導向經濟的形成與發展

(一)計畫式自由經濟

中華民國政府遷到臺灣之後，積極介入經濟活動。雖然不像「二二八事件」之前的統制經濟，但是政府仍透過各種方式掌控資源，節制私人資本，展開「計畫式自由經濟」。首先，進行三七五減租到耕者有其田的土地改革政策，提高農業生產力。臺灣的農業在戰後迅速復興，一九五○年代以日本爲主要出口區的米糖外銷，一年就有一億美元左右，成爲美援以外最主要的外匯來源。

政府在民國四十二年（一九五三年）之後開始推動一連串的經濟計畫，主要的方針是「以農業培養工業，以工業發展農業」。一方面利用農產品出口所累積的外匯，一方面藉由農產加工業的發展，加上提高關稅、進口管制、設廠限制等措施，使本國產品取代外國進口商品，完成工業的

「進口替代」，以平衡貿易逆差。

國營事業在此時期扮演重要角色。基礎的工業和製造業全部掌握在政府手裡，包括：電力、石油化工、水泥、化學肥料、製鋁等大型企業都是國營，銀行絕大部分也是由政府經營。因此，政府不但能掌握經濟活動，還能支配其收益。

(二)獎勵投資條例

在「進口替代」政策主導的一九五〇年代，主要經濟活動均牢牢掌握在政府手中。雖然提高了產能，但過度的管制也使得經濟難以成長。因此到了一九六〇年代，政策由進口管制轉變為鼓勵出口。

出口導向的新紀元，首先是透過外匯改革，新臺幣對美元巨幅貶值，創造出口產業的利基。接著，政府推動財經改革方案，制訂「獎勵投資條例」，以租稅減免等優惠來吸引民間投資意願。接著又以低利融資、撥用工地作為工業用地等辦法，來促進產業的發展。在獎勵措施下，包括礦業、製造業、公用事業、運輸業、觀光業等，都有蓬勃的發展。

「獎勵投資條例」的一些措施可能造成稅賦不均、財政資源分配扭曲的問題，因此立法之初明定以十年為實施期限。但是後來出口擴張成為臺灣經濟發展的主軸，必須繼續吸引投資意願，因此該條例先後延長了兩次，直到民國八十年（一九九一年）「促進產業升級條例」才取而代之。

(三)出口導向的工業發展

一九六〇年代中期以降，美援停止後的二十年，出口導向的工業發展，帶動了臺灣經濟起飛。這段期間臺灣經濟發展有幾項重要的指標：1.臺灣工業的產值超過農業產值，進入工業化社會；2.出口激增，主要出口品由農產品轉為工業產品；3.外資大量湧入，臺灣成為跨國公司分工體制的一環。

為了吸引華僑外資，降低投資者的管理成本，民國五十四年（一九六五年）開始在高雄設置加工出口區。加工區工廠的投資者主要來自美國、日本及海外華僑。日本、美國的資本集中在電器、電子、化學、機械等技

術密集產業，部分技術轉移給臺灣，也帶動相關工業的發展。華僑資本則多在紡織、水泥、麵粉等傳統民生工業。

除了加工出口區之外，本地資本原本所投資的「進口替代」產業，如紡織、水泥、塑膠、合板等，也成功轉為以出口為主的產業。這些民間產業日益壯大，成為經濟成長的主力。

一九六〇年代是跨國公司勃興的年代，國際間資本移動自由化、生產技術細緻化後，工業先進國家傾向把勞力密集的製造部門移往工資低的地區，以獲取更高的利潤。最早的分工出現在美、日的資本和香港的勞力間，後來臺灣也加入這個分工體系。

跨國公司將生產部門移到開發中國家的原因之一是，工業先進國家的人民具有先進的環保意識和人權意識，反對高汙染產業的設置，並要求提升工人的待遇與福利，造成經營成本的提高。因此外資相中臺灣的理由包括：臺灣在政府高度控制下很難出現環保抗爭或勞工運動；臺灣工資低廉而工人聽話又優秀；本土工業規模小、技術低，不致和跨國公司產生競爭。

出口導向的工業及跨國公司進入臺灣，正面來看，為臺灣創造了就業機會、提高國民所得及儲蓄資金的能力，也培育一批具有國際觀的中小企業家，為往後臺灣經濟的發展開闢新天地。但另一方面，這是許許多多勞工犧牲權益所換來的的成果。當時的勞工，必須忍受工時長、工資低且無任何保障（當時尚未有勞保，更沒有勞動基準法）的長期勞動。他們當中許多人來自鄉村。農業的衰落驅使大批的勞動力轉往都市發展，也促成都市人口的迅速成長。出口導向的工業發展不僅把勞動力吸到工廠，甚至出現「客廳即工廠」的現象，婦女與小孩在家中大廳或門前做著工廠委託的按件計酬加工品，是臺灣此時常見的景觀。

三 十大建設及後續的經濟發展

(一)十大建設的意義

　　為了加強臺灣的基礎建設、促進經濟的進一步發展，民國六十二年（一九七三年）政府推出十大建設，內容包括：核能發電廠、高速公路及鐵路電氣化等交通建設、重化工業投資（造船廠、一貫化作業煉鋼廠、石油化學工業）。

　　核電廠及交通建設，可說是戰後臺灣第一次大規模的基礎建設。相對於日本統治時期一開始就詳盡計畫、分階段進行基礎建設，國民政府的基礎建設起步甚晚，是在經濟發展到一個階段後，面對基本設施嚴重不足的瓶頸，才趕緊補強。

　　重化工業的投資，是希望改善臺灣的產業結構。但是由於一開始就遇到第一次世界石油能源危機，因此遭遇許多困難。中國造船公司一開始就負債累累，一九八○年代中期之後虧損嚴重，不得不大幅裁員。中鋼原本設立的目的是要供應中船所需材料，然因中船經營不善，中鋼也受到影響；在調整經營策略後，改以出口為主。石化工業則相當成功，輕油裂解廠、化學纖維工業、塑膠工業迅速成長。臺灣必須依賴原油進口，在石油能源危機的嚴苛環境中，卻以發展石化工業作為產業轉型的政策扶植重點產業，得以成功必須歸功於政府的計畫和掌控。

　　一九七○年代的臺灣產業仍以勞力密集為主，十大建設指標的重化學工業並未能成為臺灣經濟的支柱。最主要的工業是：纖維、電機、電子等產業。

(二)高科技產業的發展

　　進入一九八○年代之後，產業政策由發展重化學工業調整為發展技術密集、知識密集，以及省能源、低公害的產業，締建「經濟起飛」。原因是：1.這是世界性的趨勢；2.前階段推動重化工業的失敗經驗，必須大量消耗能源、易受石油危機影響的工業並不適合臺灣；3.此時公害已經成為嚴重

的社會問題，引起社會大眾普遍的關心。

　　此時期產業政策的指標，就是新竹科學工業園區的設立。科學工業園區的型態和過去的加工出口區有類似之處，不過加工出口區以勞力密集產業爲主，科學工業園區以技術密集爲主，主要的目標是引進高科技產業。科學園區的特色之一是產業和學術界的合作，園區設在理工科爲主的大學附近，又設有工業研究所，研究單位所研發的技術能夠有效地轉移給企業，這是此時相當重要的新嘗試。科學園區帶動了電子資訊產業的發展，現在已成爲臺灣最重要的產業。

　　伴隨產業升級而來的，是臺灣在國際經濟分工體制內的地位改變。由於工資的提高、新臺幣的升值，原先將臺灣當成廉價生產基地的跨國企業，紛紛將生產線移往工資更爲便宜的東南亞，而一九九〇年代之後，中國成爲最廉價的勞動市場，吸引了大部分以往以臺灣爲生產基地的跨國企業。臺灣本地資本的傳統產業，在一九八〇年代中期後也前仆後繼地外移。但是同時，支撐臺灣經濟的主力已經逐漸轉到高科技產業。

四 躍居亞洲四小龍之一的「經濟奇蹟」

(一)臺灣經濟奇蹟的特色

　　臺灣戰後的經濟發展深受世界矚目，被喻爲「經濟奇蹟」。從農業社會順利且迅速轉型到工業社會，經濟一直維持成長，已成爲新興工業經濟區域。同時期同類型的發展模式，出現在南韓、香港和新加坡，臺灣和他們並列爲「亞洲四小龍」。四小龍的經濟特色是：出口導向的工業發展使經濟高度成長，國民所得相對迅速向上提升，社會上的勞工雇用迅速增加，農業就業人口衰退，都市人口激增，對國際貿易高度依賴。

　　但是臺灣在四小龍之中，在某些部分的表現是比較特別的。首先，能夠避免通常伴隨高度成長而來的通貨膨脹。除了石油能源危機時期之外，物價一直保持得相當穩定。第二個特色是，一九七〇年代以來就已出現貿易順差，逐漸累積了龐大的外匯，一度臺灣外匯存底僅次於日本，占世界

第二位，而同時期大部分開發中國家都苦於貿易赤字。第三個特色是，臺灣外債相當少，而其他的新興工業經濟區域大多負債累累。第四個特色是，比起其他新興工業經濟區域，臺灣的貧富差距很小。

另外一個在談到臺灣經濟奇蹟時不能不注意的特色是，完成這奇蹟的重要功勞者是眾多的中小企業。雖然跨國公司及外資也有其重要性，但是臺灣民間所興起的中小企業，在政府重重限制與缺乏國家力量的幫助下，向全世界各地爭取訂單，以「愛拼才會贏」的精神勤懇工作、自我剝削促成了經濟的轉型，也迫使政府的政策由「計畫式自由經濟」轉為全面的自由化。

(二)產生經濟奇蹟的條件

臺灣之所以能夠成為新興工業經濟區域，可以從臺灣內部條件和國際因素兩方面來看。

就臺灣內部條件而言，首先，自古以來對外貿易就是臺灣重要的經濟活動，因為臺灣農產豐富，商品經濟發達，自十九世紀後半開始，以農產及農產加工品為主的對外貿易一直持續超過一個世紀。其次，臺灣的勞動品質相當高，由於教育普及，一般人皆看重受教育的機會，因此臺灣能夠提供具備現代工業勞動者要素的優良勞工，而教育發達和資訊普及也是臺灣的工人更容易轉成為企業家的因素，「黑手變頭家」是此時普遍的夢想。第三，經濟政策的成功，例如土地改革、獎勵投資、產業轉型等等，財經技術官僚的貢獻功不可沒。第四，臺灣人的勤勞精神充分發揮，經常超時工作，甚至全家投入生產，如「客廳即工廠」的家庭代工到處可見。

就國際因素而言，首先當然必須提到美援的幫助，以及美援結束後美國資本的流入。其次，一九六○年代跨國公司活躍的時期，臺灣搭上這班車進入世界經濟潮流，是很重要的關鍵。之後，因為越戰的緣故，美國對臺灣製造業有更大的需求，加上日幣升值，使得臺灣的景氣一片大好。再次，中央銀行大量黃金存藏與龐大的外匯存底，給予國際優良債信，提高外資在臺灣的發展。

(三)高度依賴國際貿易的經濟型態

　　臺灣「經濟奇蹟」是建立在高度依賴國際貿易之上的，因此臺灣經濟發展和世界經濟景氣的關係極爲密切。如果失去輸出的市場，臺灣的經濟就會出現嚴重衰退。而就企業而言，中小企業對輸出的依存度更高。外匯匯率的變動，對中小企業的影響遠比對大企業來得大。

　　臺灣的出口業大多是勞力密集產業，其競爭力的基礎是便宜工資。但自一九八○年代以來，工資不能不上漲，因此一些依賴低工資取得優勢的產業，例如最初帶領經濟成長紡織業和成衣業，很快失去國際競爭力。不過工資雖然上升，勞動生產力卻上升的產業，卻保持了市場競爭力，如電子業、電氣用品業。

　　一九八○年代之後，臺灣的產業可分成兩大類，一是逐漸夕陽化而失去國際競爭力的製造業，另一類是技術提升而走向高科技化的產業。夕陽產業於此時開始大量外移，往東南亞或中國發展。政府在政策上希望促成產業轉型，留下有高附加價值的高科技化產業，因此將電子、資訊業和機械、汽車業作爲重點獎勵的對象。不過機械和汽車產業的發展並不太成功。

　　臺灣所依賴的國際貿易結構，最值得注意的是臺灣和美國、日本間的三角貿易關係。在一九五○年代，臺灣對日本出口農產品，進口原料和消費品，由美國進口援助物資。一九六○年代，對美國輸出工業品急速擴大。一九七○年代之後，從日本進口原料、零件和中間產品的量大爲增加，在臺灣加工後，這些產品銷到以美國爲主的世界市場，而形成臺美日的三角貿易。在這個結構中，臺灣對美國貿易順差，對日貿易逆差，這種情況一直持續。美國一直是臺灣最大的市場，臺灣對美國的經濟依存度極高。一九八○年代後半期，臺美貿易順差跨大，加深臺灣與美國間的貿易摩擦。美國開始採取貿易保護主義，對臺灣等新興工業經濟區域有相當不利的影響。

　　近年來，政府開放赴中國大陸投資，臺灣對中國的出口額激增，而透過非正式管道流入臺灣的中國貨也成爲臺灣市場經常性的貨源。隨著臺灣

產業在中國發展的趨勢，已出現臺灣對中國的經濟依賴傾向。

五 經濟自由化的過程

(一)黨國資本主義的運作

　　臺灣戰後經濟發展和政治發展有非常密切的關係。神格化的領袖帶領黨政軍合一的統治集團構成威權政權，深入支配社會每一個部門，在經濟方面，主要根據三民主義的民生主義，以「發達國家資本、節制私人資本」為基本政策，由國家掌控主要的經濟活動，但不禁止私人企業，而形成公業、私業並行的結構。在實際的運作上，呈現的是國家資本成為統治集團的私產，除了公營企業掌握在其手上外，私人企業唯有透過此集團扶植才得以發展，也就是說政商之間出現「侍從體制」。掌控公部門的黨官僚和投資私人企業的資本家之間，形成了穩固的官商資本集團。這種政商關係的建立，並不是透過正式的制度，主要因為黨政官僚掌控了經濟過程的統制支配，例如政策和法令的制訂，資本家為了自身利益必須和官僚建立良好關係，包括給予一定的利益。

　　國家資本主義最具特色的就是公營企業。照民生主義的內容，原則上公共事業及具獨占性的企業應該公營，但是因認定的標準相當模糊，實際上，公營企業常常變成獨占企業。公營企業的收入納入國庫，經營者是官員，從業員是公務員。臺灣的公營企業占據了臺灣經濟的金融、生產和流通三大部門。金融部門的獨占最為徹底，在民國七十九年（一九九○年）開放民間設立銀行之前，所有的金融機構都是公營。流通部門包括所有的交通運輸、通信，還有掌管對外貿易的中央信託局、掌管農產品流通的物資局、支配糧食的糧食局等。生產部門則業類繁多，但並不限於公共性或獨占性的業別，主要是因為接收日產後轉為公營。從公營企業的實況可看出，戰後臺灣的國家資本主義，其實是在接收日本殖民地的獨占資本後建立，這種情況下的國家資本主義，並不是用來補充資本主義體制，卻是全面躍居經濟過程中支配和領導的地位，而且國民黨統治集團成為最大的資

本家和特權階級。事實上，這不是國家資本主義，而是黨國資本主義。

在黨國資本主義的政策下，民間企業的空間很小，不過有活力又堅韌的臺灣人仍然尋找到國民黨無力操控的部門，朝向輕工業發展。表面上居於弱勢，民間企業的產值卻在民國四十七年（一九五八年）迎頭趕上公營企業，之後一直拉大差距，到了一九七〇年代中期，民間企業和公營企業的產值已成為百分之八十一和百分之十九，此後公營企業的重要性每況愈下，民間企業才是帶動臺灣經濟成長的動力，也是造成「臺灣經濟奇蹟」的重要關鍵。

(二)走向經濟自由化

一九六〇年代中期的世界經濟重組，帶給臺灣經濟成長的機會，也造就臺灣中小企業的持續壯大。深具冒險精神的臺灣商人，一向跑在政府之前，在法令尚未鬆綁之際就先找各種變通辦法。民營企業的重要性越來越大、貿易持續順差，加上美國的壓力，政府不得不走向經濟自由化。

一九八〇年之後，經濟政策以自由化、國際化、制度化為目標。首先，逐年擴大的外貿出超和外匯存底，造成了經濟問題。民國六十八年（一九七九年）廢除新臺幣對美元的固定匯率制度，改採機動匯率。央行在民國七十年至七十五年（一九八一～一九八六年）之間，強力管制外匯，因此造成新臺幣貨幣供給增加，而產生物價上漲壓力。不過在民國七十五年（一九八六年）年以後，央行已經無法阻止貨幣供給額的竄升，必須對美元採取溫和升值的策略。民國七十六年（一九八七年）開始實施新的管理外匯條例，全面開放讓人民可以自由持有並運用外匯。放寬外匯管制後，臺灣外匯存底過多及熱錢流入所導致的經濟問題得到解決。民國七十八年（一九八九年），匯率開始自由化。此外，這段時期還設立了臺灣境外金融中心，使金融國際化。放寬進口管制，取消部分進口品國內業者加簽權，進口管制泰半除去，關稅也調降了。

金融制度改革最關鍵的是民國七十六年（一九八七年）銀行法的修正，內容包括：允許民間設立銀行、取消存款貸款的利率限制、允許銀行新增業務、銀行經營健全化、取締地下投資公司等，民國七十九年

（一九九○年）年開始有民營銀行的設立。又放寬外商銀行在臺設立分行，准許外國保險公司在臺設分公司等等，促進臺灣金融國際化，種種措施顯示政府已經放棄干預性的經濟體制，走向自由化。

　　民國七十七年（一九八八年）年修正證券交易法，加強限制內線交易，徹底實施透明化的交易制度，並放寬證券公司的設立基準、准許外國證券公司來臺經營等。這項法案是在股市熱潮持續下，爲保護投資者和證券公司而設立，同時也回應了美國要求臺灣開放服務業市場。這項修正被視爲整頓資本市場自由化的第一步。

第六節　「臺灣奇蹟」下的環境問題

一　近五十年來的臺灣生態環境變化

　　臺灣在過去五十年來，迅速進入工業化社會，長期性的經濟發展與高度成長使得國民所得水準向上提升，但同時也造成環境汙染和自然生態的破壞。表面上，臺灣是個富裕的國度，人民的生活享受已經趕上甚至超越許多工業先進國；實際上，環境品質的惡化、自然資源的枯竭，已爲臺灣未來的發展投下陰影。

　　我們且由臺灣人賴以生存的自然資源的現況，來說明臺灣過去半世紀的經濟成長造成了什麼樣的生態環境變化。

(一)水資源方面

　　臺灣有一百五十一條河川，但大多短促而湍急，儲水能力相當有限。爲了有效利用水源，政府以興建水庫來儲備及調節水源。除了河川與水庫可供應的地表水外，地下水也是臺灣重要的淡水水源。水資源的分配主要用在三方面：家用（民生）、工業和農業，近年來服務業的用水需求成爲新增的項目。

　　臺灣對淡水的需求逐年增加，缺水問題也逐漸浮現。造成缺水的原因可歸納如下：1.最能涵養水源的森林面積不斷縮小。高山森林可說是臺灣最珍貴的大水庫，失去森林等於失去水源。2.河川中上游的不當開發和砍伐森林，導致洪水、土石流、乾旱問題越來越常見。3.超抽地下水，不僅造成嚴重地層下陷，也把幾萬年來儲存的地下水用之殆盡。4.主要河川均汙染嚴重，水質不堪使用。5.現有水庫淤積和優氧化的問題嚴重，蓄水量大減、水質惡化。6.全球氣候變化導致雨量減少，且有酸雨問題。7.高耗能、重汙染的工業（如石化、塑膠）需要消耗大量淡水。

　　從以上可知，缺水的大部分原因都和經濟發展及工業化有關。南部民生用水的水質惡化已經是居民普遍的惡夢，很多家庭均購買瓶裝水飲用，賣乾淨水是一種好賺的生意，而「水比汽油貴」的惡夢也已成眞。

圖7-3　近年臺灣常見水庫淤積現象

(二)海洋資源方面

　　臺灣是個海島，居民從海洋容易獲得重要生活資源，漁業向來發達。但是從一九五〇年代開始，近海漁業取代了沿岸漁業，一九八〇年代遠洋

漁業又逐漸取代近海漁業。這種趨勢，主要因為臺灣附近的海洋遭過度捕
撈，已經資源耗竭。

　　沿海的養殖業也是臺灣重要的經濟活動。虱目魚、鰻魚、蝦類、貝類
的養殖，其品質和養殖技術都是世界著名的。但是這些產業近年也飽受環
境汙染的困擾。如鰻線（鰻魚苗）的採集數量明顯降低，過度捕捉和海域
汙染可能是原因。茄定鄉養殖的蚵仔受到廢電纜業的重金屬汙染而變綠，
問題至今未能解決。

　　海洋汙染和工業化有很密切的關係。過去法令未完善、政府也無汙
染防治概念，許多工業廢水直接排入海中、廢棄物拋入海中，造成近海漁
業的死亡和養殖業的受創。臺灣沿海珍貴的珊瑚礁生態，也在這段期間受
到嚴重破壞，如墾丁附近的核電廠廢水使水溫升高，造成珊瑚大量死亡；
貢寮鄉漁民捕獲魚體變形的「祕雕魚」，懷疑和核電廠的廢水輻射汙染有
關。

(三)土地資源方面

　　臺灣的土地依據地形可分為高山地區、中海拔地區、淺山丘陵地帶、
平原盆地、沿海地帶。其中，平原盆地是最主要的農業區，淺山丘陵地帶
次之，但是近半世紀中海拔地區已被超限使用為農牧地，森林大為減少。

　　自民國六十四年（一九七五年）以後，臺灣成為工業化社會，農地面
積逐漸減少，優良農地被轉為非農業用地或是漁塭。農地轉用的傾向在近
三十年加速進行，隨著經濟成長，工商業用地和住宅用地的需求不斷擴
張。因為政府大力推動工業化，許多工廠在農村地帶設立，又因汙染防治
沒有做好，水源、土壤、農作物遭受汙染的情況時有所聞，如桃園的鎘米
事件。

　　平地利用飽和後，住宅和農業朝丘陵地發展。人口的入侵形成複雜的
環境汙染問題和生態破壞。工廠和養豬戶的廢水，果園、茶園的農藥和肥
料，都會造成土壤和水源的汙染。外來物種的引進、人口的增加，給原先
的自然生態帶來龐大壓力。高爾夫球場的開發，對生態環境破壞力極大，
但是在一九九〇年代後，高爾夫球場卻如雨後春筍進入各丘陵地帶。

在一九四〇年，臺灣島有百分之六十六爲森林所覆蓋，到了一九七七年，只剩下百分之五十二。除了面積的改變，原始闊葉林幾乎全部砍除，改種針葉林或混合林。這種將天然雜木林改爲人工純林的作法，破壞了原本多樣化的森林生態體系，導致部分原有的動植物就此消失。早期政府的營林政策失當，大量林木被砍伐，殺雞取卵的結果造成嚴重的水土保持問題，如八七水災等嚴重水患。一九七五年之後，政府的營林政策改爲護林重於砍伐，但是民間盜採、濫墾的情況越來越嚴重；高山果園、菜園、茶園的開墾，和近年每逢颱風就出現土石流、山崩地滑，很難說沒有關係。

除了開墾和伐木的破壞，興建道路也造成中高海拔山區自然環境劇烈變化。高山公路或產業道路所經之處，易造成土壤流失和山崩地滑，破壞集水區的環境。道路也使人容易進入山中居住、開墾、遊憩，對生態環境有進一步衝擊。民國八十八年（一九九九年）九二一大地震後，中部橫貫公路部分塌毀，有學者建議應該封山讓大自然休養生息，卻未能實現。日後多次颱風都在這個區域附近造成嚴重災害。

廢棄物處理不當、濫採砂石，是近年破壞土地資源最明顯的現象。因人口增加和工業、服務業的茁壯，廢棄物處理已成爲嚴重的問題。建築工程需要大量砂石，合法採取不足供應後，民間業者非法盜採的情況非常嚴重，經常危及橋梁安全，更糟的是，不法業者還常把工程廢土和各項廢棄物直接填到挖砂石後的大坑中，造成嚴重汙染。

二 公害事件與環保運動

從上列敘述可知，工業化帶來的環境問題，最明顯而嚴重的就是各種汙染。自一九八〇年代開始，臺灣民衆對環境惡化現象越來越敏感，也越感到關切。明顯而立即感受到的就是水汙染、空氣汙染、噪音、垃圾等問題，通稱爲公害汙染。民國七十三年（一九八四年）前後，民衆開始對公害事件採取「自力救濟」，也就是發動民衆抗爭，後來形成有組織的環境保護運動，敦促政府面對環境品質惡化的問題，制訂更積極的環保政策。

臺灣的環境破壞並非始自一九八〇年代，但此時政治社會走向自由

化,媒體終於開始勇敢報導公害事件。政府開始感受到民眾要求環保的壓力,終於在民國七十六年(一九八七年)成立了行政院環保署,並開始制訂各種汙染防治的法令。不過,通常造成汙染的都是有龐大經濟實力、和政府部門關係良好的資本家,在其運作下,汙染防治要落實相當困難。

大部分的環保抗爭都是地區性、小規模的「自力救濟」,多半也得不到真正的問題解決,頂多爭取到一些賠償,但是民國七十五年(一九八六年),美國杜邦公司計畫在鹿港建立二氧化鈦工廠,引起住民的嚴重抗議,反杜邦運動擴散到全國,不少大學生和社會人士加以聲援,開啟環保運動的新時代。在強大的抗爭壓力下,杜邦公司宣布撤出鹿港,這是臺灣人第一次以「非法」抗爭手段得到勝利。

民國七十六年(一九八七年)開始有許多重大的環保抗爭,包括:高雄後勁居民反五輕、宜蘭縣民反對設置六輕、新竹水源里居民圍堵李長榮化工等。在這些運動中,關心環境問題的人士成立了公害防治協會、環境保護聯盟等組織,除了抗爭,更透過演講、座談、發行雜誌等方式來進行環保教育,提升一般人民的環保意識。

三 核電爭議

環保運動是社會運動的一環,多少受到政治勢力的影響。但是環保運動絕大多數都是肇因於明顯可見的汙染問題,抗爭者多是有切身受害經驗的居民,受政黨左右的情況較不明顯。臺灣環保運動的發展呈現兩極化,一是在地受害者的抗議行動,多以求償為目標,以至於後來政府將部分帶領抗爭者稱之為「環保流氓」;另一種是學者和關心人士所推動的環保運動,著眼於整體社會的公義,希望透過政策設計與遊說,促成合乎環保原則的施政。後者不僅關心汙染後受苦的人,也致力於事先防範的工作,如反杜邦就是一例,另外一個他們所關心的問題就是核能安全,廢除核電廠的主張在環保運動開始之際就出現了。

電力是工業化很重要的基礎。臺灣的發電能源除了很小一部分水力發電之外,大部分電力都依賴火力發電,能源來源高度依賴外國,且電力生

產過程無法避免汙染，一九七○年代的石油危機更讓臺灣急著尋找更安全穩定的電力，核能電廠計畫應運而生。臺電宣傳核能發電是乾淨、節省的方式，並保證有高度安全性，但是一九八○年代蘇俄的車諾堡事件、美國的三浬島事件，都讓人對核能發電的安全產生嚴重疑慮。一九八○年代後期，臺電核三廠兩度發生大火，以及排出高溫廢水造成南灣珊瑚礁大量死亡，引起大眾對核電廠的質疑。核一、核二廠也相繼發生跳電事件，臺電的管理能力受到極大考驗，核電廠周圍的居民更生活在恐懼當中。

除了核電廠本身的安全性遭到質疑外，所產生的核廢料如何處理也是嚴重問題。原子能委員會將核廢貯置廠設在蘭嶼島，理由是遠離人口密集區、不汙染地下水及環境、運輸便利，有利於最終處置作業。但是這項計畫從來沒有問過蘭嶼人的意見。民國七十六年（一九八七年）蘭嶼人提出反核宣言開始抗議，近年原委會總算計畫另設核廢終置場；不過由於被看中的地方還是都免不了民眾抗爭，直到現在核廢還未移出蘭嶼。

在設了三座核電廠之後，政府計畫在臺北縣貢寮鄉繼續興建第四座核電廠，並與美國奇異公司簽約完成。在環保意識抬頭的年代，核四成為環保人士火力集中的攻擊目標。反核人士認為政府應該詳細考慮核能安全、核電管理能力及核廢處理問題，不但不應該建核四，還應該逐漸淘汰所有的核電廠。

核四議題後來成為國民黨和民進黨角力的重點之一，民進黨支持環保人士不建核四的主張，國民黨則站在經濟發展至上的立場推動興建核四。反核人士最後主張以公投的方式來解決核四爭議，但是國民黨政府極力反對。民國八十三年（一九九四年），國民黨主導的立法院強行通過核四預算案，臺北縣政府舉辦了核四議題的公投，但是投票人數僅一成多，也無法阻止核四興建。民國八十九年（二○○○年）民進黨執政後，以凍結核四預算的方式暫時停建核四。反核人士繼續努力，由林義雄帶領的「核四公投苦行」自核四預算案通過起進行了十年以上，仍未放棄，希望透過公民投票真正終結臺灣的核電時代。

四 兼顧環保與經濟的平衡發展

　　人類一起生活在僅有一個的地球村上，任何地區的生態破壞都會影響到全球的未來，因此，兼顧環保與經濟的平衡發展，已是當前世界趨勢。聯合國在一九八二年之後積極透過行動來面對環境與發展的困境，確認目前大部分國家的經濟發展趨勢，已造成越來越多人的貧困和傷害，更使得環境惡化，歸根究柢是因為不顧一切追求經濟成長所造成，因此各國必須切實檢討反省發展的策略與方向。最新的發展觀念，就是應當追求「可持續的發展」。

　　「可持續的發展」成為一九九二年地球高峰會的中心主題，其宗旨如下：1.發展要滿足當代的需求，同時不損及後代的福祉。2.要善用自然資源，維持生態體系再生的能力。3.在追求經濟發展的同時，必須時時刻刻檢視發展策略及行動是否符合環保原則。此項原則，很快成為臺灣耳熟能詳的口號，但是離真正落實還有一段漫長的路要走。

　　臺灣經濟快速成長，人民在物質上享受到經濟成長的好處，不過在資源使用方面，我們對進口資源的依賴大幅上升，臺灣本身所能供給的資源則過度使用。此外，工業化對環境造成重大負荷，除了現已出現的各種公害現象，尚有許多環境問題潛伏，實為臺灣生命共同體的重大隱憂。不過由於民眾和政府對環境問題的重視程度已經大為提高，許多政策和法令開始考慮到環保原則，只是經濟發展和環保之間的拉鋸戰仍然不斷產生，尚未有整體的「可持續發展」國家發展政策。例如垃圾分類、資源回收，推行多年仍然成效不彰；禁用保麗龍、塑膠袋的政策，持續不到一年就無法堅持。

　　有關於生態保育和環保的相關法令制度，近年已經漸上軌道。管制各種汙染的汙染防治法律、有毒廢棄物的管理法等環保法律通過立法，從中央到地方各級政府主管環保的專責機關陸續設立，開始對環境的監督發揮效用。國家公園的設立、野生動物保護法的立法，為生態保育的良好起步。不過在環境保護和生態保育逐漸邁向制度化的同時，隱藏著許多實際運作上的問題，包括程序參與失調、機關協調不良、欠缺對環境議題的整

體因應等。

　　近來政府雖強調要發展高科技、低汙染的高產值產業，但是在經濟決策的整體考量上，仍難擺脫追求高度成長的迷思。陳水扁前總統提出「綠色矽島」的理想，期望兼顧環保與電腦出口產業優勢，是否能具體實現尚待觀察，起碼「可持續發展」和生態體系的維護，已是國家領導者不得不留心的議題。

研究與討論 ■

1.中華民國統治臺灣之初，為什麼會發生「二二八事件」？該事件對往後臺灣社會的發展產生什麼樣的影響？
2.什麼是「白色恐怖」？臺灣為什麼會有一段歷史被稱之為「白色恐怖時期」？
3.為什麼「中國民主黨」組黨運動失敗，而「民主進步黨」得以成功？兩個組織反對黨的運動有何不同的時代背景？成功的條件是什麼？
4.推動臺灣走向民主化的力量何在？和其他國家相比較的話，臺灣的民主化過程有何特色？
5.美國對戰後臺灣的發展有何影響？目前美國對臺灣的影響力何在？我們如何面對美國、中國和臺灣的三角關係？
6.你認為中國與臺灣的的關係應該是怎樣的關係？
7.戰後臺灣的經濟發展經歷過哪些階段？
8.臺灣的「經濟奇蹟」是如何出現的？
9.臺灣的自然環境為什麼近年受到嚴重破壞？
10.如何兼顧經濟發展與環保？請具體提出一些例子。

參考書目 ■

文馨瑩，《經濟奇蹟的背後——臺灣美援經驗的政經分析》，臺北，自立晚報社，1990年。
李筱峰，《臺灣民主運動四十年》，臺北，自立晚報社，1987年。
李禎祥主編，《人權之路——臺灣民主人權回顧》，臺北，玉山社，2001年。

陳明通，《派系政治與臺灣政治變遷》，臺北，月旦出版社，1995年。

彭明敏、黃昭堂著，蔡秋雄譯，《臺灣在國際法上的地位》，臺北，玉山社，
　　　1995年。

薛化元，《自由中國與民主憲政》，臺北，稻鄉出版社，1996年。

蔡政文、林嘉誠，《臺海兩岸政治關係》，臺北，業強出版社，1994年。

蕭新煌等合著，《臺灣二〇〇〇年》，臺北，天下文化，1993年。

劉進慶著，王宏仁等譯，《臺灣戰後經濟分析》，臺北，人間出版社，1992
　　　年。

戴天昭著，李明峻譯，《臺灣國際政治史》，臺北，前衛出版社，1996年。

第八章 戰後臺灣社會及文化發展

第一節 導言

臺灣社會近六十年的發展是快速而劇烈的，由農業社會邁入工業社會，傳統逐漸流失，社會與文化的各層面都經歷了「現代化」的衝擊，並在「全球化」趨勢中與世界經濟、文化體系緊密結合。

一九八〇年代之前臺灣社會變遷的特色，是威權政府對民間社會的強力控制，社會文化各部門都在政府掌控之下。之後政治方面走向民主化，乃是由於經濟成長促成臺灣社會出現新興中產階級，社會力茁壯而推動了政治改革。政治改革也帶來社會的進一步開放、改革。

臺灣社會變遷的方向是：富裕化、多元化。這並非臺灣獨有的成就，一九六〇年代全球的經濟規模擴張，臺灣及亞洲其他幾個國家在全球的經濟體系分工中，得到高度發展的機會。臺灣的發展較特殊之處是：未出現嚴重的貧富差距和階級矛盾。

在這六十年當中，臺灣人口成長相當可觀，伴隨工業化趨勢，人口集中於都市，大都會興起，個人原有的社會關係和支援系統（親屬、鄰里）起了變化，家庭結構也有所改變。由於就業機會眾多，女性就業率相當高，也改變了傳統社會的倫理觀，走向兩性平權的社會。

戰後的臺灣教育普及率相當高，國民小學就學率幾達百分之一百，臺灣已成為無文盲的社會，學校數、學生數、教育經費都足可傲人。教育在「量」上看來很有成就，但若談到「質」方面就很難如此肯定。教育長期處於黨國體制的控制之下，作為政治意識型態的工具，教育內容僵化且飽受種種限制，整齊劃一的制服和髮式、統一的教材、大同小異的校園建築，學生在「黨化教育」和軍訓化管理之下，被教育成馴良的國民，個性被壓抑，人格遭扭曲。升學主義則是臺灣教育之癌，千萬學子擠大學窄門，為了在競爭中求勝，補習教育因應而起，學子成為考試機器。一九九

○年代中期以後，教育改革啓動，臺灣教育在短短幾年內有了許多的改變，包括廢除大學聯考、廣設大學、大學自治，但引起不少爭議與反彈。

戰後臺灣文化與藝術的發展，和政治、社會發展的方向是類似的。由政府主導走向民間自主，由一元走向多元，由中華文化中心主義走向本土化與全球化。在威權統治時期，文化與藝術只能爲政治服務，必須配合反共國策和發揚中華文化的目標，政府透過種種控制手段，來掌握文化與藝術的創作走向。邁向民主化之後，文化政策有很大的調整，以協助民間、開發民間力量的方式，鼓勵多元的文化藝術發展，「發揚中華文化」的目標也改爲「發揚本土文化」。在藝文的實際發展上，本章以文學和電影兩個領域爲例，說明戰後臺灣文化藝術的發展與成就。

第二節　迅速轉型的社會變遷

戰後臺灣社會由農業社會迅速轉型爲工業社會，經歷急遽的社會變遷。這個歷程也被稱之爲「現代化」。臺灣戰後的社會變遷，主要是在威權政府對民間社會的強力控制下進行，直到一九八○年代之前，反共的意識型態和國民黨政府所形塑的國族認同，支配著社會與文化的發展，限制人民思想與行動的自主權，國家的力量滲透民間所有的部門。一九七○年代中期以後，經濟高度成長和都市化帶動了新興中產階級的誕生，社會力逐漸茁壯，在政治上推動了民主改革，在社會上促成了自由化。一九八○年代中期，隨著解嚴、反對黨成立等政治鬆綁，言論自由大幅突破，各種社會運動方興未艾，臺灣社會大轉型，強勢國家和弱勢社會的情況有了改變，國家對社會的支配已經弱化，社會力蓬勃發展，但自主的民間社會尚未完全成形。一九九○年代之後，隨著媒體開放、政治民主化，臺灣進入多元化的社會，民間力量蓬勃發展，但是社會問題和社會矛盾也逐漸表面化，如貧富差距拉大、就業市場供需失調、社會資源分配不均、族群意識發展和衝突等等。進入二十一世紀之後，臺灣社會仍持續走向多元化，由於電腦網路使用十分普遍，故被稱之爲「e化時代」。電腦網路讓傳統的人

際關係有了不少改變，也將臺灣推向全球化。

一人口成長與都市化

　　日本政府將臺灣移交給中華民國時，扣除即將遣送的日本人，臺灣的人口約為六百萬，其中原住民人口為十六萬。隨著中國內戰加劇及中央政府遷臺，來自中國近二百萬的新移民湧入臺灣，絕大多數是漢人，也有少數的蒙古族、回族、滿族及中國其他少數民族，臺灣社會習慣上稱這些新移民為「外省人」。伴隨經濟成長與社會安定，臺灣人口數迅速膨脹，民國四十七年（一九五八年）突破一千萬，民國七十八年（一九八九年）跨過兩千萬，民國九十四年（二〇〇五年）的人口數約為二千三百萬，原住民人口數約三十五萬。近年因應公共建設及工業、服務業等需求而引進外籍勞工，另又興起娶外籍新娘的風氣，因此外國籍人口增加不少，外勞人口數已超過原住民人口數，成為臺灣人口結構中不可忽視的一部分。

　　戰後臺灣在六十年間人口成長近四倍，人口密度極高，而工業化的導向也使人口向都市集中，因而產生了臺北、臺中及高雄等大都會區，如臺北市人口密度就高達每平方公里千人以上，而大臺北地區（臺北市、臺北縣、基隆市）的人口數就超過了一千萬，等於全臺人口近一半都集中於此。人口集中於北臺灣都會，以及政治、經濟、文化等資源過度集中於臺北，造成臺灣南北的差異拉大，形成不同的生活文化和意識型態。

　　面對臺灣人口高密度所產生的壓力，起初政府礙於「人口等於國力」的觀念，為反攻大陸做準備而鼓勵增產報國，不願限制人口成長，但終究面對資源有限的事實，民國五十七年（一九六八年）通過「人口政策綱領」，推動以節育為主要內涵的人口政策，而有「兩個孩子恰恰好，一個孩子不算少」、「生男生女一樣好」等口號。不過一九九〇年代開始出現少子化現象，出生率不斷下降，雖達到節制人口成長的目的，卻引發高齡化社會的憂慮，因此近年政府採取獎勵生育的政策，但由於生活水準提升後孩子養育費用高漲，許多家庭往往考慮經濟能力後不願多生孩子。臺灣已無可避免邁向高齡化社會，如何透過社會保險制度來減輕年輕人的負

擔,是現階段人口政策的重要課題。

一九六〇年代由於持續不斷的高度成長,使臺灣社會由原來的農業社會一躍而成為工業社會。工業化促使社會各階層結構改變,並使社會結構走向多元化。最明顯的改變就是都市化的進程。大量工業部門的就業機會,吸引了農業人口流往工業部門。雖然以中小企業為中心的工業化,起初多設在農村、小城鎮,但是仍有相當多的工業設在大都市及其周邊,加上加工出口區的設置,吸引相當多的人口向都市移動。到一九七〇年代為止,臺北、臺中和高雄三個大都市是農村遷出者的目標,但隨著這幾個都會區逐漸飽和,人口搬遷的目標轉變為大都市鄰近的市鎮,這些「縣轄市」級的中型城市,成為製造業人口主要集中地,也容納了在大都市就業的通勤族,形成衛星城市,並和大都市合為大都會區。

教育普及是另外一個工業化指標。臺灣在民國四十一年(一九五二年)尚有百分之四十二的文盲人口,到民國七十七年(一九八八年)只剩百分之七‧四,近年已降到百分之三以下。接受中高等教育的人口,更是突飛猛進。推動教育改革之後,開放廣設大專院校、鼓勵成人教育,臺灣接受高等教育的人數更是快速增加。

二 富裕化、多元化與新社會階層的興起

最能表現臺灣戰後現代化發展的指標是富裕化與多元化。臺灣社會的確明顯走向富裕化,步調和速度與大多數發展中國家比較起來,不但來得快而且更為紮實。國民所得平均(GNP)在民國五十年(一九六一年)是一百美元,民國六十年(一九七一年)是四百美元,民國七十年(一九八一年)是二千一百美元,民國九十三年達一萬三千九百九十五美元。

所得提高後,消費能力也跟進。過去基本花費如日用品和食品等,漸漸從每一個家庭中花費的比例降低,相對的其他消費也因此增加,如醫療、社交和娛樂等項目。從這個指標來看,臺灣社會的消費內容複雜化了,並漸漸脫離滿足基本需求的水準。而和一般發展中國家不同的是,國民所得增加後,儲蓄率也增加了。在臺灣,富裕的成果不只是國家整體的

富足，更表現在個人、家庭及廣大社會民眾的生活上。

　　快速發展的社會通常會拉大貧富差距，造成社會分配問題的惡化，但是臺灣並未如此。臺灣在高度經濟成長下保持所得平均分配的原因，首先是因為「土地改革」的成功，使臺灣原先的社會結構產生相當大的變化，地主階層消失了，農地所有權平均化，農村社會建立在自耕農小地主的制度下，所得差距變小，農村成為社會穩定的來源之一。

　　農民、勞工、「企業中產階級」是不同年代中發揮創造臺灣經濟奇蹟的三類人。一九五〇年代，農民將所耕作的農產品大量外銷、賺取外匯，「以農業培養工業」；一九六〇年代的勞工在工時多、薪水低、無勞健保的條件下，拚命勞動，創造外銷工業奇蹟；一九七〇年代新興的「企業中產階級」跑遍全球推廣外銷市場，才能締造臺灣引以為傲的貿易王國。

　　一九六〇年代臺灣大幅產生勞工階層。第一代勞工由農村出身，土地改革後由於農村現代化、農耕機械化而不需要太多農業從業人口，於是轉而走向都市與工業區。這群勞工在一九七〇年代遇上能源危機、經濟不景氣時回流農村，此時農村扮演了「社會救濟」的角色，使得能源危機並未嚴重影響到臺灣社會。第二代勞工則逐漸和農村切斷關係，居住於都市且認同於都市，在大多數勞工沒有農村故鄉可以容納退回的情況下，近年來經濟不景氣、失業率增加等狀況出現，農村已無法提供緩解之道，因此產生社會不穩定的現象。

　　中產階級在一九七〇年代中期崛起，是往後社會穩定的來源之一，也成為目前臺灣最多人自認所屬的階級，介於最富者與最貧者的中間，其成員包括知識分子、工商企業經營者以及中層以上經理階級人士。

　　勞工和中產階級的出現，使臺灣社會的結構朝向多元化，造成許多觀念及價值觀上的多樣化。傳統的思想、教育方式、家庭和夫妻關係的維持等，都走向多元，不能再以單一的答案來衡量所有的事物。觀念不同者之間必有衝突，對異己的容忍度增加，正是社會成長的指標。

三 家庭結構的變化與社會價值體系的變遷

　　都市將農村的年輕人吸走，不僅產生經濟生活的大變化，也改變了家庭結構和人際關係網絡。原本在農村常見的是三、四代同堂的家庭，附近住的都是親戚，社區內人人關係緊密、互動頻繁。但是工業化之後，在都市地區，常見的是父母和小孩組成的核心家庭；在鄉村，也因為青壯人口外移而改變原先的家庭型態。

　　傳統社會原本由家庭來負擔幼兒托育及老人安養，但雙薪家庭日漸普遍後，家庭不能完全應付這樣的任務，而都市裡人際關係疏離，欠缺以往的社區支援體系，使得核心家庭難以得到足夠的協助資源，必須仰賴商業化的托育及安養服務，對政府的社會福利政策也造成相當的壓力。特別是臺灣已經逐漸邁向高齡化社會，老年人安養問題越來越顯得重要。

　　轉型後的家庭也有內在的緊張性，原先的家庭制度不得不轉變。由於教育水準提高、男女雙方都能就業，共組家庭後，不太會依照傳統「男主外、女主內」的分工，更不可能繼續遵從「男尊女卑」的形式。但是法律趕不上時代，夫妻共產的制度使得許多女性為夫背債，在經濟快速成長的年代，因做生意跳票而坐牢者，一大半都是當丈夫人頭的賢妻。經過女權運動者的爭取，婚姻中男女經濟平權已獲得法律保障，夫妻財產得以分開申報。

　　另一方面，由於傳統家庭倫理式微，個人自主意識高張，臺灣人的婚姻越來越難以維持，離婚率節節升高。單親家庭的增加所衍生的社會問題，已是臺灣社會不得不面對的部分。

　　近二十年來，農村及低收入男性擇偶困難，轉而向經濟落後國家尋找新娘，於是來自印尼、越南、柬埔寨、中國大陸等的女性，透過仲介而嫁入臺灣家庭。外籍配偶的出現，更進一步衝擊臺灣的家庭型態。這些外籍配偶必須克服語言、文化適應問題，花時間融入臺灣社會，懷抱著日久他鄉變故鄉的希望，成為臺灣的新住民，並肩負起傳宗接代的任務。由於這類婚姻往往男方在經濟上較強勢，嫁到異邦的女性相對弱勢，且無娘家可靠，權力關係極為不平等，常傳出外籍配偶遭虐待的事情，但另一方面也

有女方騙婚、騙財的情況出現。這類婚姻基礎類似買賣關係，雙方了解不深、互信不夠，經常產生問題，但在民國八十九年（二〇〇〇年）之後選擇外籍配偶的人口仍不斷增加。這種立足點不平等的婚姻，使臺灣家庭結構再度出現變化。

社會價值體系在近六十年也有極大的改變。造成社會價值體系變遷的背景，首先是政權交替後，由中國大陸帶來的價值觀和本地原先的價值觀有不少衝突，臺灣在日本統治時期養成的守法、守時、認真、負責、講究衛生、注重公德、熱心公益、理性自制等美德逐漸消失。其次，經濟的高度發展帶來社會轉型，傳統的價值觀趕不上急遽變遷的生活實況，必須趕緊建立新的價值觀。又，國民教育的普及，也使倫理教育由家庭主導轉變為國家、學校介入甚深，此外，媒體的影響力也日漸增加，社會價值體系的形成有了更多的影響來源，呈現多元化的局面。

社會價值體系的變遷趨勢，簡單來說，是由農業社會的家族倫理中心，轉變為工業社會的個人主義。過去講信義、重禮教，以三綱五常維繫的社會倫理，講究的是人與人之間互相負責任、彼此盡義務。但在資本主義日益深化的社會，傳統倫理式微，代之而起的是講求個人的權利、個性的發展。舉例來說，農業社會的經濟發展觀點是盡可能儲蓄，勤儉、克己是最大的美德，也是興家興業的基礎；但是工業化之後的資本主義社會，人與人之間比的是消費能力，誇富的行為成為社會大眾所羨慕且肯定的成就。

近年社會價值體系的轉變也引起有識者的擔憂，如過度物質化的社會價值觀、未和經濟成長呈等比的生活品味，使臺灣不但未能成為「富而好禮」的社會，在國際間更常被譏笑為欠缺教養的暴發戶，於是李登輝總統主政期間，曾經提出「心靈改革」，推動社會價值觀的重整。「心靈改革」的成效可能相當有限，但是有此政策，正表現出社會價值觀問題在主政者眼中是有一定程度的嚴重性。

四 社會力的興起與發展

　　長期戒嚴下的臺灣社會，直到一九七〇年代中期有新興中產階級出現，社會力逐漸茁壯，透過政治與社會運動來鬆動威權黨國體制對臺灣社會的箝制，終於促成解嚴；解嚴之後民間的力量更為蓬勃，帶動了另一波的社會運動。

　　民間自發的社會運動在民國六十九年（一九八〇年）左右開始積極展開，至解嚴前的「前民主化」時期，至少有幾項社會運動已經出現，包括：消費者、學生、反公害、婦女、生態保育和原住民。這些社會運動的政治性不高，只是要求政府多注意一些新興的社會議題，期待改良。但是一九八七年解嚴前後，又有另外幾種社會運動興起：勞工運動、農民運動、老兵自救運動、平反二二八、海外黑名單臺灣人返鄉、外省人返鄉等議題，這些運動的政治性比較強，政治的衝擊力也比較強。解嚴之後，抗爭的訴求更為多元化，例如客家母語運動、原住民「還我土地」運動、反高房價的「無殼蝸牛運動」、民間司法改革運動、新聞自由運動、反核運動、「四一〇教改運動」等。這些運動透過街頭遊行、媒體宣傳、設立長期組織、進行政策遊說等方式，逐漸改善臺灣社會種種不合理現象。例如環保運動的出現，促成政府設立環保署，重視公害問題；消費者保護運動促成政府通過「消費者保護法」；勞工運動促成政府通過「勞動基準法」、落實勞保制度、設立行政院勞委會。

　　除了抗爭型的社會運動之外，民間社會的力量也表現在其他的非政府組織當中，像殘障、福利、慈善、教育、文化等團體，例如爭取身心障礙者福利的組織、團結智障者家長的團體等。這些團體在解嚴前多半在政府管控之下，以救濟之類的方式來補助政府社會福利之不足，但是在解嚴之後，許多民間團體也開始改變，紛紛提出比較關鍵性的社會改良問題，促使政府在政策上、行政上注意弱勢者的權益。由此可以看出，民間社會力帶動了政治自由化，而自由化與民主化的政治環境，讓更多的社會議題浮現，牽動更多元的社會運動出現。社會運動在「前民主時代」和「民主化的過程」當中，都扮演了建構新社會的角色，讓不良的社會政治問題可以

因此有所改善。

在臺灣邁向全球化的過程當中，社會運動也受到世界潮流的影響，不只單純反應臺灣本身社會的問題。一九九〇年代之後，臺灣的社會運動與全球性運動呼應或結盟的情況已經相當普遍，如性別平權、反歧視運動（如同性戀平權）、社區營造、都市住民參與權、環境生態運動、人權運動、和平運動、原住民運動等，這些「新社會運動」的特色是，提出新論述、新價值、新認同，意圖改變既有的社會經濟結構、秩序和價值，一方面透過各種方式教育民眾，一方面努力影響政府決策。這些運動的主題從

圖8-1　「平反二二八」是解嚴前後重要的社會運動之一，圖為一九八九年民間人士促成建立的第一座二二八紀念碑，位於嘉義市。

被視為異端、邊陲的論述，逐漸被主流社會接納，更超越國界，彼此結盟，逐漸形成「全球公民社會」。臺灣社會不再只是關心本身的問題，也在這波潮流之中，走向關切全球和國際共同課題之路。

五　媒體的控制與開放

威權時代的國民政府對於傳播媒體一貫採取高壓政策，嚴格控制媒體的運作與傳播的內容，其中對新聞媒體的控制格外嚴苛。「報禁」一直維持到解嚴之後，限制報紙發行張數、價格、印刷廠的設立，新聞報導的內容也常遭政府干涉。戒嚴時期的報社經營者及第一線採訪者，為了避免麻煩，常常自我設限，不去「踩地雷」。兩大民間報社的報老闆，則被延攬為國民黨中央常務委員，等於封住了報社批評時政的可能性。在這種時代，媒體根本不可能發揮監督政府的功能，往往淪為政府的傳聲筒，甚至

枉顧眞相扭曲報導。

　　民國七十七年（一九八八年）終於解除「報禁」，媒體進入自由化的時代，新聞界有了非常巨大的改變，出現好幾種新報紙，報導內容的正確度也有很大的改善。解除「報禁」是在整個政治社會面臨轉變的風潮中達成的，解禁後的媒體對社會的影響力也跟著增加，在民主化的過程中扮演頗爲重要的角色。當兩黨政治的雛形出現之時，新聞界也已形成不同立場的報紙，爲自己的政治偏向努力製造有利輿論的局面。報紙在解禁後的另一個走向是商業取向，爲討好讀者而做大量聳動性報導、新聞「八卦化」、提供有關股票和賭博的資訊等，越來越百無禁忌，對社會風氣有不良影響。

　　除了報紙之外，廣播及電視的發展也有類似的歷程。廣播電臺和無線電視臺原本都掌握在政府手中，或由政府、或由軍方、或由國民黨來經營。一九九〇年代開始出現地下電臺，以小功率發射電臺「盜用」電波。地下電臺的設立目的最初是爲了凸顯國民黨壟斷廣播媒體的不公平現象，後來也有商業化的情形。在取締地下電臺之外，政府開放民間成立合法電臺，改變了以往黨國壟斷的廣播界。

　　臺灣的電視臺開播以後，迅速成爲影響力最大的媒體，但也是受到最多控制的媒體。電視臺的設立需要龐大的資金與人才，因此突破壟斷不像廣播電臺那麼容易。有人選擇裝設衛星天線來收看日本電視臺節目，但衛星天線相當昂貴，後來逐漸形成有線電視的方式。有線電視最初被稱爲「第四臺」，和地下電臺一樣是非法的，但卻迅速成長。政府在民國八十三年（一九九四年）正式開放有線電視合法化，有線電視的普及率迅速提升，有線電視臺如雨後春筍紛紛出現。電視媒體在短時間內過度成長，也帶來一些負面影響，有線電視新聞臺二十四小時提供新聞畫面、談話節目日日夜夜談論新聞話題，成爲人們焦慮感的來源，而品質低落、高錯誤率、誇大扭曲的新聞報導，對全民「知的權利」已造成損傷。

第三節　教育發展

　　戰後臺灣的教育是政府相當重視的部分，從日本政府接收臺灣的教育系統之後，首先將臺灣的教育制度改爲和中國一致，設「國民學校」實施六年義務教育，將日本式五年制中學改制爲三年初等中學、三年高等中學，另有專科學校及大學的設置。教育的普及率及教育機會的平等，都比以往提高甚多。但是此時的教育體制，從最基礎的義務教育到高等教育，皆由國家權力牢牢掌控。教育系統在威權時代完全配合黨國體制的運作，實施「黨化教育」是教育活動的總方針。

一黨國體制下的教育環境

　　戰後初期臺灣的教育制度由日本式過渡到中國式；教育內容由「祖國化」代替「皇民化」，教育仍然扮演威權國家形塑國民意識的工具；教育工作上所使用的語言由日語改爲北京語，各族群的母語未能成爲正式教育所使用的語言，而遭到邊緣化並衰微的命運。另一方面，日治時期所形成的「體罰」和「升學主義」卻留了下來，長期支配著臺灣的教育文化。

　　中華民國政府撤退臺灣之後，進入「動員戡亂」的非常時期，臺灣的教育系統自然也被納入威權的黨國體制當中，教育內容必須加強愛國反共意識及軍事訓練，教育組織也被納入國民黨的控制下，可以直接稱之爲「黨化教育」。

　　「黨化教育」在組織上，各級學校都設有國民黨黨部，公立學校的教師大部分都加入國民黨，校長通常是該校黨部的負責人。校園黨部除了做教職員的組織工作之外，又與「人事室二科」（人二室）、中小學的「安全維護祕書」等配合進行偵查師生言行及思想活動，他們所寫的報告往往可以影響學生或老師的前途，在升學、晉升、獎懲上成爲參考資料。校園內的國民黨黨部可以使用公費進行黨務工作，公然透過教學系統從高中生當中招募黨員，黨員身分成爲一種特別的階級，升學、留學、教師升遷

等，具有國民黨籍者明顯占有優勢。另又設有「中國青年反共救國團」的組織，將高中、高職以上的學生全部納入，各校的軍訓教官爲負責人，以控制學生的「課外活動」。「救國團」的組織，相當類似於德國納粹時期的「希特勒青年軍」，或是共產黨的「共青團」，以鞏固青年對獨裁者的向心力爲目標，透過宣傳手段與舉辦活動，不斷灌輸合乎統治者需求的意識型態，盡可能防止青年接觸不一樣的思想。

「黨化教育」在內容上，包括國中的「公民與道德」、高中的「三民主義」、大學的「國父思想」等必修課程之外，國文課本中也一定會納入孫中山、蔣中正、蔣經國的文章，歷史科也強調中國正統主義及中華民國史的教育。從升學考試到出國留學、公務人員考試等，三民主義或國父思想都是應考科目之一，只有少數例外。不少大學及中央研究院都設有「三民主義研究所」、「中山學術研究所」（現在許多已經改名）。

到底「黨化教育」或「三民主義」課程的內容主要上些什麼？列舉幾例說明：1.培養對「共匪」的仇恨，從國小到大學的課本中不斷強調共產黨「善於鬥爭、陰謀狠毒、屠殺人民」，並強調必須要「消滅共匪」。2.塑造領袖崇拜：「國父」和「蔣公」的文章一定出現在國文課本的第一、二課，提到蔣中正時稱之爲「民族的救星」、「自由的燈塔」。3.強調中國正統觀念：三民主義的由來乃是國父繼承堯、舜、禹、湯、文、武、周公、孔子的道統，而蔣中正又是國父傳人，國民黨乃是復興中華文化和孔孟學說的唯一代表。

配合「反攻大陸」的備戰氣氛，中等學校以上實施軍事教育，高中和大學都設有軍訓教官，國中則設童軍團，使得教育充滿軍國主義色彩。軍訓課程並不全然是軍事訓練，有很大的一部分是配合「黨化教育」的精神教育，鼓舞愛國情操，藉由軍訓來訓練學生絕對服從權威，並訓練學生「保密防諜」。「防諜」不只是防匪諜，而是所有對政府有所批評、對現實感到不滿的人，都可能被視爲破壞社會安全的「諜」。如此的教育養成部分學生不信任人、部分學生習慣偵查其他人，讓成長中的青少年人格遭到扭曲。此外，軍訓教官也負有「維持校園安定」的責任，對學生操行獎懲握有很大的權力。

　　在「黨化教育」之下，表面上校園顯得很安定，但是嚴重限制了學子的創造力與活潑的朝氣，教學自由與學術自由也遭到扼殺。爲了防範有人告密，學生、教師之間無法敞開心胸、暢所欲言，課堂教學也必須非常謹慎，人與人之間無法互相信任。學生在此一元化的高壓教育下，也很難學習獨立思考的能力。

二 國民教育的發展

　　實施國民教育是使國家現代化的重要基礎，教育機會平等則是民主社會的表徵。儘管戰後的臺灣教育有濃厚的「黨化教育」成分，但在教育普及方面成效相當好。在「中華民國憲法」當中，明定教育、科學、文化的經費不得少於中央總預算的百分之十五，地方政府的教科文經費更高達總預算的百分之三十五。

　　義務教育原本是六年的小學教育。國民小學的就學率，在民國三十九年（一九五〇年）就已經高達近百分之八十，民國六十四年（一九七五年）超過百分之九十九，目前國小就學率幾乎是百分之一百。就學率之所以如此高，除了父母重視教育之外，另外是因爲設有「學齡兒童強迫入學辦法」，以國家的力量強制孩童入學。

　　掃除文盲是普及教育的用意之一，因此除了國小的義務教育之外，政府也大力推展失學者的補習教育，讓大部分的國民能夠識字以及說國語。戰後初期，幾乎全部的國民學校都附設成人班及婦女班，後來文盲大大減少，這類補習班才逐漸消失。

　　由於就學率已將近全民教育的程度，加上爲了緩和國小學生的升學壓力、提高國民素質，民國五十七年（一九六八年）國民教育延長到九年，也就是小學六年加上國民中學三年。目前政府已準備將國民教育延長到十二年，進一步提高國民的知識水平。

　　國民教育的師資，主要來自公立的師範學校（民國五十二年改制爲師範專科學校、民國七十六年改制爲師範學院）。師範生享受公費，且有生活津貼，多數考進師範學校的是成績優良但家境清寒者，畢業後服務意願很

高，一輩子守住教育崗位默默付出的衆多老師，是國民教育的功臣，在當時實是穩定社會的重要力量。但隨著社會的急遽變遷，一九八〇年代的調查發現，師範體系出身的老師離職者近半數，顯示師範教育的影響力正在改變。培養中等學校的師資方面，則設有師範大學、教育學院等，學生亦領有公費。

國民教育掌控於國家之手，教師是公立的師範專科學校所栽培出來的，教材是由國立編譯館編輯出版、教育部審訂的一元化課本。國民教育延長的同時，政府也更加強對於教材內容的掌控，以及壓抑私人興學。私立的小學和初中在此後三十年幾乎沒有新設的空間。

三 中等教育與高等教育

戰後的中等教育，由日本式的五年制中學改爲初級中學三年、高級中學三年。除了一般的中學之外，還有職業學校。實施九年國民教育之後，初級職業學校就廢除了，只剩下高級職業學校的體制。在職業教育方面，除了高職之外，又設有國中畢業後投考的五年制專科學校。

高等教育方面，主要是大學、學院和專科學校。戰後國民政府接收了臺北帝國大學、臺北經濟專門學校、臺中農林專門學校、臺南工業專門學校、臺北高等學校及私立女子專門學校，予以合併改制後成爲：臺灣大學、省立農學院（現爲中興大學）、省立工學院（現爲成功大學）等；又設立臺北省立師範學院（現爲臺灣師範大學），這四所大學是臺灣最早的四所公立大學。中央政府遷臺之後，許多原先在中國的公、私立大學紛紛在臺灣「復校」，如清華大學、交通大學、東吳大學等。

民國五十六年（一九六七年），國家的政策調整爲：省辦中等教育、中央辦高等教育，省立各公立大專院校逐年改制爲國立，由教育部主管。民國六十一年（一九七二年）以後，政府認爲私立專科學校膨脹太快、素質低落，暫停私人創辦大專院校，後來仍准許設立了幾所學校，主要是著重工科、醫科等具職業訓練意義的學院，直到一九九〇年代之後，教育政策大鬆綁，高等教育才出現多元化的發展，新的大學紛紛成立。

　　為了提供職業學校畢業生的升學管道，專科學校之外又設了技術學院體制，並設了幾所國立技術學院，開放私人申請設立技術學院和專科學校。投入技職教育者不限於教育界人士，也有不少企業家及工業界人士辦學校，培養自己企業所需人才。

四　教育改革

　　近六十年來，臺灣的教育最大的問題在於升學主義，以及國家過度介入教育體系。一九九〇年代政治改革的成功，也帶動了教育改革，民國八十三年（一九九四年）之後邁入教育改革的時代，教育制度與政策有了相當大的改變。教育改革的目標是要：達成現代教育目標、滿足個人與社會的需求、邁向終身學習的社會、促成教育體制的改造。近年教改的重要措施包括：大學自治、廢除大學聯考、國民教育延長至十二年、師資培育多元化、教科書改為審訂制等等，整體而言是民主化的產物，教育體制與教育精神邁向多元、自主、自由的方向，並逐漸脫離國家意識型態的宰制。不過教育改革在進行的同時，社會大眾仍深受升學主義影響，多元化的入學管道和新的成績評量方式之公平性備受質疑，各項改革的實效也有待評估。

　　臺灣的學子一直飽受升學競爭之苦。民國五十七年（一九六八年）以前，初中入學考試競爭激烈，升學補習嚴重傷害學童身心發展。在國中設立之後，國小學生不必再為升學而奮鬥，為升學競爭而進行的惡補延後了，卻未改變升學競爭的問題。國中成立以來，教育單位不斷強調必須正常化教學，不得實施能力分班，但是事實上大部分國中仍為了升學率而實施能力分班，學校將大部分資源用在「好班」，犧牲「放牛班」學生的權益。高中升大學，又是一次大淘汰。

　　由於升學競爭的激烈，為了公平起見，大學、專科、高中、高職的入學考試逐漸轉變成聯合招生考試，專科、高中、高職是分區聯招，大學則是全國聯招。這種考試的方式，加上全國統一的教材，使得教育極端僵化且不合理。教師教學和學生學習是為了應付升學考試，奉教科書如經典，

課堂所學成了許多學生唯一的知識來源，高壓的思想填鴨讓學生喪失彈性與獨立判斷能力，也使老師沒有自主性。

　　教育內容僵化的原因不僅是因爲大學聯考，戒嚴體制下的「黨化教育」以及「無所不禁」的校園管理，也是重大原因。一九八〇年代的社會運動風潮中，出現「校園民主」運動、「教師權」運動；一九九〇年代民間的教育改革運動更是蓬勃，例如「人本教育基金會」站在自由主義的立場，以各種方式對既有教育體制提出挑戰，包括辦起「森林小學」。民國八十三年（一九九四年）一群關心教育問題的知識分子發起「四一〇教改聯盟」，提出廢除大專聯考、大學自治、教學正常化、教官退出校園等訴求，推動教育法令的修訂。民間教改團體持續努力，帶動了政府的改革，於是行政院成立了「教育改革審議委員會」，研擬教改方案，政府依此展開教育改革。幾年之內的確廢除了大學聯考，改爲多元入學方案。大學自治除了教授治校之外，也將走向法人化。教材不再由政府全面控制，改由教育部提出「課程大綱」，民間各單位據此來編寫教科書。

　　教育改革除了一些制度上的變革之外，教育內容的轉變也是重點。教育內容的改革方向是：減少背誦記憶的訓練、加強理解能力、培養獨立判斷思考。另外一個重要的方向是：加強本土化教育，一改以往高掛大中國意識、歧視臺灣本土語言與文化的教育內容，藉由「鄉土教育」和「認識臺灣」等課程，以及開設母語課程，使學生對自己的生活環境有基本的認識。此外，人文學科和社會學科的課程大綱，也逐漸增加有關臺灣的內容。但是這樣的改革方向，在目前政治兩極對立的氣氛中，時常遭到泛政治化的解讀與毀謗。

　　教育改革面臨的阻力甚多，改革方案缺乏實驗、有效性受到質疑之外，教育事業的商業化傾向也是重要因素。此外，升學主義並未隨之減輕，多元化的教學內容原本是爲了「全人教育」，卻使得中小學生面臨更多的壓力和更多種補習。雖然爭議甚多，教育改革工程仍在持續進行。

第四節　文化與藝術

　　戰後臺灣文化與藝術的發展，是由一元走向多元，由中華文化中心主義走向本土化與世界化，變化的腳步和政治社會的開放腳步一致，近二十年間的變化尤爲劇烈。

　　中華民國政府遷到臺灣的時候，將歷代皇帝所蒐集的古文物同時帶到臺灣，成立了「故宮博物院」。國民政府之所以如此重視這些寶物，乃因當時共產黨是受蘇聯影響，而國民政府自認是中國正統文化的唯一繼承者，這成爲國民政府作爲中國眞正統治者的正當性來源。這種「正統思想」深深影響威權時代的文化政策與教育內容，強調「中國文化」的發揚和保護，強迫人民接受政府所塑造的「大中國意識」。在發揚中國文化的同時，壓抑了臺灣本土文化的發展，並限制外國文化的引進。

　　因爲工業化和都市化帶來的社會變動，也在文化和藝術上帶來現代化和自由化。一九七〇年代以後，隨著民主化的進程，「臺灣意識」抬頭，具有臺灣本土特色的文化藝術表現越來越明顯，「臺灣文化」不僅在臺灣茁壯，也受到世界的重視。另一方面，隨著社會的開放及消費力的提升，文化及藝術創作大量商品化，也有「無國籍化」的趨勢。

一 文化政策的演變

　　中華民國政府在一九五〇年代確立了反共國策，成爲往後四十年的臺灣總體意識型態。任何文藝形式，不管是文學、戲劇、電影、廣播、電視，盡皆成爲這套國家論述體系的奴僕，黨國機器整編了當時所有的文化形式的機構、組織，透過種種機制，幾乎將所有的文藝工作者都納入「爲國策服務」的系統中。

　　民國三十九年（一九五〇年），主導臺灣文學政策的「中國文藝協會」在張道藩策畫下成立，同時也設置「中華文藝獎金委員會」，以鼓勵「反共的戰鬥文藝」。當時軍方的總政治部主任蔣經國鼓吹「文藝到軍中

去」，成立「中國青年反共救國團」，和「中國青年寫作協會」等機構，與張道藩的「中國文藝協會」平行呼應。此時，幾種發行量較廣的文藝雜誌：《軍中文藝》、《幼獅文藝》及《文藝創作》，都瀰漫著濃濃的反共抗俄意識，歌頌著民族國家的偉大，其他的文藝內容則遭到批評打壓，文藝政策執行者常將一些創作打成「紅色」（親共、有社會主義意識者）、「黃色」（不健康、違反倫理道德者）、黑色（血腥暴力），動輒加以羞辱、查禁。甚至藝文界也以自清運動來宣示對政府的效忠，如民國四十三年（一九五四年）「中國文藝協會」的同仁推動「文化清潔運動」，發動簽名除三害（赤色的毒、黃色的害、黑色的罪），還鼓舞民眾檢舉告發，政府機關則出面取締。這個社會浪潮促成政府進一步的思想箝制、言論管制，至於藝術的表達則完全淪為政治的奴僕。

　　一九六〇年代前期，文藝政策的執行改由軍中主導，蔣中正提倡「毋忘在莒」，促成「戰鬥文藝」的進一步發展，從軍中到各種社會團體，紛紛透過報紙響應。為反制中國的「文化大革命」，國民黨遂在臺灣推動「中華文化復興運動」，透過各級學校及地方支會，進行各種的活動，事實上則藉由「發揚中華文化」來強化統治者的意識型態。歷經民主化變革後，「中華文化復興運動」也有所轉型，至今政府仍設有「文化總會」，目標轉化為本土文化建設。

　　目前的文化建設工作，主要由行政院的文化建設委員會，以及各地方政府的文化局來推動。文建會作為文化主管機關，負責舉辦文藝活動、保護文化資產、培養藝術文化人才等；各縣市則設文化中心，作為推廣文化活動的根據地。文化中心內多設有圖書館、表演廳、展示空間。

　　一九九〇年代中期，文建會推動「社區總體營造」，發揚臺灣社會活潑的生命力，鼓勵社區找出自己的特色、創造本身的價值，文化運動不再停留於口號，更翻轉原本國家指導民間、中央指導地方的型態，期望建構「由下而上」具地方自主性、多元化的文化發展面貌。「社區總體營造」計畫除了改變向來的文化施政之外，更在民國八十八年（一九九九年）「九二一大地震」之後，在災後重建上發揮功能，許多偏遠村落和原住民社區都因為有社造計畫的協助，在災後走出一條再生之路。

　　近年文建會又廣設各種主題的展覽館、博物館，並鼓勵各地成立具有當地特色的博物館。「地方文化館」以國家補助而非國家主導的方式，開發民間自生的文化力量，是社區營造的成就之一。

二　戰後文學的發展

　　從戰後臺灣文學的發展，可以看到臺灣社會發展的軌跡，更可以看到臺灣歷史的複雜性。簡單區分為幾個時期來看：戰後重建期（一九四五～一九四七年）、反共文學興盛期（一九四七～一九六○年）、純文學再生與鄉土文學形成期（一九六○～一九七一年）、新寫實文學展開期（一九七一～一九八七年）、多音交響時期（一九八八年之後）。

(一)戰後重建期（一九四五～一九四七年）

　　「二二八事件」之前，文學創作有很短暫的自由期，臺灣作家努力克服殖民統治造成的傷痕，並攝取中國現代文學的養分，在當時的報紙副刊和雜誌上努力發表文章。這時作家最大的困難就是克服語言的轉換，因為此時大部分的臺灣作家成長於日治時期，受的是日文教育，也習慣以日文創作。這段期間原本有些作家繼續以日文創作，但是民國三十五年（一九四六年）起政府全面禁止使用日文，這群作家遂成為「失語的一代」。有些作家努力學習中文，不放棄創作，如吳濁流、龍瑛宗、鍾肇政、葉石濤等。

(二)反共文學興盛期（一九四七～一九六○年）

　　國民政府的反共國策確立之後，文學也跟著走。臺灣人作家此時因為國語使用不純熟、題材不夠「中國」，而缺乏發表的園地，如美濃客家作家鍾理和，創作不輟卻幾乎沒有地方發表，重要的長篇小說《笠山農場》直到作家死後才得到出版的機會。此時臺灣文壇幾乎全由新住民（外省人）作家盤據，作品的主題偏重反共文學和中國鄉愁文學，政府則利用「文藝作家協會」和「文獎會」來主導文藝走向。反共文學並非毫無文學

價值，如姜貴的《旋風》就是寫實主義的好作品，對國民黨統治中國的種種黑暗面也有所批判。

(三)純文學再生與鄉土文學形成期（一九六○～一九七一年）

「美援」除了經濟層面之外，也輸入了美國文化，加上留學美國的風氣，一九六○年代知識分子表現出對西方文化的渴望。白先勇、王文興、陳若曦、王禎和等人，拒絕縱向繼承中國文學，而主張橫向移植西洋文學，在《現代文學》雜誌中，運用西洋文學的理念，使「純文學」再生，也就是說文學努力擺脫政治影響，避開反共文學的窠臼。不過《現代文學》注重文學技巧表現的文學，和臺灣原有的寫實主義文學主流有別，走向脫離現實的風潮。

另一方面，臺灣人作家此時集結於吳濁流所創辦的《臺灣文藝》雜誌（一九六四年創刊），繼承日治時期所形成的臺灣現代文學的寫實主義傳統，書寫臺灣的社會實相，成為鄉土文學的先鋒。又有本土詩刊《笠》的創刊。此時，鍾肇政主編了兩套本土作家選集，並創作以臺灣歷史為背景的大河小說《臺灣人三部曲》、《濁流三部曲》、《高山組曲》（這些作品多完成於一九七○年代），在提攜後進和本身的文學創作上都有不可抹滅的貢獻。

(四)新寫實文學展開期（一九七一～一九八七年）

此時期的文學主流，是站在對一九六○年代《現代文學》喪失現實的批判上，想參與臺灣現實的「新寫實文學」（鄉土文學）因而興起，成為臺灣文學的主流。這個發展方向和「保釣運動」（為了保衛釣魚臺主權而展開的民族主義運動），以及隨後的「退出聯合國」事件有關。海內外知識分子因為這些事件刺激而激發強烈的中國民族主義。但是這股「新寫實主義」是以「新中國」為想像的中國民族主義，和本土派作家的臺灣意識仍有極大的差異，因此在「鄉土文學論爭」中，本土作家幾乎全未參與。

此時重要的作家包括：陳映真、黃春明、李喬、宋澤萊、洪醒夫、吳念真、七等生、李昂等人，他們的作品多呈現臺灣社會各層面的生活實

相，並特別關注社會中的弱勢人群。

(五)多音交響時期（一九八八年之後）

　　解嚴之後的文學呈現「多音交響」的狀況，和社會的多元化及文化消費的興起相呼應。寫作的流派眾多，題材也擴大許多。值得注意的包括：原住民文學、母語文學、女性主義文學、同性戀文學、情欲書寫、自然寫作、政治文學等走向。

　　隨著政治氣氛的變化，原本被政策性鄙視的「臺灣文學」，已成為大學內正式的課程，許多大學都設立了「臺灣文學系」，民國九十二年（二○○三年）「國家臺灣文學館」成立，標示臺灣文學的新時代來臨。此外，媒體的多元化和網路溝通的發展，使得文學環境丕變，未來文學的形式必定會有極大改變。

圖8-2　國家臺灣文學館，建築物原本是日治時期的臺南州廳。

三 戰後電影的發展

　　戰後國民政府接收日本總督府遺留下來的「臺灣映畫協會」和「臺灣報導寫眞協會」，合併改組爲「臺灣電影攝製廠」，歸屬省政府管轄，爲臺灣戰後最早建立的官方電影製片機構，主要的任務是生產新聞影片。而日治時代的私人電影院（戲院），則在行政長官公署接收後，將之移交給中國國民黨財務委員會，而成立「臺灣電影事業股份有限公司」，由省黨部經營管理。國營企業簡單的行政手續就成了黨營事業，顯示在威權統治時代黨國不分的情況極爲普遍。

　　「臺灣電影攝製廠」後來改名爲「臺灣省新聞處電影製片廠」，再改爲「臺灣電影文化事業股份有限公司」。而原本專管戲院的「臺灣電影事業股份有限公司」則和「農業教育電影公司」合併成立今日的「中央電影公司」，爲國民黨的黨營企業。這兩個機構都在威權統治時代扮演協助國家意識型態宣傳和塑造國族文化的重要角色。

　　一九五〇年代的電影生產，主流是民間出資的臺語片。到一九六〇年代省營的臺影和黨營的中影，才開始量產國語影片，並帶動民間製片熱潮。第一部賣座的臺語片是何基明的《薛平貴與王寶釧》（一九五六年），帶動了臺語片的拍攝風潮。但國家文化政策有意將使用臺語的文藝活動邊緣化，加上國語政策的成功，臺語片的製作較粗糙，逐漸爲市場所淘汰。到了一九六〇年代，電視取代電影成爲家庭主要的休閒娛樂，臺語片的工作者大多加入了電視節目製作。臺語片並非消失，而是轉換另一種媒體呈現。

　　公營的國語片，以「健康寫實」爲主，一方面響應國策，一方面又能夠拍攝有商業賣點的電影。一九六〇年代的國語片，「國聯影業」的李翰祥導演最有代表性，製片方向爲黃梅調、瓊瑤作品改編的文藝愛情片。另外有「聯邦影業」，代表作如胡金銓的《龍門客棧》，是第一部開拓國際市場的臺灣電影。一九七〇年代電影業最爲繁榮，主要的電影主題是抗日、反共、鄉土尋根，以及軍事教育。如《英烈千秋》（一九七四年）、《梅花》（一九七五年）、《源》（一九七九年）。

　　一九八〇年代電影工業開始逐漸萎縮，原因包括電視的普及化、錄影帶業的興盛，使得觀影人口急遽下降。武俠片和文藝愛情片是兩大主流，此外又出現喜鬧劇的風潮（如朱延平的電影），又有針對學生市場的學生電影和軍教片。另外值得注意的是出現了「新電影」的風潮。

　　政府為振興電影，將國家級的電影金馬獎頒獎儀式奧斯卡化，並透過種種措施，希望電影能以「健康光明」的內容為主。然而題材重複性高，又不討好市場，使得公營片廠不容易經營。中影為了配合政策並顧及成本回收，遂決定以「小成本、低風險」為投資策略，啟用年輕電影工作者，意外點燃了「新電影」風潮。「新電影」以四位年輕導演執導的《光陰的故事》（一九八二年）開始，隔年後來又有幾部叫好又叫座的小成本電影《小畢的故事》、《兒子的大玩偶》、《看海的日子》等。有名的新電影還包括：《童年往事》（一九八五年）、《戀戀風塵》（一九八六年）等。

　　「新電影」的創作群體平均教育水準較高，成長於戰後社會劇烈變動的年代，急切想以寫實的手法記錄臺灣從農業社會走向現代化過程中所產生的種種現象。因為戰後臺灣是個充滿壓抑的社會，電影工作者往往取材青少年成長經驗，來凸顯戲劇的張力。另外也正視了臺灣的女性地位、社會問題，但卻不敢碰觸政治題材。直到民國七十八年（一九八九年）《悲情城市》、《香蕉天堂》等，才正面碰觸臺灣社會的政治禁忌。侯孝賢導演的《悲情城市》故事背景設定在戰後初期，是第一部內容涉及「二二八事件」的電影，在當時引起相當大的震撼。王童導演的《香蕉天堂》則是描寫隨國民黨到臺灣的下層士兵悲慘人生，這是過去鮮少出現的電影題材。

　　「新電影」在語言的使用上，照生活現實而自由使用臺語或國語，比以前全部使用國語的臺詞，表現得更為真實，對臺灣社會、風景、人物的描寫相當自然優美，而且相當多作品都改編自臺灣作家的小說，和鄉土文學相呼應，而被稱為鄉土電影。此外，知名作家吳念真、小野等人投入電影劇本的創作，也是「新電影」幕後重要的推手。「新電影」受到國際影壇的注目，民國七十八年（一九八九年）侯孝賢的《悲情城市》在威尼斯影展中獲得金獅獎，民國八十三年（一九九四年）蔡明亮的《愛情萬歲》也得到這項榮譽。近年，侯孝賢、楊德昌、蔡明亮等人的電影，在世界知名影展繼續獲得不錯的評價和獎項，臺灣電影在國際上已有一席之地。

研究與討論 ■

1. 試就本書所描述的臺灣歷史現象，定義什麼是現代？什麼是傳統？你認為在現代社會中，傳統還有存在的價值嗎？為什麼？
2. 就你自己的經驗，目前臺灣社會的都市和鄉村的生活有何差異？各有什麼樣的優缺點？
3. 為什麼近年臺灣社會必須引進外籍勞工？為什麼有許多人選擇外籍配偶？你認為應該怎樣看待外籍勞工及外籍配偶？
4. 回顧你自己受教育的過程，並請教你父親受教育時的經過與環境，比較看看有何異同？
5. 你閱讀過本章所提到的臺灣作家的作品，或是其作品改編的電影或電視節目嗎？試舉一、兩例做賞析。

參考書目 ■

王震武、林文瑛，《另眼看教育改革》，臺北，桂冠出版社，1999年。

李天鐸，《臺灣電影、社會與歷史》，臺北，中華民國視覺藝術傳播學會，1997年。

林玉體，《臺灣教育面貌四十年》，臺北，自立晚報文化出版部，1991年。

林瑞明，《臺灣文學的本土觀察》，臺北，允晨文化事業出版社，1996年。

若林正丈、劉進慶、松永正義編著，《臺灣百科》，臺北，一橋出版社，1996年。

徐正光、蕭新煌編，《臺灣的社會與國家》，臺北，東大圖書公司，1995年。

葉石濤，《臺灣文學入門》，高雄，春暉出版社，1997年。

楊國樞、葉啓政編，《臺灣的社會問題》，臺北，巨流圖書公司，1991年。

蕭新煌，《臺灣社會文化典範的轉移》，臺北，立緒出版社，2002年。

蕭國和，《臺灣農業興衰四十年》，臺北，自立晚報出版部，1987年。

大事年表

西元	紀年	大事記要
50000年前		·進入舊石器時代晚期。 ·出現最早的臺灣人。 ·網形文化、臺灣陸橋人、左鎮人、長濱文化，均是舊石器時代最重要的遺留。
7000年前		·進入新石器時代早期。 ·橫越海洋移入臺灣的大坌坑文化，是臺灣境內南島語系民族的祖先型文化源頭。
4500～3500年前		·進入新石器時代中期。 ·人們逐漸長久定居，也開始發展具有地方特色的文化，圓山文化是其代表。
3500～2000年前		·進入新石器時代晚期。 ·史前人類的農業更加進步，聚落規模也逐漸擴張，並產生多元化的適應。 ·「卑南文化」是其代表。
2000年前		·開始金屬器時代。 ·生產工具與武器均有長足的進步。 ·人們以農爲主，也擴展貿易，十三行文化是其代表。
1120	宋徽宗二年	·已有福建移民定居澎湖（平湖），但尚未納入中國行政體系中。
1171	宋乾道七年	·汪大猷在澎湖遣將屯軍，開始擁有主權。 ·移居澎湖的農民，或已到其近鄰臺灣進行交易。
1557	明嘉靖三十六年	·葡萄牙人稱臺灣爲「福爾摩沙」。 ·明廷開始清剿海盜。
1567	龍慶元年	·海上貿易合法化。
1574	明萬曆二年	·首次出現「東番」。
1590	明萬曆十八年	·日本豐臣秀吉大舉侵入高麗，中國憂慮倭寇問題再起，重新實施海上貿易禁令，其間倭寇也數次入侵臺灣。
1593	明萬曆二十一年	·豐臣秀吉派原田喜佑衛門（一作原田孫七郎），往呂宋勸西人入貢，並攜帶「高山國招降文書」，諭高山國王輸誠納貢，但未被接受。
1598	明萬曆二十六年	·西班牙以馬尼拉爲據點，由呂宋出發，偵查福爾摩沙海岸，計畫伺機占領基隆港，因氣候因素，未能達成。
1603	明萬曆三十一年	·明廷派沈有容驅逐在臺倭寇。

（續下表）

1604	明萬曆三十二年	・荷蘭人入侵澎湖，經沈有容面諭離開，此即沈氏「諭退紅毛番韋麻郎等」事件。
1609	明萬曆三十七年	・有馬晴信奉德川家康密令，派兵入侵臺灣，爲葡王所阻。
1616	明萬曆四十四年	・日本再度謀取臺灣。 ・由長崎代官村山等安帶領艦隊，爲暴風雨所阻，僅一艘抵臺灣，爲日本首次侵臺活動。
1624	明天啓四年	・明天啓二年荷人再度占領澎湖。 ・天啓四年，爲中國軍隊所逐，並在中國的支持下，轉向「東番」。
1626	明天啓六年	・西班牙占領淡水港並建防禦工事。
1629	明崇禎二年	・荷人初攻淡水，潰敗。
1642	明崇禎十五年	・荷艦隊對基隆港灣展開攻擊，西人投降。 ・臺灣在東西洋人的競逐下，最後成爲荷人的殖民地。
1644	明崇禎十七年	・荷人爲實現其統治、抽稅的目的，本年開始進行戶口調查工作。
1652	明永曆六年	・發生漢人郭懷一率領一千六百餘名漢人的抗荷事件。
1659	明永曆十三年	・鄭成功攻打南京，大敗並退回廈門，決定以臺灣爲根本之地。
1661	明永曆十五年	・鄭成功進攻臺灣，荷蘭東印度公司臺灣城的長官揆一投降。 ・明鄭乃漢人第一次在臺建立的主權。
1683	清康熙二十二年	・清廷命令水師提督施琅攻臺，將臺灣收入中國版圖。
1684	清康熙二十三年	・清廷決定將臺灣納入版圖，設臺灣府，隸福建省，設府治於今臺南。 ・改天興州爲諸羅縣；萬年州分爲臺灣、鳳山二縣，臺灣縣爲臺灣府附郭。 ・清廷頒布渡臺禁令，渡臺者不准攜眷，且嚴禁惠、潮之民渡臺。
1709	清康熙四十八年	・陳賴章墾戶拓墾臺北平原。
1719	清康熙五十八年	・施世榜開成八堡圳，爲清代臺灣最大埤圳。
1721	清康熙六十年	・朱一貴抗清事件起，清廷派軍來臺討平。
1723	清雍正元年	・增設彰化縣、淡水廳。
1727	雍正五年	・增設澎湖廳。
1750	清乾隆十五年	・林成祖入墾擺接（今板橋）一帶。

（續下表）

1782	清乾隆四十七年	‧彰化、諸羅（今嘉義）發生大規模漳泉械鬥。
1786	清乾隆五十一年	‧林爽文、莊大田等抗清事件起，清廷派軍來臺，歷時年餘始平。
1787	清乾隆五十二年	‧因林爽文事件，清廷詔改諸羅縣為嘉義縣。
1796	清嘉慶元年	‧吳沙率漢人入墾蛤仔難。
1806	清嘉慶十一年	‧清廷派臺籍南澳總兵王得祿回臺剿海賊蔡牽。
1810	清嘉慶十五年	‧閩浙總督方維甸奏請將蛤仔難地方收入版圖，清廷乃於嘉慶十六年增設噶瑪蘭廳。
1823	清道光三年	‧竹塹（今新竹）鄭用錫進士及第，為開臺後首位進士。
1826	清道光六年	‧彰化地區發生嚴重的閩粵械鬥事件。
1838	清道光十八年	‧鳳山知縣曹瑾於下淡水溪（今高屏溪）興築水圳，灌溉農田，世稱「曹公圳」。
1840	清道光二十年	‧中、英鴉片戰爭爆發，英軍犯臺。
1858	清咸豐八年	‧清廷與英、美、法、俄簽訂天津條約，開臺灣港口對外通商。
1862	清同治元年	‧戴潮春抗清事件發生，臺籍福建陸路提督林文察於翌年奉命回臺平亂，歷時約三年始平。
1858	清同治十年	‧琉球人因風漂流至八瑤灣（今屏東縣滿州鄉九棚村），誤入牡丹社，五十四人被當地原住民殺害。
1874	清同治十三年	‧日本藉口琉球難民被牡丹社原住民殺害派兵侵臺，世稱「牡丹社事件」。 ‧欽差大人沈葆楨奏請「開山撫番」。
1875	清光緒元年	‧清廷廢除渡臺及進入山區禁令，增設臺北府及恆春縣。
1879	清光緒五年	‧增設新竹縣。
1883	清光緒九年	‧中法因越南問題引起戰爭。 ‧次年的臺灣戰役，法軍攻基隆、滬尾（今淡水）並封鎖臺灣。
1885	清光緒十一年	‧清廷諭令臺灣建省，派劉銘傳為首任巡撫。 ‧省會定於彰化縣橋孜圖（今臺中市）。
1886	清光緒十二年	‧劉銘傳實施清賦，清丈田畝，新定賦則。

（續下表）

1887	清光緒十三年	・全省畫分爲三府（臺灣、臺南、臺北），一直隸州（臺東），三廳（埔里社、澎湖、基隆）及十一縣。 ・劉銘傳奏准在臺興築鐵路。 ・劉銘傳開辦臺灣郵政，置總局於臺北，並設各處分局及郵站，爲臺灣郵政之始。
1888	清光緒十四年	・彰化施九緞爲清賦起事抗官。 ・劉銘傳設全臺撫墾總局。
1891	清光緒十七年	・邵友濂接任福建臺灣巡撫。 ・清廷派唐景崧爲臺灣布政使。 ・臺北至基隆間之鐵路通車，爲臺灣鐵路之始。
1894	清光緒二十年	・邵友濂移省會於臺北。 ・清廷派唐景崧爲福建臺灣巡撫。 ・因朝鮮東學黨之亂，引發中日甲午戰爭。
1895	清光緒二十一年 明治二十八年	・清軍戰敗，中日簽訂馬關條約，將臺灣、澎湖割讓予日本。 ・唐景崧宣布臺灣獨立。 ・日軍進入臺北城，舉行始攻典禮。 ・劉永福離開臺灣，臺南城陷落。 ・臺灣南島語族明確且系統性的「族群」分類開始；平埔原住民大約分成七至十二群，高山族共分九族。
1896	明治二十九年	・公布「臺灣公醫規則」。 ・頒布「臺灣紳章條規」。 ・「雲林大屠殺」。
1897	明治三十年	・頒布「臺灣鴉片令」。
1898	明治三十一年	・頒布「保甲條例」。 ・設置「臺灣臨時土地調查局」。 ・實行「匪徒招降令」。
1899	明治三十二年	・柯鐵投降。 ・臺灣銀行開業。 ・黃玉階組織臺北天然足會。
1900	明治三十三年	・發生廈門事件。 ・公布「臺灣度量衡條例」。
1901	明治三十四年	・公布「臺灣公共埤圳規則」。
1902	明治三十五年	・「櫟社」成立。 ・制訂「糖業獎勵規則」。
1903	明治三十六年	・總督府公布「戶籍調查令」。
1905	明治三十八年	・進行全臺人口調查。 ・橋仔頭製糖會社設置火力發電所。

（續下表）

1907	明治四十年	・爆發北埔事件。
1908	明治四十一年	・公布「官設埤圳規則」。 ・縱貫鐵路完工通車。
1912	大正元年	・黃朝發動「土庫事件」。
1913	大正二年	・公布「臺灣產業組合規則」。 ・爆發羅福星事件。
1914	大正三年	・坂垣退助組「臺灣同化會」。
1915	大正四年	・爆發西來庵事件。
1916	大正五年	・頒布「臺灣醫師令」。 ・桃園大圳開始施工。
1918	大正七年	・日本發生「米騷動」事件。
1919	大正八年	・頒布「臺灣教育令」。 ・朝鮮發生「三一獨立」運動。 ・成立臺灣電力株式會社。 ・「啓發會」成立。
1920	大正九年	・「新民會」成立，《臺灣青年》創刊，設置州市街庄協議會。
1921	大正十年	・「臺灣文化協會」成立。
1922	大正十一年	・桃園大圳完工。 ・頒布新「臺灣教育令」。 ・《臺灣青年》改爲《臺灣》。
1923	大正十二年	・「臺灣議會期成同盟會」成立。 ・《臺灣民報》創刊。 ・「臺灣中華會館」成立。 ・「公益會」成立。 ・發生「治警事件」。
1925	大正十四年	・「二林蔗農組合」、「鳳山農民組合」成立。
1926	昭和元年	・全島性的「臺灣農民組合」成立。 ・「蓬萊米」命名。 ・「大東信託株式會社」成立。
1927	昭和二年	・臺灣文化協會分裂。 ・組織「臺灣機械工友會」。 ・「臺灣民眾黨」成立。 ・衆友會成立。首屆「臺展」舉行。
1928	昭和三年	・「臺灣工友總聯盟」創立。 ・「臺灣共產黨」成立。 ・謝雪紅成立「臺灣共產黨臺灣支部」。

（續下表）

1930	昭和五年	·嘉南大圳完工。 ·霧社事件發生。
1931	昭和六年	·「第二次霧社事件」。
1934	昭和九年	·日月潭水力發電所竣工,開始發電。 ·鄉土音樂訪問團組成。 ·「臺陽美術協會」成立。
1935	昭和十年	·蔡淑悔被捕。 ·廢除州、市協議會,改設州、市會。
1936	昭和十一年	·「臺灣拓殖株式會社」成立。
1937	昭和十二年	·廢除公學校漢文科及傳統書房。
1938	昭和十三年	·總督府推行「獎勵儲蓄運動」。
1941	昭和十六年	·「皇民奉公會」成立。
1942	昭和十七年	·第一梯次陸軍特別志願兵入伍。 ·成立拓南戰士訓練所。
1943	昭和十八年	·實施義務教育。 ·實施海軍特別志願兵制。
1944	昭和十九年	·美軍轟炸臺灣。 ·成立「臺灣農業會」。 ·大東信託株式會社改為「臺灣信託株式會社」。
1945	昭和二十年 民國三十四年	·開始實施全島徵兵制。 ·取消皇民奉公會及保甲制度。 ·日本戰敗,臺灣移交中華民國。
1947	民國三十六年	·爆發二二八事件。
1949	民國三十八年	·幣制改革,發行新臺幣。 ·實施三七五減租。 ·中華民國政府遷臺。
1950	民國三十九年	·蔣中正在臺灣恢復總統職權。 ·韓戰爆發,美國第七艦隊協防臺灣。
1951	民國四十年	·實施公地放領。 ·美國對臺援助開始。
1952	民國四十一年	·中日和平條約簽訂。 ·中國青年反共救國團成立。
1953	民國四十二年	·實施耕者有其田。
1954	民國四十三年	·中美共同防禦條約簽定。
1955	民國四十四年	·發生孫立人事件。

（續下表）

1958	民國四十七年	‧爆發八二三砲戰。
1960	民國四十九年	‧《自由中國》社長雷震被捕。 ‧實施獎勵投資條例。
1964	民國五十三年	‧彭明敏等因準備發表「臺灣人民自救宣言」被捕。
1965	民國五十四年	‧開始設置加工出口區。 ‧美國停止對臺經援。
1968	民國五十七年	‧國民教育延長至九年。 ‧開始實施節育政策。
1971	民國六十年	‧中華民國退出聯合國。
1972	民國六十一年	‧中華民國與日本斷交。 ‧美國總統尼克森訪問中國，發表上海公報。
1973	民國六十二年	‧展開十大建設。
1974	民國六十三年	‧李光輝在印尼被發現。
1975	民國六十四年	‧總統蔣中正去世。
1978	民國六十七年	‧中華民國與美國斷交。 ‧中國與美國簽定八一七公報。
1979	民國六十八年	‧美國國會通過「臺灣關係法」。 ‧美麗島事件（高雄事件）。
1981	民國七十年	‧確立「三民主義統一中國」目標，對中共採取三不立場。
1986	民國七十五年	‧民主進步黨成立。 ‧鹿港反杜邦設廠抗爭。
1987	民國七十六年	‧解除戒嚴。 ‧開放臺灣人民赴中國探親。 ‧放寬外匯管制。 ‧成立行政院環保署。
1988	民國七十七年	‧總統蔣經國去世，副總統李登輝繼任。 ‧修正證券交易法。 ‧解除報禁。 ‧發生五二○農民運動。
1989	民國七十八年	‧推動實質外交。
1990	民國七十九年	‧發生三月學運。 ‧召開國是會議，確定政治改革方向。 ‧民營銀行首次成立。以臺澎金馬名義加入GATT。

（續下表）

1991	民國八十年	·結束動員戡亂時期，回歸憲政。 ·頒布「國家統一綱領」。 ·第一屆立委和國代全部退職。
1992	民國八十一年	·臺灣「海基會」與中國「海協會」就兩岸交流原則進行接觸談判。 ·第二屆立法委員選舉。 ·修正刑法一百條，終結思想犯。
1993	民國八十二年	·新黨從國民黨分裂出來。 ·兩岸交流事務會談（辜汪會談）。
1994	民國八十三年	·四一○教改運動。 ·首次直選省長。
1995	民國八十四年	·李登輝代表政府向二二八家屬致歉。
1996	民國八十五年	·首次全民直選總統，李登輝當選。
1999	民國八十八年	·李登輝發表兩國論。 ·九二一大地震。
2000	民國八十九年	·民進黨陳水扁當選總統，首次政黨輪替，結束國民黨專政時代。 ·親民黨成立。
2004	民國九十三年	·總統大選陳水扁續任。 ·國家臺灣文學館成立。

索　引

國家圖書館出版品預行編目資料

臺灣史／洪麗完等編著;高明士主編.
--二版.--臺北市：五南, 2009.08
面；　公分
含索引
ISBN 978-957-11-5653-8（平裝）
1.臺灣史

733.21　　　　　　　　.　98008639

1WC1
臺灣史

主　　編 ─ 高明士

作　　者 ─ 洪麗完(168.1)　張永楨　李力庸　王昭文

發 行 人 ─ 楊榮川

總 經 理 ─ 楊士清

主　　編 ─ 陳姿穎

封面設計 ─ 郭佳慈

出 版 者 ─ 五南圖書出版股份有限公司

地　　址：106台北市大安區和平東路二段339號4樓

電　　話：(02)2705-5066　　傳　　真：(02)2706-6100

網　　址：http://www.wunan.com.tw

電子郵件：wunan@wunan.com.tw

劃撥帳號：01068953

戶　　名：五南圖書出版股份有限公司

法律顧問　林勝安法律事務所　林勝安律師

出版日期　2009年 8 月二版一刷
　　　　　2017年 9 月二版八刷

定　　價　新臺幣380元